上海市新闻出版专项资金资助项目
新时代生态文明法律制度体系研究丛书

总主编 陈晓景 李国敏

排污权交易法律机制研究

李威 李国敏 著

图书在版编目(CIP)数据

排污权交易法律机制研究 / 李威,李国敏著. —上海：立信会计出版社，2023.5
（新时代生态文明法律制度体系研究丛书）
ISBN 978-7-5429-7276-7

Ⅰ.①排… Ⅱ.①李…②李… Ⅲ.①排污交易—环境保护法—研究 Ⅳ.①D912.604

中国国家版本馆 CIP 数据核字（2023）第 089596 号

策划编辑　窦瀚修
责任编辑　郭　光

排污权交易法律机制研究
Paiwuquan Jiaoyi Falü Jizhi Yanjiu

出版发行	立信会计出版社			
地　　址	上海市中山西路 2230 号	邮政编码	200235	
电　　话	(021)64411389	传　　真	(021)64411325	
网　　址	www.lixinaph.com	电子邮箱	lixinaph2019@126.com	
网上书店	http://lixin.jd.com		http://lxkjcbs.tmall.com	
经　　销	各地新华书店			
印　　刷	常熟市人民印刷有限公司			
开　　本	710 毫米×1000 毫米	1/16		
印　　张	18.5	插　　页	4	
字　　数	294 千字			
版　　次	2023 年 5 月第 1 版			
印　　次	2023 年 5 月第 1 次			
书　　号	ISBN 978-7-5429-7276-7/D			
定　　价	68.00 元			

如有印订差错，请与本社联系调换

总　序

目前,我国已进入中国特色社会主义新时代,人们对美好生活的向往越来越强烈,对美丽环境的期待也越来越迫切。如果说经济富足、身体健康、享受良好的教育、游览名山大川都是人们对美好生活的具体需求,那么在解决社会分配领域可能存在的问题之后,社会经济发展水平应该与这些需求的满足程度成正相关关系。也就是说,社会经济发展水平越高,人们的收入水平也会提高,可享受的教育资源和教育条件会更好,游览名山大川的机会也会更多,也会更注重休养生息和身体健康。但实际上,社会经济发展水平与人们追求的美好生活及美丽环境之间不存在必然的正相关关系。从经济学家所说的负外部性、政治学家所说的绝不走先污染后治理的老路以及法学家所说的普遍环境责任等可知,人们在追求美好生活和美丽环境的过程中,曾经并且还在继续受一些经济活动所释放的负外部性的影响。新发展理念的贯彻在很大程度上消解了经济活动的负外部性后果,而美好生活和美丽环境的实现仍需人们付出更大的努力。

由陈晓景和李国敏担任总主编的本套丛书,凝聚了环境保护法治理论与实务工作者的智慧和汗水。本丛书的策划和出版既是学术盛事,也是为实现人们对美好生活的向往做了一件实事。

古人云:"君子务本,本立而道生。"本丛书立足我国生态文明法治建设的实际需求,致力于生态文明建设法律制度核心问题的研究,实现了生态文明建设法律制度体系理论研究的创新发展。迄今为止，国内尚未见到以"新时代生态文明建设法律制度体系研究"为主题的系列学术著作。本丛书填补了我国该领域学术著作出版上的空白，它将给环境保护理论界，尤其是环境法学界带来巨大的知识冲击和学术冲击；或将掀起新时代生态文明建设法律制度研究的热潮，带动更多的学者为实现人们对美好生活的向往以及对美丽环境的期待而贡献智慧和力量。

本丛书各分册的内容主要围绕环境法学研究的两个重点领域展开：一是沿着已经建立的环境保护制度，研究如何进一步提高制度建设的水平，如《生态补偿法律制度研究——以南水北调中线工程沿线为例》《低碳发展下环境治理体系理论创新及法律制度建构研究》《生态保护优先原则及其法律制度因应》；二是对生态文明建设和环境法制建设做应然选择的尝试，研究在新时代生态文明建设法治任务面前，如何构建相关环境法律制度，如《企业环保信用评价法律制度研究》。这两个重点研究领域都是我国环境法学理论界和环境保护实务界高度关注的领域。因此，本丛书的出版有望对环境法学理论研究和环境保护实务研究起到双重推动作用。

徐祥民

前　言

　　2014年10月23日,中国共产党第十八届中央委员会第四次全体会议通过了《中共中央关于全面推进依法治国若干重大问题的决定》,对全面推进依法治国作出战略部署。2017年10月18日,习近平总书记在十九大报告中进一步指出,全面推进依法治国是解决我们在发展中面临的一系列重大问题、解放和增强社会活力、促进社会公平正义、维护社会和谐稳定、确保国家长治久安的根本要求。2020年11月,中央全面依法治国工作会议在北京召开,标志着习近平法治思想的全面确立。习近平法治思想在理论和实践上深刻回答了新时代为什么实行全面依法治国、怎样实行全面依法治国等一系列重大问题。

　　2015年4月25日,中共中央、国务院发布《关于加快推进生态文明建设的意见》;2015年9月11日,中共中央、国务院印发了《生态文明体制改革总体方案》,为我国加快建立系统、完整的生态文明制度体系,加快推进生态文明建设,增强生态文明体制改革的系统性、整体性、协同性提供了制度保障。2018年5月,全国生态环境保护大会在京召开,标志着习近平生态文明思想的全面确立。作为习近平新时代中国特色社会主义思想的重要组成部分,习近平生态文明思想的确立是对党的十八大以来习近平总书记围绕生态文明建设提出的一系列新理念、新思想、新战略的高度概括和科学总结,是新时代生态文明建设的根本遵循和行动指南,也是马克思主义关于人与自然关系理论的最新成果。

习近平生态文明思想以新时代推进生态文明建设的六项原则科学概括了生态文明的主要内涵[①],体现了人与自然和谐共生的科学自然观、坚持绿水青山就是金山银山的绿色发展观、良好生态环境是最普惠的民生福祉的基本民生观、山水林田湖草系统治理的整体系统观、用最严格制度最严密法治保护生态环境的严密法治观、世界携手共谋全球生态文明的共赢全球观。习近平生态文明思想内涵的六项原则中的"坚持绿水青山就是金山银山"原则,从根本上阐明了经济发展与生态环境保护的关系。习近平总书记指出,坚持绿水青山就是金山银山,是重要的发展理念,也是推进现代化建设的重大原则。经济发展不应是对资源和生态环境的竭泽而渔,生态环境保护也不应是经济发展的缘木求鱼,而是要坚持在发展中保护、在保护中发展,实现经济社会发展与人口、资源、环境相协调。这就需要坚定不移地贯彻绿色发展理念,把经济活动、人的行为限制在自然资源和生态环境能够承载的限度内,给自然生态留下休养生息的时间和空间,实现经济社会发展和生态环境保护协同共进。

习近平法治思想指引下的依法治国战略与习近平生态文明思想指引下的生态文明战略相互促进,通过我国治理体系中法律和政策的协同共促,为我国排污权交易制度的法治化和生态化建设提供了保障。排污权交易制度的完善恰恰贯彻了"两山论"的精神,同时也为生态文明法治化提供了实验平台。排污权交易制度的实施目标就是实现污染减排、经济发展和生态文明的多赢。2014年8月6日国务院办公厅印发的《国务院办公厅关于进一步推进排污权有偿使用和交易试点工作的指导意见》明确指出,建立排污权有偿使用和交易制度,是我国环境资源领域一项重大的、基础性的机制创新和制度改革,是生态文明制度建设的重要内容。全国范围内的排污权交易的试点也逐步取得了一定的经验。2021年4月和9月,中共中央办公厅、国务院办公厅先后印发《关于建立健全生态产品价值实现机制的意见》《关于深化生态保护补偿制度改革的意见》,要求健全排污权有偿使用制度,拓展排污权交易的污染物交易种类和范围。中共中央、国务院2022年4月发布的《关于加快建设全国统一大市场的意见》

---

① 习近平.推动我国生态文明建设迈上新台阶[J].求是,2019(03):6-9.

中的"推进市场设施高标准联通"的相关意见明确指出:"培育发展全国统一的生态环境市场。依托公共资源交易平台,建设全国统一的碳排放权、用水权交易市场,实行统一规范的行业标准、交易监管机制。推进排污权、用能权市场化交易,探索建立初始分配、有偿使用、市场交易、纠纷解决、配套服务等制度。推动绿色产品认证与标识体系建设,促进绿色生产和绿色消费。"顶层设计进一步明确了全国一盘棋下的排污权交易法治化的制度安排。

　　本书研究排污权交易的法律机制,就是试图通过宏观层面的国家顶层设计制度与依法治国战略下排污权交易法治化的紧密结合,研究生态文明建设与排污权交易的法治化的内涵、国家治理体系能力现代化与排污权交易法治化的关系,进而研究排污权交易机制的理论基础与法律实践,剖析排污权交易机制的法律权属与法律关系,比较借鉴国外排污权交易法律机制的法治实践,阐释排污权交易法律机制的功能与类型,分析排污权交易机制的国际法层面的法治化问题,提出排污权交易法治化的建立与完善的思路。

　　本书是河南省高校哲学社会科学基础研究重大项目(2019-JCZD-006)的研究成果。

李　威
2022 年 10 月

目 录

绪论 ·· 1
 一、生态文明战略下的污染物排放的制度安排 ················· 2
 二、污染物排放治理层面命令控制型政策法律的实施 ········ 5
 三、污染物排放治理层面的市场化政策和法律实践 ·········· 12

第一章 生态文明建设与排污权交易的法治化 ······················ 22
 第一节 生态文明法律体系与法治化进程 ························· 22
  一、生态文明法律体系中的社会主义法律体系及其组成关系
   ·· 23
  二、生态文明法律体系中党内法规与国家法律的衔接和协调
   ·· 25
  三、生态文明法律体系法治化进程中的层级关系 ············ 28
 第二节 党内法规与排污权交易的生态文明法治化 ············ 29
  一、健全生态文明制度体系与生态文明体制改革 ············ 29
  二、国家生态文明试验区的统一规范和法治化进程 ········· 31
  三、绿色发展指标体系与生态文明建设考核目标体系 ······ 35
 第三节 国家法律体系与排污权交易的生态文明法治化 ····· 36
  一、法律是生态文明法治化建设的基本依据 ·················· 37
  二、国务院行政法规是生态文明法治化建设的核心 ········· 40
  三、司法解释是生态文明法治化的司法保障 ·················· 42
  四、部门规章是生态文明法治化具体实施的保障 ············ 49
  五、地方性法规使生态文明法治化更加完善 ·················· 54

第二章 国家治理体系和治理能力现代化与排污权交易的法治化 ………… 58

第一节 中国特色社会主义制度与排污权交易法治化 ………… 59
一、中国特色社会主义制度的功能实现机制与排污权交易的法治化 ………… 59
二、排污权法治化的专项治理机制与国家治理体系的关系 ………… 61
三、国家能力提升语境下的排污权交易法治化 ………… 62

第二节 国家治理体系现代化与排污权交易法治化 ………… 64
一、更新国家治理基本理念下的排污权交易法治化 ………… 64
二、丰富国家治理价值目标下的排污权交易法治化 ………… 65
三、把握国家治理战略要点下的排污权交易法治化 ………… 67

第三节 创新国家治理的方式与排污权交易法治化 ………… 68
一、排污权交易法治化的制度创新 ………… 68
二、排污权交易法治化促使国家污染治理能力提升 ………… 70
三、我国排污权交易法律机制及其法治化进程 ………… 72

第三章 排污权交易机制的理论基础与法治实践 ………… 107

第一节 排污权交易法律机制的理论基础 ………… 109
一、国际政治学的环境容量博弈论 ………… 109
二、福利经济学外部性学说印证下的污染者付费论 ………… 110
三、制度经济学产权理念下的排放权分配法治论 ………… 111
四、法律经济学的稀缺与成本效益影响下的排污权交易效率论 ………… 112
五、生态哲学语境下的生态平衡理论 ………… 115
六、可持续发展理论 ………… 117
七、经济学的外部性、科斯定理与公地悲剧理论 ………… 119

第二节 排污权交易机制的法治实践 ………… 124
一、排污权交易的起源与国际法发展进程 ………… 125
二、排污权交易法律机制的国内法治化进程 ………… 137

目录

第三节 排污权交易机制的法治化目标 …………………… 145
一、总量控制机制与排污权交易的法治化 …………… 145
二、总量预算机制对排污权交易法律机制的保障 …… 156
三、排污权交易与总量预算管理制度协同作用机制 … 158

第四章 排污权交易法律机制的法律权属与法律关系 …… 162
第一节 排污权交易对象的法律权属 ……………………… 162
一、排污权交易对象法律权属的理论学说 …………… 163
二、排污权交易对象法律权属的认定 ………………… 171
第二节 排污权交易法律关系的特征 ……………………… 175
一、排污权交易对象的自身复杂性 …………………… 175
二、多角度视域下的排污权概念 ……………………… 176
三、排污权交易主体的争议性 ………………………… 177
四、排污权交易客体的不确定性 ……………………… 179
第三节 排污权交易法律机制的法理特性 ………………… 181
一、源于公法上行政许可的排污权 …………………… 181
二、排污权展现了私权的部分属性 …………………… 183
三、排污权是具有公权性质的私权 …………………… 185
四、排污权权属范畴的新理念 ………………………… 187

第五章 排污权交易法律机制的功能、特性与法律属性 …… 190
第一节 排污权交易法律机制的功能 ……………………… 190
一、指引功能 …………………………………………… 190
二、促进功能 …………………………………………… 191
三、激励功能 …………………………………………… 191
四、节约功能 …………………………………………… 192
第二节 排污权交易对象的市场化特性 …………………… 193
一、特殊的排他性 ……………………………………… 193
二、现实的流通性 ……………………………………… 195
三、明显的公益性 ……………………………………… 197

第三节 排污权不同类型交易对象的法律属性 …… 198
一、排污权交易对象的不同类型 …… 198
二、排污权交易对象的法律属性分析 …… 201

第六章 国外排污权交易法律机制的法治实践 …… 207
第一节 美国排污权交易法律机制的法治化实践 …… 207
一、美国排污权交易法律机制产生的背景 …… 207
二、美国有关排污权交易的法律机制 …… 208
三、美国排污权交易的法律模式 …… 210
四、美国排污权交易的成效与不足 …… 212
第二节 欧盟排污权交易法律机制的法治化实践 …… 213
一、欧盟碳排放权交易法律机制的主要实践 …… 214
二、欧盟碳排放权交易法律机制的特点 …… 217
三、欧盟碳排放权交易法律机制的阶段运行模式 …… 218
第三节 澳大利亚排污权交易法律机制的法治化实践 …… 219
一、澳大利亚排污权交易的基本法律政策 …… 219
二、澳大利亚排污权法律机制的特点 …… 220
三、澳大利亚排污权交易法律机制的模式 …… 220
四、国外排污权法律属性评析 …… 221

第七章 排污权交易法律机制在国际法下的协调发展 …… 223
第一节 排污权交易的创设与国际法发展 …… 224
一、碳排放权的概念与内涵 …… 224
二、市场机制下的碳排放权分配机制及其发展 …… 226
三、京都机制下的排污权交易规则 …… 229
第二节 排污权交易法律机制与世贸组织规则的议题交叉 …… 237
一、"货物"抑或"产品"：排污权交易法律机制与GATT的议题交叉 …… 238
二、"服务"贸易辨析：排污权交易法律机制与GATS的议题交叉 …… 240

三、排放权分配：排污权交易法律与 ASCM 的议题交叉
　　　　………………………………………………………………… 256
　第三节　排污权交易法律机制与世贸组织规则的体系协调…… 258
　　一、京都机制下排污权交易法律机制的问题与困境………… 258
　　二、共同但有区别责任与非歧视原则的协调………………… 261
　　三、纳入世贸组织"贸易与环境"议程的可行性……………… 263

第八章　我国排污权交易法治化的完善与健全……………… 268
　第一节　排污权专项立法的必要性………………………………… 269
　　一、优化环境资源配置的重要手段…………………………… 269
　　二、推广排污权交易法律制度的必要条件…………………… 270
　　三、解决排污权与不同权属之间冲突的基础和依据………… 271
　第二节　排污权交易立法完善的基本原则与实践……………… 272
　　一、区域协调性………………………………………………… 272
　　二、法律部门间融合性………………………………………… 272
　　三、原则性和灵活性…………………………………………… 273
　　四、创新性法治实践…………………………………………… 273
　第三节　排污权交易立法健全的思路…………………………… 274
　　一、横向的立法思路…………………………………………… 275
　　二、纵向的立法思路…………………………………………… 277
　　三、在法治实践中推动创新和改革…………………………… 279

绪　　论

　　随着我国改革开放四十余年的工业化成果的卓越显现,环境污染和生态退化问题也愈演愈烈。人与自然的和谐相处出现了问题,使得人们更关注生活的健康和地球的可持续发展问题。世界银行和我国国家环境保护总局于 2007 年共同出版了《污染的负担在中国——实物损害的解决评估》,指出我国已经成为全球污染严重的国家,大气和水的污染给中国人的身体健康带来极大的伤害。[1] 以大气污染为例,有关统计数据表明,2005 年,我国成为全球工业污染物二氧化硫排放量最大的国家[2]。我国工业二氧化硫排放总量从 2016 年的 854.9 万吨逐年下降,但 2020 年仍高达 318.2 万吨。2019 年在中国 469 个监测降水的城市(区、县)中,酸雨频率平均为 10.2%,酸雨城市比例为 16.8%,酸雨区面积约为 47.4 万平方千米,占国土面积的 5.0%。[3] 解决水污染和土壤污染等环境问题与人们对环境质量要求提高之间的矛盾已成当务之急。由此,环境资源的稀缺性和有限性在世界范围内受到前所未有的重视。"环境容量资源"逐渐成为影响经济发展和社会稳定的重要因素。合理使用环境容量资源,提高环境容量资源配置效率,加强和完善污染物的治理,成为世界各国关注的共同话题。未来中国在大气污染治理上应继续推行现行的排污权交易制

---

[1] The World Bank and The State Environmental Protection Administration, P. R. China. Cost of pollution in China: economic estimates of physical damages[R]. Washington, D. C.: WB, 2007.

[2] HE J. What Is the Role of Openness For China's Aggregate Industrial SO$_2$ Emission? A Structural Analysis Based on the Divisia Decomposition Method[J]. Ecological Economics, 2010, 69(1):868-886.

[3] 朱凡. 中国二氧化硫排污权交易制度创新研究[D]. 长春:吉林大学,2021.

度;而由于废水污染同时受污染排放量和污染源集中程度的影响,需辅以政府行政干预等手段进行长期治理;为了实现中国绿色发展的长期目标,现行的排污权交易制度应随经济发展水平和环境变化进行适时调整和长期落实。①

1987年,著名生态学家叶谦吉先生在中国学术界首次明确使用生态文明概念,并将生态文明定义为"人类既获利于自然,又还利于自然,在改造自然的同时又保护自然,人与自然之间保持着和谐统一的关系"。② 因为"建设生态文明,关系人民福祉,关乎民族未来",③国家逐步建立和完善了生态文明建设的顶层设计并在其中明确了污染物排放的治理体系和治理能力的现代化。

一、生态文明战略下的污染物排放的制度安排

(一) 建设生态文明国家战略的制定

2007年,党的十七大报告提出了"建设生态文明"是全面建成小康社会的新要求,明确提出要牢固树立生态文明观念。④ 2012年,党的十八大更把生态文明建设纳入中国特色社会主义事业总体布局,形成经济建设、政治建设、文化建设、社会建设、生态文明建设"五位一体"总体布局。党中央明确指出:生态文明建设不仅关系到人民的福祉,也关系到中华民族的未来及中华民族伟大复兴中国梦的实现,并将推进生态文明建设确立为中国特色社会主义新时期最重要的任务之一。2013年11月12日,党的十八届三中全会审议通过《中共中央关于全面深化改革若干重大问题的决定》⑤,在全面深化改革的五个重大问题中进一步明确提出要加快生态文明体制改革,要求生态文明体制的建设完善围绕建设美丽中国深

---

① 齐红倩,陈苗.中国排污权交易制度实现污染减排和绿色发展了吗? [J].西安交通大学学报(社会科学版),2020,40(03):81-90.
② 徐春.对生态文明概念的理论阐释[J].北京大学学报(哲学社会科学版),2010,47(01):61-63.
③ 中共中央文献研究室.习近平关于社会主义生态文明建设论述摘编[M].北京:中央文献出版社,2017:3.
④ 胡锦涛.高举中国特色社会主义伟大旗帜,为夺取全面建设小康社会新胜利而奋斗——在中国共产党第十七次全国代表大会上的报告[R].北京:人民出版社,2009:6.
⑤ 中共中央.关于全面深化改革若干重大问题的决定[EB/OL].(2013-11-12)[2019-11-12].http://politics.people.com.cn/GB/8198/371536/index.html.

化生态文明体制改革展开,加快建立生态文明制度,健全国土空间开发、资源节约利用、生态环境保护的体制机制,推动形成人与自然和谐发展现代化建设新格局;建设生态文明,必须建立系统完整的生态文明制度体系,用制度保护生态环境。健全自然资源资产产权制度和用途管制制度,划定生态保护红线,实行资源有偿使用制度和生态补偿制度,改革生态环境保护管理体制。

(二) 生态文明顶层设计目标和方案的明确

2015年4月25日,中共中央、国务院印发《关于加快推进生态文明建设的意见》。同年10月召开的十八届五中全会首次在国家五年计划内写入加强生态文明建设的要求。2015年9月11日,为加快建立系统完整的生态文明制度体系,加快推进生态文明建设,增强生态文明体制改革的系统性、整体性、协同性,中共中央政治局召开会议,审议通过了《生态文明体制改革总体方案》,提出了"生态文明体制改革的指导思想""生态文明体制改革的理念""生态文明体制改革的原则""生态文明体制改革的目标"的生态文明体制改革的总体要求,明确了在命令与控制的治理模式下建立健全环境治理体系、在市场化的治理模式下健全环境治理和生态保护市场体系。

1. 在命令与控制的治理模式下建立健全环境治理体系

在污染物排放的治理上,《生态文明体制改革总体方案》明确指出应完善污染物排放许可制度。要求在全国范围建立统一公平、覆盖所有固定污染源的企业排放许可制,依法核发排污许可证,要求排污者必须持证排污,禁止无证排污或不按许可证规定排污。同时建立污染防治区域联动机制,建立陆海统筹的污染防治机制和重点海域污染物排海总量控制制度。

2. 在市场化治理模式下健全环境治理和生态保护市场体系

在污染物排放的治理上,推行排污权交易制度;在企业排污总量控制制度基础上,尽快完善初始排污权核定,扩大涵盖的污染物覆盖面;在现行以行政区为单元层层分解机制的基础上,根据行业先进排污水平,逐步强化以企业为单元进行总量控制、通过排污权交易获得减排收益的机制;在重点流域和大气污染重点区域,合理推进跨行政区排污权交易。扩大排污权有偿使用和交易试点,将更多条件成熟的地区纳入试点,加强排污权交易平台建设,制定排污权核定、使用费收取使用和交易价格等规定。

(三) 以生态文明建设促进国家治理体系和治理能力现代化的路径

2017年,习近平总书记在十九大报告中明确指出,必须坚持人与自然和谐共处。建设生态文明是中华民族可持续发展的千年大计。建立和实践绿色发展观是十分必要的。绿水青山就是金山银山,我国的基本国策是保护资源、保护环境,保障生态安全,协调林业湖泊和自然景观,加强草地系统管理,实施最严格的生态环境保护体系,形成绿色发展模式和生活方式,牢牢把握建设美丽中国的理念,走一条良好的生态文明发展道路,为人们创造良好的生产生活环境,为全球生态安全作出贡献。① 2018年,习近平总书记在全国生态环境保护大会上进一步强调"生态文明建设与中华民族息息相关"。坚持可持续性发展的道路,建设生态文明,最重要的就是改变近代以来的价值观,实现"生态正义",善待自然,保护自然环境,维护生物多样性,实现人与自然和谐相处,促进物质文明、精神文明、社会文明、政治文明和生态文明的良性互动发展。

"生态环境破坏对人民群众健康的影响已经成为一个突出的民生问题,必须下大力气解决。"②在社会主义新时代,党中央将建设社会主义生态文明作为建设社会主义现代化强国的重要内容,提出了新时代社会主义生态文明建设的基本方略,为我国新时代社会主义生态文明建设制定了顶层设计的原则。2019年,党的十九届四中全会通过《中共中央关于坚持和完善中国特色社会主义制度、推进国家治理体系和治理能力现代化若干重大问题的决定》(以下简称《决定》),其中对生态文明建设进行了系统部署,为生态文明建设新阶段国家治理体系和治理能力现代化描绘了制度建设的蓝图,为2020年后继续深入推进污染防治攻坚奠定坚实基础。③

《决定》第十部分指出:坚持和完善生态文明制度体系,促进人与自

---

① 习近平.决胜全面建成小康社会夺取新时代中国特色社会主义伟大胜利——在中国共产党第十九次全国代表大会上的报告[M].北京:人民出版社,2017:3.
② 习近平.习近平谈治国理政:第2卷[M].北京:外文出版社,2018:392.
③ 中国共产党第十九届中央委员会第四次全体会议.中共中央关于坚持和完善中国特色社会主义制度推进国家治理体系和治理能力现代化若干重大问题的决定[EB/OL].(2019-10-31)[2019-11-03].http://www.gov.cn/zhengce/2019-11/05/content_5449023.htm.

然和谐共生。生态文明建设是关系中华民族永续发展的千年大计。必须践行绿水青山就是金山银山的理念,坚持节约资源和保护环境的基本国策,坚持节约优先、保护优先、自然恢复为主的方针,坚定走生产发展、生活富裕、生态良好的文明发展道路,建设美丽中国。《决定》总结了我国生态文明建设的成就,回顾了我国已经实行的最严格的生态环境保护制度,其中明确指出要构建以排污许可制为核心的固定污染源监管制度体系,完善污染防治区域联动机制和陆海统筹的生态环境治理体系。

2021年11月11日,中国共产党第十九届中央委员会第六次全体会议通过《中共中央关于党的百年奋斗重大成就和历史经验的决议》(以下简称《决议》)。《决议》在第四部分强调中国特色社会主义事业经济建设、政治建设、文化建设、社会建设、生态文明建设"五位一体"总体布局。第九节专门阐释了生态文明建设是关乎中华民族永续发展的根本大计,保护生态环境就是保护生产力,改善生态环境就是发展生产力,决不以牺牲环境为代价换取一时的经济增长。必须坚持绿水青山就是金山银山的理念,坚持山水林田湖草沙一体化保护和系统治理,像保护眼睛一样保护生态环境,像对待生命一样对待生态环境,更加自觉地推进绿色发展、循环发展、低碳发展,坚持走生产发展、生活富裕、生态良好的文明发展道路。作为国家战略和习近平新时代中国特色社会主义思想的重要组成部分,生态文明建设取得了巨大的成就。

党的十八大以来,党中央以前所未有的力度抓生态文明建设,全党全国推动绿色发展的自觉性和主动性显著增强,美丽中国建设迈出重大步伐,我国生态环境保护发生了历史性、转折性、全局性变化。通过生态文明顶层设计的梳理,不难发现,我国在污染物排放治理层面明确了先以排污许可确定污染物排放的行政管控,然后通过总量控制构建命令控制型治理的基础,进而将治理重点放在市场化的排污权交易上,实现全国的污染物排放治理体系和治理能力的现代化。

二、污染物排放治理层面命令控制型政策法律的实施

我国早期污染物排放治理层面的环境政策和法律设计,多以"命令控制型"为主。相关政策法律的实施需要在法律实效层面进行检验和总结,

相关制度建设也需要检视和回顾。

(一) 命令控制型政策法律的内容与利弊

在污染物排放治理层面,我国现行的命令控制型的政策法律包括排污许可证制度、环境影响评价制度、"三同时"制度、总量控制制度和限期治理制度等。从环境规制经济学的视角来看,这些制度涵盖了企业的全生命周期。此类命令控制型的政策法律在理想状态下能够通过强制性技术标准和总量控制等手段实现污染物排放量的优化,从而实现污染物排放治理的目的。然而,由于信息不对称、个体自利性等因素,使得上述命令控制型的政策法律无法实现政策设计的目标。①

(二) 命令控制型政策法律的法治化实践

1. 法律与政策并行实施

我国污染物排放治理层面的命令控制型政策法律分别体现在法律和政策两个层面。在法律层面,主要包括环境保护法、水污染防治法、大气污染防治法以及其他相关单行法规和部门规章、地方性法规等。在政策层面,主要包括排污许可证制度、三同时制度、环境影响评价制度、污染物排放标准等规范性政策文件。

2. 相关排污许可法律的实施与问题

排污许可证制度是我国固定污染源环境管理的核心制度,是污染物排放治理层面最基础的法律制度。实施污染物排放控制许可证制度是推进生态文明建设、加强环境保护的具体措施,是环境治理基本制度改革的重要组成部分。但相关规定不成体系,分散在多部法律、法规、规章和政策之中。

(1) 排污许可制度的基本法律。我国的排污许可制度主要体现在2008年颁布施行的《中华人民共和国水污染防治法》(简称《水污染防治法》)、2014年修订施行的《中华人民共和国环境保护法》(简称《环境保护法》)及2016年颁布施行的《中华人民共和国大气污染防治法》(简称《大气污染防治法》)这三部法律中。《水污染防治法》明确规定"国家实行排污许可制度",明确要求直接或者间接向水体排放工业废水和医疗污水以

---

① 刘召峰.排污许可证制度污染减排效应与总量控制衔接的经济影响[D].上海:上海社会科学院,2019:45.

及其他按照规定应当取得排污许可证方可排放的废水、污水的企业事业单位和其他生产经营者,应当取得排污许可证;城镇污水集中处理设施的运营单位,也应当取得排污许可证。排污许可证应当明确排放水污染物的种类、浓度、总量和排放去向等。《环境保护法》第一次针对全部污染物正式规定了排污总量控制下的统一的综合性排污许可制度——国家重点污染物排放总量控制制度。首先,明确规定了重点污染物排放总量控制指标由国务院下达,省、自治区、直辖市人民政府分解落实。企业事业单位在执行国家和地方污染物排放标准的同时,应当遵守分解落实到本单位的重点污染物排放总量控制指标。对超过国家重点污染物排放总量控制指标或者未完成国家确定的环境质量目标的地区,省级以上人民政府环境保护主管部门应当暂停审批其新增重点污染物排放总量的建设项目环境影响评价文件。其次,明确了国家依照法律规定实行排污许可管理制度,以法律的形式规定了实行排污许可管理的企业事业单位和其他生产经营者应当按照排污许可证的要求排放污染物。未取得排污许可证的,不得排放污染物。《大气污染防治法》则针对大气污染物正式规定了排污总量控制下的统一的综合性排污许可制度,明确了企业事业单位和其他生产经营者建设对大气环境有影响的项目,应当依法进行环境影响评价、公开环境影响评价文件;向大气排放污染物的,应当符合大气污染物排放标准,遵守重点大气污染物排放总量控制规定。同时规定了排放工业废气或者规定名录中所列有毒有害大气污染物的企业事业单位、集中供热设施的燃煤热源生产运营单位以及其他依法实行排污许可管理的单位,应当取得排污许可证。

(2) 排污许可制度的行政法规和部门规章。1988年,由当时的国家环保局发布《水污染物排放许可证管理暂行办法》(〔88〕环水字第111号),这是我国颁布实施的第一部规定排污许可制度的部门规章,该部门规章于2007年10月8日废止。1989年7月12日经国务院批准、同日由国家环境保护局公布《中华人民共和国水污染防治法实施细则》自1989年9月1日起施行。这是我国颁布实施的第一部规定排污许可制度的行政法规。2000年3月20日,国务院公布《中华人民共和国水污染防治法实施细则》(以下简称《细则》)(中华人民共和国国务院令第284号),

同时废止1989年颁布实施的原行政法规。《细则》对水污染排放许可证的发放作出了明确规定,要求县级以上地方人民政府环境保护部门根据总量控制实施方案,审核本行政区域内向该水体排污的单位的重点污染物排放量,对不超过排放总量控制指标的,发给排污许可证;对超过排放总量控制指标的,限期治理。限期治理期间,发给临时排污许可证。

为了加强对城镇排水与污水处理的管理,保障城镇排水与污水处理设施安全运行,防治城镇水污染和内涝灾害,保障公民生命、财产安全和公共安全,保护环境,2013年9月18日国务院第24次常务会议通过,自2014年1月1日起颁布施行了《城镇排水与污水处理条例》,规定了排水管网许可证的相关制度。总体上要求从事工业、建筑、餐饮、医疗等活动的企业事业单位、个体工商户等排水户向城镇排水设施排放污水的,应当向城镇排水主管部门申请领取污水排入排水管网许可证。城镇排水主管部门应当按照国家有关标准,重点对影响城镇排水与污水处理设施安全运行的事项进行审查。排水户应当按照污水排入排水管网许可证的要求排放污水。排水户申请领取污水排入排水管网许可证应当具备下列条件:①排放口的设置符合城镇排水与污水处理规划的要求。②按照国家有关规定建设相应的预处理设施和水质、水量检测设施。③排放的污水符合国家或者地方规定的有关排放标准。④法律、法规规定的其他条件。符合以上规定条件的,由城镇排水主管部门核发污水排入排水管网许可证。

2016年11月10日,国务院办公厅印发《控制污染物排放许可制实施方案的通知》(国办发〔2016〕81号),明确控制污染物排放许可制是依法规范企事业单位排污行为的基础性环境管理制度,环境保护部门通过对企事业单位发放排污许可证并依证监管实施排污许可制。近年来,各地积极探索排污许可制,取得了初步成效。但总体看,排污许可制定位不明确,企事业单位治污责任不落实,环境保护部门依证监管不到位,使得管理制度效能难以充分发挥。该方案对污染物排放的种类、排放浓度、排放总量、特殊情况下的排污量等提出了明确要求。同时对规范有序发放排污许可证、综合运用市场机制以及对污染防治设施、自行监测体系、信息公开、执法监察等方面也提出了要求。

2016年12月23日,原环境保护部发布《排污许可证管理暂行规定》

(环水体〔2016〕186号),要求各省、自治区、直辖市环境保护厅(局),新疆生产建设兵团环境保护局,贯彻落实《控制污染物排放许可制实施方案》(国办发〔2016〕81号),规范排污许可证申请、审核、发放、管理等程序。要求各地可根据《排污许可证管理暂行规定》,进一步细化管理程序和要求,制定本地实施细则。《排污许可证管理暂行规定》是全国排污许可管理的首个规范性文件,从国家层面统一了排污许可管理的相关规定,主要用于指导各地排污许可证申请、核发等工作。

为了明确排污者责任,强调激励守法、惩戒违法,强化落实排污者责任,2017年11月,原环境保护部部务会议审议通过并于2018年1月10日颁布施行了《排污许可管理办法(试行)》(环境保护部令第48号),规定了企业承诺、自行监测、台账记录、执行报告、信息公开等五项制度。企业承诺并对申请材料真实性、完整性、合法性负责是企业取得排污许可证的重要前提。自行监测、台账记录、执行报告制度是排污单位自行判定达标、及时发现运行过程中的环保问题以及核算实际排放量的重要基础,是企业自证守法的主要依据,同时也是环保部门核查企业达标排放、判定企业按证排污的重要检查内容和执法依据。信息公开制度是强化企业持证依证排污意识,引导舆论监督,形成共同监督氛围的基础和重要手段。原环境保护部专门作出解释,《排污许可管理办法(试行)》是对《排污许可证管理暂行规定》的延续、深化和完善。《排污许可管理办法(试行)》在结构和思路上与已发布的《排污许可证管理暂行规定》保持一致,只是内容上进一步细化和强化。同时根据部门规章的立法权限,结合火电、造纸行业排污许可制实施中的突出问题,对排污许可证申请、核发、执行、监管全过程的相关规定进行完善,并进一步提高可操作性。最新的排污许可证制度仍是一个过渡性的方案,目的是通过各地实践,积累一定的排污许可证制度管理经验,包括排放特征数据、污染防治技术、申请核发程序、自行监测、信息公开、执法监察等,发现实施中存在的体制和机制问题,为全国范围内开展排污权交易打下坚实基础。

另外,相关行政法规、行政规章及规范性法律文件还有1995年8月8日国务院颁布实施并根据2011年1月8日《国务院关于废止和修改部分行政法规的决定》修订的《淮河流域水污染防治暂行条例》(中华人民共和国国务院令第 183 号),规定了国家在淮河和太湖流域实施重点水污染物排放总量控制区域实行排放重点水污染物许可证制度。国务院法制办公室发布并于 1998 年 1 月 12 日施行的《关于设立酸雨控制区和二氧化硫污染控制区的正式答复》(国函〔1998〕5 号)、原环境保护局 1996 年 4 月 12 日批准并于 1997 年 1 月 1 日实施的《大气污染物综合排放标准》(GB 16297—1996)、国务院办公厅 2010 年 5 月 11 日颁布实施的《关于推进大气污染联防联控工作改善区域空气质量的指导意见》(国办发〔2010〕33 号)、中华人民共和国环境保护部和国家质量监督检验检疫总局公告发布并于 2016 年 1 月 1 日起实施的《环境空气质量标准》(GB 3095—2012)等。

(3) 排污许可制度地方性法规及其实施。截至目前,我国省、区、市以地方立法的形式保障了排污许可证制度的实施。例如,上海市 1985 年开展排污许可证制度的地方立法,北京市于 1997 年颁布《北京市排放污染物许可证管理暂行规定》,30 余个省市相继颁布实施了排污许可证制度的地方性法规及规章。在 2004 年有 4 个省区,如新疆、湖南、山西和江西出台试行版或暂行版的管理办法,使得排污许可证制度在各省区实施掀起了小高潮。"十一五"期间,在主要污染物减排成为地方政绩考核约束性指标后,30 余个省、区、市的排污许可证制度实践达到高潮,2007 年到 2010 年共有 13 个省、区、市出台排污许可证制度管理办法,占所有出台排污许可证制度管理办法省、区、市的一半以上。随后,排污许可证制度的地方实践慢慢走向低潮。① 当前,我国的地方性法规及规章都未将排污达标作为排污许可的前置条件。截至目前,我国近 200 项涉及排污许可的各类规范性文件,只有《哈尔滨市重点污染物排放总量控制条例(2016)》和《河北省达标排污许可管理办法(2014)》将排污达标排放作为排污许可的前置条件。《河南省减少污染物排放条例(2013)》和《包头市排污许可证管理办法(2012)》则对超标排放发放临时排污许可证作出了规范。② 达标排放与否均不是当前排污许可的法定前置条件,导致排污行政许可的合法性

---

① 刘召峰. 排污许可证制度污染减排效应与总量控制衔接的经济影响[D]. 上海:上海社会科学院,2019:59.
② 潘佳,王彬. 生态文明体制改革背景下排污许可设定制度研究[J]. 哈尔滨工业大学学报(社会科学版),2020,22(01):118.

受到质疑。

3. 排污许可制度实施的法律实践与问题

排污许可法律制度下的排污许可证所载明的基本信息、管理要求等内容,既反映出排污主体的主观要求,又反映出环境管理主管部门的公共意志,排污许可证制度遂成为排污管理的重要环境制度。① 依据针对性的法律制度安排,推进试点,总结经验,才能不断完善排污许可证制度。依据相关法律,我国排污许可法律制度的试点自 1987 年开始,在部分城市实施水污染防治领域排污许可证制度的试点工作。1988 年,在全国 50 个城市试点的基础上,国家环保局发布了《水污染排放许可证管理暂行办法》。1991 年至 1994 年,在江苏、山西两省,共有 1 024 家企业参加了第二批水污染试点工作。两省工作各具特色,其工作经验和方法为全国全面推行省域总量控制和排污许可证制度提供了经验。② 1991 年,天津、上海等 16 个城市实施"大气污染物"许可证的试点工作。"九五"期间,我国正式把污染物排放总量控制政策列为环境保护的考核目标,总量控制和排污许可证在全国范围内的推行,为今后开展排污权交易奠定了制度基础。20 世纪末,各地均在《水污染排放许可证管理暂行办法》的基础上制定了地方性法规或规章,水污染排放许可证法律制度逐渐被推广到全国,但由于排放许可交易制度的出现,排污许可证制度的实施效果不佳,水污染排污许可法律制度的发展止步于试点阶段取得的成果,此现象一直持续到上述暂行办法失效为止。上述不同层级单行法在不同环境领域分别作出规定,针对不同污染物规定的管理主体资格、行政许可的条件、行政许可的程序、法律责任承担等方面规定存在诸多差异,分不同污染物分别规范的排污许可证制度在具体实施过程中极易引发一系列的执法问题。有关法律与配套政策之间不衔接,例如,《排污许可证管理暂行规定》从国家层面对排污许可证进行了统一规定,但未对环境影响评价制度以及"三同时"制度等各项环境管理制度之间的关系予以明确,也无法改变各项环境管理制度交叉重复的状况。

---

① 韩广,等. 中国环境保护法的基本制度研究[M]. 北京:中国法制出版社,2007:100.
② 秀凤. 山西、江苏排放水污染物许可证制度试点通过国家验收[J]. 环境导报,1994(02):42.

三、污染物排放治理层面的市场化政策和法律实践

"命令—控制"模式存在的缺陷恰恰体现了污染物排放权交易模式的优势。长期以来,行政执法的强制性和应急性确实达到了立竿见影的效果,能够很快地改善环境质量,化解经济发展与环境保护的矛盾。但同时也带来了很多副作用,例如,通过行政命令控制手段推行环境保护措施的成本或达标成本远远高于人们预期的水平,某些行政命令控制手段有可能妨碍经济的发展。在这种情况下,行政命令控制手段可能造成高额的成本和不经济的低效率状况。在"命令—控制"法律机制下,由于迫使所有生产者承担均等份额的污染控制总量,而不考虑其成本差异,提高了污染控制的成本。而以排污行政许可为代表的"命令—控制"模式的治理手段,主要表现为制定一些具有强制性的法律文件,依托行政执法来"一刀切"地统一执行。然而,市场上所有生产者的产出会受到不同程度的影响,在环境容量稀缺性和技术水平约束条件下,生产效率越高的生产者损失越大,"一刀切"的行政许可法律机制将导致整个行业的产出水平下降。因此,"命令—控制"模式降低了人们想方设法减少污染的动力。① 但是,如果实行排污权交易政策,高效率生产者额外多排放所增加的产出,会远远高于低效率生产者减少排放所减少的产出,从而达到整个行业产出水平的提高,其中额外产出增长的部分和相应的减排就是实行排污权交易带来的经济红利和环境红利。市场化的模式促使人们开始寻求既不制约或妨碍经济发展,又能实现环境和资源保护目标的其他手段,其中推行排污权交易最为有效。②

(一) 排污权交易法律制度的溯源

最早将"排污权交易"理论付诸法律实践的是美国。我国自1988年开始不断试点这项制度,法律实践中积累了许多经验。中美两国各自和相互合作的排污权交易及其法律实践溯源如表1-1所示。

---

① 查尔斯·D. 科尔斯塔德. 环境经济学[M]. 傅晋华,彭超,译. 北京:中国人民大学出版社,2011:49.
② 蔡守秋,张建伟. 论排污权交易的法律问题[J]. 河南大学学报(社会科学版),2003(05):98-102.

表 1-1　中美两国排污权交易及其法律实践溯源

美国		中国	
时间	事件	时间	事件
1960 年	科斯提出排污权交易理论概论	1988 年	排污权交易机制的酝酿始于1988 年的排污权许可证制度,规定水污染物排放指标可以在排污企业间进行交易,当时仅在北京、上海、徐州等 18 个大中城市开展了交易试点
1968 年	戴尔斯在《污染、财富和价格》一书中对排污权交易进行了阐述①	2001 年	国家环保总局与美国环保协会开展"推动中国二氧化硫排放总量控制及排放权交易政策实施的研究"合作项目,随后开展了"4＋3＋1 项目"。江苏省南通市顺利实施中国首例排污权交易。交易双方为南通天生港发电有限公司与南京醋酸纤维有限公司,双方在 2001—2007 年期间交易二氧化硫排污权 1 800 吨
1971 年	W. J. Baumol 和 W. E. Oates 在理论上对戴尔斯的假设进行了严密论证,提出了许可证交易体系②	2002 年	总量控制下的二氧化硫排放权交易。国家环保总局将山东、山西、江苏、河南、上海、天津、柳州等省市纳入交易试点,又将华能集团纳入试点,形成了"4＋3＋1"的格局
20 世纪 70 年代开始	这个阶段美国环保保护局(EPA)开始制定大气污染源排污权交易程序。主要交易对象是"排污削减信用"(Emission Reduction Credit,ERCs),具体是污染源实际排放水平低于许可基准水平所产生的永久性排污削减,经排污人申请并获审批后,该排污削减信用可市场交易③	2003 年	2003 年,江苏太仓港环保发电有限公司与南京下关发电厂达成二氧化硫排污权异地交易,开创了中国跨区域交易的先例

---

① DALES J H. Pollution, Property and Prices[M]. Toronto: University of Toronto Press, 1968.
② BAUMOL W J, OATES W E. The Theory of Environ-mental Policy[M]. Cambridge: Cambridge University Press, 1976:127-128.
③ 瞿伟. 美国排污权交易的模式选择与效果分析[J]. 工程与建设, 2006(03):188-190.

(续表)

美国		中国	
时间	事件	时间	事件
1990年	《清洁空气法》的修正案将二氧化硫排放权交易制度法制化，明确规定通过泡泡政策、补偿政策、净得政策和排污量存储政策等排污交易政策实现二氧化硫排放的总量控制目标①	2007—2009年	2007年国内第一个排污权交易中心在浙江嘉兴挂牌成立。天津排污权交易所、北京环境交易所和上海环境能源交易所相继成立，将二氧化硫排放权纳入交易范围。2008年12月23日，第一笔基于互联网的二氧化硫排放指标电子竞价交易在天津排放权交易所顺利成交。2009年，将浙江省纳入试点范围
20世纪90年代开始	这个阶段的目标是总量控制型排污权交易实施。美国在《空气清洁法案》中对此作出立法性规定，并将其应用于实践中，取得了很好的效果。第二阶段排污权交易市场除了酸雨计划（Acid Rain Program）外，还包括南加州为了控制硫氧化物和氮氧化物所创设的区域清洁空气激励市场（Regional Clean Air Incentives Market）和东北氮氧化物预算交易计划（Northeast Nox Budget Trading Program）②	2014年	国务院办公厅发布《关于进一步推进排污权有偿使用和交易试点工作的指导意见》，明文规定了我国要充分发挥市场在环境资源配置中的决定性作用，积极探索建立环境成本合理负担机制和污染减排激励约束机制，规定到2015年底前试点区全面完成现有排污单位排污权核定工作，到2017年底基本建立排污权有偿使用和交易制度，为全面推行排污权有偿使用和交易制度奠定基础
2000年开始	这个阶段是规范化交易机制构建与实施阶段。主要包括区域温室气体削减计划（Regional Greenhouse Gas Initiative，是美国第一个强制执行的针对二氧化碳的排污权交易项目）、清洁空气州际法规（Clean Air Interstate Rule）、加利福尼亚州和西部气候计划（California and the Western Climate Initiative）、中西部气候变化行动（Midwestern Greenhouse Gas Reduction Accord）和以芝加哥气候交易所为代表的气候变化自愿性计划③	2017年	在二氧化硫排放权交易试点工作实施12年后，2017年底，伴随着《全国碳排放权交易市场建设方案（发电行业）》的发布，我国碳排放权交易市场正式启动

---

① 李威. 气候与贸易的国际法进程研究[M]. 北京：法律出版社，2001：106-107.
② 黄文君，田莎莎，王慧. 美国的排污权交易：从第一代到第三代的考察[J]. 环境经济，2013(07)：32-39.
③ 蔡守秋，张建伟. 论排污权交易的法律问题[J]. 河南大学学报（社会科学版），2003(09)：65.

(二) 排污权交易制度的法律概念

1. 排污权

吕忠梅教授认为,"排污权"不等同于"污染权",其本质是环境容量使用权。① 邓海峰教授认为排污权是私法性质上的一种准物权,是一种无形财产权并需要在民法体系中得到规制。② 汪劲教授指出,法律意义上的排污权是一个狭义的概念,特指经环保部门许可,污染者以污染物排放控制标准为限向环境排放污染物的权利。③ 从法律意义上界定排污权的性质,学术理论界尚有争论。有学者认为排污权是用益物权或者准物权,认为排污权归于用益物权侧重强调权利的内容,而认为其应归属于准物权侧重强调排污权与传统物权的区别,两种观点并不相同,但都一致承认排污权的财产权属性和交换价值。也有学者认为排污权源于行政许可,必须依赖政府而产生,与所有权无直接关系。④ 也有学者认为排污权是一类新型的财产权,具有双重属性。排污许可本质上是政府管制行为,经排污许可的排污权是"事实上的财产权",是行政许可部门授予私主体使用自然资源的法律利益。⑤ 有学者指出"排污权"不同于"污染权",它是一种"排放污染物的权利"⑥。总体来讲,排污行为在被法律确认为一种合法并约束的行政许可行为后,即可获得一种较特殊的准物权的法律属性,"是对满足人类和其他生物正常使用以外的'富余的'环境容量资源的使用和收益权"⑦。

2. 排污权交易

理论上讲,排污权交易是指在某地区内、在核准排污总量范围内,各点源通过金钱给付转让排污量,拥有富余排污量的排污者在转让中获得经济利益,以此鼓励排污者减排。排污权交易制度以建立排污权利为基础,进行排污权利交易,由自由市场完成对环境资源的再次配置,达到环

---

① 吕忠梅. 论环境使用权交易制度[J]. 政法论坛,2000(04):126.
② 邓海峰. 排污权一种基于私法语境下的解读[M]. 北京:北京大学出版社,2008:230-236.
③ 汪劲. 环境法学[M]. 北京:北京大学出版社,2014:173.
④ 王清军. 排污权法律属性研究[J]. 武汉大学学报(哲学社会科学版),2010(05):33.
⑤ 李义松. 论排污权的定位及法律性质[J]. 东南大学学报(哲学社会科学版),2015(01):53.
⑥ 彭本利,李爱年. 排污权交易法律制度理论与实践[M]. 北京:法律出版社,2017:96.
⑦ 杨展里. 中国排污权交易的可行性研究[J]. 环境保护,2001(04):12.

境保护的目的。曹明德教授认为排污权交易是指在实施排污许可证管理及污染物排放总量控制的前提下,激励企业通过技术进步和污染治理节约污染排放指标,这种指标作为环境容量有价资源或储存起来以备企业扩大生产规模之需,或在企业之间进行有偿转,而新建污染源或缺少污染排放指标的老污染源,则可以通过排污权交易市场向污染排放指标有节余的企业购买。[①] 彭本利教授认为排污权交易是指在市场经济制度大背景之下,运用价格机制来调控污染防控成本,进而达到合理分配环境资源使用权目的的制度体系。[②] 李爱年教授认为排污权交易是指按照总量控制的要求,在特定市场中对于排污指标进行买卖交易,进而达到减少污染、保护环境的目的。[③] 史玉成教授认为排污权交易是指在特定范围内,依据该地具体的环境状况,科学评估该地污染物可排放量,进而通过"许可证"方式将排污指标分配给政府及相关企业,继而对相关排污指标进行市场交易的制度。[④]

排污权交易的基本实践方式是由行政主管部门评估出特定区域在满足环境要求下污染物的最大排放量,在总量控制的前提下,将排污权通过无偿分配、有偿出让、公开拍卖等方式,以排污许可证的形式确认并分配给排污者。在对排污权进行初始分配之后,建立排污权交易市场,使排污权得以合法地交易。通过污染物治理手段缩减了排放量的企业,可以将自身富余的排放量出让给污染治理成本太高或新建、扩建、改建等有排污指标需求的企业。企业之间各取所需,交换排污权的行为不影响污染物的排放总量,鼓励治理成本最小的企业来承担治理污染的责任,实现全社会治理污染总成本的最小化和环境容量资源的有效配置。[⑤]

排污权交易通过市场交易机制这只看不见的手建立激励机制,鼓励

---

① 曹明德.排污权交易制度探析[J].法律科学(西北政法学院学报),2004(04):101-102.
② 彭本利.我国排污权交易地方立法之实证分析及其完善[J].法学评论,2013(01):21.
③ 李爱年,詹芳.排污权交易与环境税博弈下的抉择:以构建排污权交易制度为视角[J].时代法学,2012,10(02):60-66.
④ 史玉成.气候变化背景下我国排污权交易法律制度的完善[J].甘肃政法学院学报,2012(9):43.
⑤ 李爱年,詹芳.排污权交易与环境税博弈下的抉择:以构建排污权交易制度为视角[J].时代法学,2012,10(02):60-66.

排污者减排,促进环境资源优化配置。排污权交易的实施需要经历三个步骤:一是由政府主管部门依据综合地域性因素和相关标准核算环境容量;二是依据总量控制指标核准该地区排污量限额,并确立可以方便计量便于进行交易的排污权;三是政府主管部门以一定方式将排污权合理分配给排污者,排污者通过排污权交易市场对排污指标进行流转。

3. 排污权交易形成的法律关系

在排污权交易活动过程中,交易主体与有关交易参与人根据有关排污权交易法律规范所形成的,以排污权利和义务为内容的社会关系构成了排污权的法律关系的总体。① 排污权交易法律关系体现双重性,既包括横向平等的民事法律关系特征,也包含纵向管控的行政法律关系特性,具备私法与公法上的双重属性。排污权交易的法律关系符合民事债权法律关系的特征。从合同主体来看,排污权交易双方的法律地位平等,即便是政府作为交易主体进入排污权交易市场时,也与交易主体的地位平等,符合《合同法》中平等主体的要求。在合同的订立过程中,交易双方遵循自愿有偿的原则,就交易事项进行平等地协商,平等地享受权利和承担义务。订立排污权交易合同的目的也和其他民事合同一样,通过在法律规定的范围内,自愿诚实、信用有偿的合作实现双方互利。②

(三)排污权交易的法律实施及发展方向

对于环境污染的防治问题,我国一开始主张建立总量控制制度下的排污许可制度,遵循的是"命令—控制"型的排污治理的模式。排污权交易法律实施也是基于行政命令下的区域试点,最早开始于20世纪80年代中期。1989年,国家环境保护局率先开始在上海、杭州等18个城市进行"大气排污许可证"的试点工作。1991年,在一份由中国社会科学院研究人员提出的报告中,可销售的"排污权"概念第一次被引入国内。报告认为,"上海、沈阳等城市,类似的交易将是可行的。"③随着我国社会主义市场经济体制的建立,可交易的排污许可制度越来越成为一种有效的污

---

① 彭本利,李爱年. 排污权交易法律制度理论与实践[M]. 北京:法律出版社,2017:130.
② 史玉成,王卿. 民法视野下排污权交易合同法律关系探析[J]. 法学杂志,2012(10):67-72.
③ 幸红. 排污权交易及其法律规范[J]. 学术研究,2006(08):76-81.

染控制制度。

1. 我国近40年排污权交易的法律实施成果

自20世纪80年代中期以来,我国尝试在一些经济发展水平较高的省(区、市)推行污染控制政策改革,其中使用最多的改革措施是以排污补偿或者排污权交易的方式来抵消新增加的排污量。改革措施在上海、太原、本溪等城市取得了显著的成效。1994年,包头、开远、柳州、太原、平顶山、贵阳6个城市开展了大气排污权交易的试点并取得了初步经验。2000年,随着《大气污染防治法》为国家污染控制战略真正实现由浓度控制向总量控制转变提供法律保障,我国在这一时期集中在大气污染物排污交易方面进行了初步尝试,为后续排污交易试点的探索打下了基础。2002年,山东、山西、江苏、河南、上海、天津、柳州被选为排污权交易政策示范工作点,开展排污权交易政策的探索。国家基于二氧化硫排污权交易制度的早期试点经验,于2007年开始在江苏、天津、浙江、河北、山西、重庆、湖北、陕西、内蒙古、湖南、河南11个省(区、市)正式启动二氧化硫排污权交易制度。2005年12月,国务院颁布的《关于落实科学发展观加强环境保护的决定》[①]提出运用市场机制推进污染治理,首次在官方文件中明确,有条件的地区和单位可实行二氧化硫等排污权交易。此后,有关建立健全和发展排污权交易的一系列官方文件相继颁布,其中最具指导意义的文件是国务院办公厅于2014年8月6日颁布的《关于进一步推进排污权有偿使用和交易试点工作的指导意见》(国办发〔2014〕38号),从总体要求到具体排污权有偿使用制度的建立,再到强化试点组织领导和服务保障均作出了相对细致的规定,并提到2017年,试点地区排污权有偿使用和交易制度基本建立,试点工作基本完成。随着国家环保战略思路从传统的行政管制手段向注重综合运用行政、法律以及市场手段转变,排污权交易在该阶段明显呈现出国家日益重视、地方自发积极探索、上下对接强化、探索交易模式多样、地方性法规政策文件出台频率加大等特点,排污权市场交易法律机制正在实践的基础上逐步成熟。

---

① 国务院.国务院关于落实科学发展观加强环境保护的决定[EB/OL].(2018-3-28)[20219-12-13].http://www.gov.cn/zwgk/2005-12/13/content_125736.htm.

2. 我国排污权交易法律实施存在的问题

市场经济也是法治经济,排污权交易作为以市场机制为基础的环境治理机制,离不开法律的规制。然而,我国的排污权交易虽然经过了近四十年的发展,仍然面临着法律规制不健全的窘境,主要表现在排污权法律属性界定不清、排污权初始分配公平性缺失、排污权交易效率不高、排污权交易中政府职能界定不清、排污权交易监督机制不健全、排污权交易地方立法先行而中央立法缺位等问题。另外,大气、水、土壤等污染物总量控制目标即便规划得当,地方政府仍出于当地经济发展利益的考虑,对企业暗中增加排污量的行为予以默许,无视污染物的排放,导致排污权交易丧失存在的基础。① 以上问题的存在严重影响了我国排污权交易的开展,不利于环境资源的保护。因此,排污权交易法律规制的完善应及早提上议事日程。本书围绕排污权交易法律规制中存在的问题提出相应的对策,以期对我国排污权交易的发展有所裨益。

3. 我国排污权交易法律实施的发展方向

2014年,国务院办公厅《关于进一步推进排污权有偿使用和交易试点工作的指导意见》(以下简称《指导意见》)的发布,意在从顶层设计的高度发挥市场机制、推进环境保护和污染物减排,也为我国排污权交易确定了发展方向。《指导意见》指出,建立排污权有偿使用和交易制度,是我国环境资源领域一项重大的、基础性的机制创新和制度改革,是生态文明制度建设的重要内容。各地区政府、各有关部门应高度重视排污权有偿使用及交易制度的建设。

(1) 建立排污权有偿使用制度。排污权作为一种私法形式上的财产权,必须先明确此种权利如何取得。《指导意见》第二条规定了建立排污权有偿使用制度,明确指出了排污权作为一种财产权利的取得方式。规定先在试点地区实行排污权有偿使用制度,排污单位在缴纳使用费后获得排污权,或通过交易获得排污权。排污单位在规定期限内对排污权拥有使用、转让和抵押等权利。对现有排污单位,要考虑其承受能力、当地环境质量改善要求,逐步实行排污权有偿取得。新建项目排污权和改建、

---

① 龚高健.经济社会热点问题追踪与观察[M].厦门:厦门大学出版社,2015:263.

扩建项目新增排污权,原则上要以有偿方式取得。有偿取得排污权的单位,不免除其依法缴纳排污费等相关税费的义务。上述规定明确了试点地区的排污权必须有偿取得。有偿取得又分为两种:一种是缴纳使用费后通过行政许可的方式取得,另一种是通过市场交易行为取得。合法取得的排污权具备占有、使用、收益和处分的民事权利,使排污权交易真正获得了法律上的合法性。

(2)排污权交易的法律原则。《指导意见》第三条规定要以明确的法律原则规范交易行为。确立排污权交易的自愿公平和环保责任并重的基本原则,明确排污权交易应在自愿、公平、有利于环境质量改善和优化环境资源配置的原则下进行。交易价格由交易双方自行确定。试点初期,可参照排污权定额出让标准等确定交易指导价格。试点地区要严格按照《国务院关于清理整顿各类交易场所切实防范金融风险的决定》(国发〔2011〕38号)等有关规定,规范排污权交易市场。上述规定促使各地政府积极搭建排污权交易平台,鼓励排污权交易,并要求各地政府不得以行政命令干预排污权交易的实施。排污企业通过实施工程治理减排项目,在完成主要污染物减排基础上,可以将富余排放指标出售或储备。上述排污企业通过技改实施减排行为的,不影响企业依据其污染普查基数而拥有的排放量的购买权。企业在不高于其污染普查基数的历史排放量范围内可自主选择排放指标的购买量,但初次购买的排放量不应高于其污染普查基数的历史排放量。新增排放量应由地方政府在地方排放总量范围内批准并有偿取得。

(3)依法推进排污权交易。《指导意见》第三条明确规定控制交易范围。第一,要求将交易的范围界定在试点省份之内。第二,其次要求水和大气污染源分开,涉及水污染物的排污权交易仅限于在同一流域内进行,火电企业(包括其他行业自备电厂,不含热电联产机组供热部分)原则上不得与其他行业企业进行涉及大气污染物的排污权交易。第三,要求工业与农业污染源分开,工业污染源不得与农业污染源进行排污权交易。第四,要求环境质量未达到要求的地区不得进行增加本地区污染物总量的排污权交易。以上规定明确了排污权交易在不同污染物总量控制的基础上法律边界清晰,便于市场化定价和交易的安全。

(4) 增强交易市场活力。《指导意见》第三条还明确指出应积极激活交易市场。规定国务院有关部门要研究制定鼓励排污权交易的财税等扶持政策。试点地区要积极支持和指导排污单位通过淘汰落后和过剩产能、清洁生产、污染治理、技术改造升级等减少污染物排放,形成"富余排污权"参加市场交易;建立排污权储备制度,回购排污单位"富余排污权",适时投放市场,重点支持战略性新兴产业、重大科技示范等项目建设。积极探索排污权抵押融资,鼓励社会资本参与污染物减排和排污权交易。上述制度不仅在政策扶持力度上有所增加,还在排污权的储备、投放和交易、抵押、投融资等领域上增强了交易市场的活力,使得市场这只看不见手的力量充分释放。

(5) 依法加强交易管理。《指导意见》第三条第三款强调了交易管理制度的重要性。依法建立的排污权交易市场制度必须依法管理。建立排污权交易市场是排污权交易体系的核心,允许排污权像商品那样被买进和卖出,企业进入市场自由交易排污权,排污权的价格由市场决定,必须坚持竞争和公开、公平、公正的市场规则,禁止非法交易或幕后操纵。政府环境管理机构进行排污权交易操作时,按照透明化原则公开有关的政策信息,对出现的重大问题及时作出反应。规定排污权交易按照污染源管理权限由相应的地方环境保护部门负责。跨省级行政区域的排污权交易试点,由环境保护部、财政部和国家发改委负责组织。排污权交易完成后,交易双方应在规定时限内向地方环境保护部门报告,并申请变更其排污许可证。

排污权交易制度的建立是一个系统化、法治化的工程,不仅需要排污权交易制度本身的完善,而且也需要相关配套制度的协同。在《指导意见》的原则框架下,各试点地方政府必须建立可操作的排污权市场的规制,以保障排污权交易制度得以顺利实施。体系化的排污权交易法律机制建设完善须从总量控制、初始分配、排污权交易二级市场建设等几个层面同时推进,在此过程中还需要与我国的碳排放交易统一市场和规则以及环境税的征收试点等其他环境经济手段进行有效配合。

第一章　生态文明建设与排污权交易的法治化

习近平总书记强调:"坚持人与自然和谐共生。建设生态文明是中华民族永续发展的千年大计。"①从党的十八大到十九大,党中央把生态文明建设纳入中国特色社会主义事业"五位一体"总体布局。党的十九届四中全会通过的《中共中央关于坚持和完善中国特色社会主义制度、推进国家治理体系和治理能力现代化若干重大问题的决定》对"坚持和完善生态文明制度体系,促进人与自然和谐共生"作了部署。上述党的大政方针是国家制度建设的顶层设计,为落实这些顶层设计,需要坚持在"决策部署"层面实施法治化的治理模式,在宏观层面安排制度体系的基本面(党规党法),在微观层面落实各层级法律、法规、规章及规范性法律文件的精神。这种国家治理体系的建设模式恰恰体现了我国社会主义法律体系的特色。我国国家治理能力现代化初见端倪。在生态文明顶层设计的国家战略下,减少排污成为实现经济发展与环境保护的必然选择。排污权交易法律制度的发展和完善是落实生态文明战略的重要组成部分。

第一节　生态文明法律体系与法治化进程

生态文明法律体系的构建是一项综合工程。生态文明法律体系建设

---

① 习近平.决胜全面建成小康社会夺取新时代中国特色社会主义伟大胜利——在中国共产党第十九次全国代表大会上的报告[M].北京:人民出版社,2017.

分为长期任务和中短期任务。长期任务为生态文明建设和法律体系的"生态化",中短期任务为建立健全自然资源与生态环境保护法律体系。我国通过生态文明法律体系的构建,还从立法实践的操作中实验了党内法规融入社会主义法律体系的做法,检验了党内法规与国家法律衔接和协调的理论,促进了生态文明法律体系的完善,丰富了我国社会主义法律体系与法治化进程的内涵。

一、生态文明法律体系中的社会主义法律体系及其组成关系

(一)党内法规与国家法律在构建社会主义法律体系进程中的关系演进

2011年3月10日,时任全国人民代表大会常务委员会委员长的吴邦国同志向十一届全国人民代表大会四次会议作全国人大常委会工作报告时庄严宣布,一个立足中国国情和实际、适应改革开放和社会主义现代化建设需要、集中体现党和人民意志的,以宪法为统帅,以宪法相关法、民商法、行政法、经济法等多个法律部门的法律为主干,以法律、行政法规、地方性法规与自治条例、单行条例等三个层次的法律规范构成的中国特色社会主义法律体系已经形成。① 当时对社会主义法律体系的认识尚未考虑党内法规这个重要的法律体系组成部分,在理论界形成了党纪和国法是平行的秩序规则的认知。正是认识到这个问题不利于我国依法治国国家战略的完善和健全,党的十八届四中全会通过的《中共中央关于全面推进依法治国若干重大问题的决定》指出,要"注重党内法规同国家法律的衔接和协调",进而表明将党内法规无论是被定位成"软法",还是被定位为国家法治体系中的一部分,都需要明确与国家法律的关系问题。② 党的十八届四中全会强调,依法执政,既要求党依据宪法法律治国理政,也要求党依据党内法规管党治党,深刻诠释了党的建设与法治建设相辅相成、共生共存的密切关系,并把形成完善的党内法规体系纳入全面推进依法

---

① 中华人民共和国国务院新闻办公室.中国特色社会主义法律体系[M].北京:人民出版社,2011:1.

② 付子堂.党内法规与国家法律的衔接与协调[N].法制日报,2016-12-28(009).

治国的范畴;党的十八届五中全会提出,必须坚持依法执政,全面提高党依据宪法法律治国理政、依据党内法规管党治党的能力和水平;党的十八届六中全会则从监督权力运行、完善权力运行机制、加强和规范党内政治生活入手,再次强调党的各级组织和领导干部必须在宪法法律范围内活动,决不能以言代法、以权压法、徇私枉法。党的三次全会的成果,形成了我们党对"党纪"和"国法"关系的新认识。① 党的十九大报告要求加快形成覆盖党的领导和党的建设各方面的党内法规制度体系。党内法规与国家法律的关系成为理论和实务中都无法回避的问题。2018年,《中央党内法规制定工作第二个五年规划(2018—2022年)》明确指出:"坚持党内法规和规范性文件相得益彰。坚持党内法规同国家法律衔接和协调。"② 开启了党内法规与国家法律协调与衔接的理论和实践。

(二) 党内法规是社会主义法律体系的应然组成部分

2011年全国人大宣布我国建成社会主义法律体系之后,有学者指出,党规党纪和国家法律性质不同,二者不能混同。党规党纪属于政党内部规范,在制定主体、文本形式、适用范围和实施方式上与国家法律存在区别。然而,近年来党内法规在理论和实践上的快速发展,已经可以看出上述判断实际上割裂了社会主义法律体系的整体性。党的十九届四中全会公报指出,中国特色社会主义制度是党和人民在长期实践探索中形成的科学制度体系,我国国家治理一切工作和活动都依照中国特色社会主义制度展开,我国国家治理体系和治理能力是中国特色社会主义制度及其执行能力的集中体现。我们判断国家制度的属性必须以上述理论判断为基础。因为一国法律体系的性质由一个国家社会制度的性质所决定。我国是工人阶级领导的、以工农联盟为基础的人民民主专政的社会主义国家。这就决定了我们构建的必然是中国特色社会主义性质的法律体系,它包括的全部法律规范,它确立的各项法律制度,必须有利于巩固和发展社会主义制度,以体现人民共同意志、维护人民根本利益、保障人民当家作主为本质要求。正如秦前红教授所言,党内法

---

① 何平.正确认识党纪和国法的关系[N].合肥日报,2017-03-02.
② 中共中央印发《中央党内法规制定工作第二个五年规划(2018—2022年)》[N].人民日报,2018-02-24(001).

规是管党治党建设党的基本依据和党内治理法治化的制度载体,国家法律是由国家强制力保证实施的具有普遍约束力的行为规则,两个规范体系都是治国理政的规范依据,都是中国特色社会主义法治体系的组成部分。①

二、生态文明法律体系中党内法规与国家法律的衔接和协调

党的十八届四中全会将党内法规体系和法律规范体系涵括于中国特色社会主义法治体系,提出"注重党内法规同国家法律的衔接和协调"的命题。基于上述理论基础,必须摆脱"国家法中心主义"和传统党建理论的思维定式,立足法治一般规律和中国政治现实,从国家治理现代化的高度认识二者及其相互关系。②

(一) 宪法的双轨实施与生态文明法律体系的完善

从比较法角度看,中国宪法更像一个政治纲领式的宣言,更多依靠政治化方式实施。伴随着法治化进程,中国的宪法实施逐渐由单一依靠政治化实施,过渡到政治化实施与法律化实施同步推进、相互影响的双轨制格局。宪法的政治化实施体现为执政党主导的政治动员模式,而宪法的法律化实施则是以积极性实施为主、消极性实施为辅的多元实施机制。在比较法的意义上,政治化实施和法律化实施的双轨制,可以为描述中国宪法实施提供一个理论框架。③

从源头上来看,许多宪法性法律的内容,都是从党内组织程序方面的规范演变而来的。这种发展过程整体上体现为以法律化实施方式来确认政治化实施的经验。④ 因此,宪法统领下的国家法律体系需要把原来政治性治理模式进一步引导到法治化的轨道上来。党内法规对于除了党的领导和党建规范的内部体系化规范以外,参与国家治理体系各个方面的活

---

① 秦前红,苏绍龙.党内法规与国家法律衔接和协调的基准与路径——兼论备案审查衔接联动机制[J].法律科学(西北政法大学学报),2016,34(05):21.
② 秦前红,苏绍龙.论党内法规与国家法律的协调衔接[J].人民论坛·学术前沿,2016(10):50.
③ 翟国强.中国宪法实施的双轨制[J].法学研究,2014,36(03):82.
④ 翟国强.中国宪法实施的双轨制[J].法学研究,2014,36(03):92.

动,也需要从纵览全局的泛泛指引,逐步转移到融进法治化体系化的法治框架内。生态文明法治化进程为这一目标提供了实践检验的平台。本书在生态文明法律体系和排污权交易法律体系两个不同议题下检索的全国范围内的全部法律规范,都存在党内法规与国家法律体系的规范性法律文件相互融合的现象,进一步证实了党内法规与国家法律在实践上可以实现衔接和协调的结论。

(二) 生态文明写入宪法与社会主义法律体系的完善

2018年3月11日发布实施的《中华人民共和国宪法》修正案(全国人民代表大会公告第1号)序言把"推动物质文明、政治文明和精神文明协调发展,把我国建设成为富强、民主、文明的社会主义国家"修改为"推动物质文明、政治文明、精神文明、社会文明、生态文明协调发展,把我国建设成为富强民主文明和谐美丽的社会主义现代化强国,实现中华民族伟大复兴。"生态文明写入宪法,正是党内法规与国家法律的深度融合,也是我国宪法实施双轨制理论的一个例证,更是生态文明法律体系法治化进程中党内法规与国家法律相互衔接和协调的最好例证。

以生态文明写入宪法为契机,我国社会主义法律体系在继承传统、不断创新和面向未来的基础上,必将积极回应生态文明天人相睦的价值诉求,助推法治化向新时代"生态法治"的建构与跨越。① 生态文明写入宪法,兼具法律体系外部和内部的双重意义,在我国宪法文本中形成了生态环境保护较为完整的包括显性规范和隐性规范在内的规范体系。生态文明写入宪法的体系性功能包括三个方面,即生态观的宪法表达、生态制度的宪法安排以及生态权利的宪法保障。这是将观念变革与制度构建相结合,将人的美好生活诉求与对生态的基本尊重相结合,以满足个人、国家与生态三者的最大利益为目标,从而实现宪法在生态领域对国家发展与公民需求之间规范的系统保障功能。②

(三) 生态文明党内法规与法律体系的协调

生态文明建设的党内法规作为推进生态文明体制改革的重要手段和

---

① 刘洪岩.接驳与拓展:"生态文明入宪"与环境法制革新[J].吉林大学社会科学学报,2019,59(05):112.

② 张震.生态文明入宪及其体系性宪法功能[J].当代法学,2018,32(06):50.

改善党对生态文明建设领导的重要抓手,其政治、法律地位越来越高、作用越来越大。为了使生态文明建设的党内法规更好地发挥作用,应当通过合适的方式在宪法中明确党内法规的地位。① 党内法规入宪,推动了有关生态文明建设的党内法规更好地发挥作用。将有关生态文明建设的党内法规与国家现行法律体系相互补充,是中国特色社会主义法治的重要内容和最新亮点。基于上述认识和生态文明法治化进程的实践成果,宪法应当在未来进一步明确党内法规的地位,从而推动有关生态文明建设的党内法规更好地发挥作用。② 党内法规是管党治党建设党的基本依据和党内治理法治化的制度载体,国家法律是由国家强制力保证实施的具有普遍约束力的行为规则,二者存在显著区别,但都是党的主张和人民意志的统一,都是治国理政的规范依据,需要遵循国家法律高于党内法规、党内法规严于国家法律的原则处理二者关系。党内法规与国家法律衔接和协调是依法执政的现实要求,需要妥善解决二者间不协调、不衔接和不一致等问题。

党内法规与国家法律在形式上的区别如下:党内法规由党的中央组织、中纪委、中央各部门和省、自治区、直辖市党委制定,而法律由全国人大及其常委会制定;党规党纪体现的是党的意志和主张,文本形式为党章、准则、条例、规则、规定、办法、细则,而法律体现的是国家和人民的意志,文本形式为宪法、基本法律和法律;党规党纪规范的对象是各级党组织的活动及党员的行为,是对全体党员提出的要求,而法律是调整全体公民行为的基本规范;党纪处分只适用于各级党组织和全体党员,主要由各级纪委来实施,而法律适用于一国所有公民,主要由国家司法机关运用国家强制力来实施。③ 为了实现党内法规与国家法律两个规范体系的协调,应当以党内法规和国家法律体系共存的相容性、价值追求的同向性、具体规范的无矛盾性和行为指引的连贯性为基准,立足法治一般规律和我国政治现实,多方面积极地探索衔接和协调的实现路径,构建以备案审查衔

---

① 代杰,王伟伟.新时代我国生态文明入宪研究[J].天津大学学报(社会科学版),2018,20(03):244.

② 代杰,王伟伟.新时代我国生态文明入宪研究[J].天津大学学报(社会科学版),2018,20(03):251.

③ 何平.正确认识党纪和国法的关系[N].合肥日报,2017-03-02.

接联动机制为核心的保障机制,从而达致两个规范体系"内在统一"于中国特色社会主义法治体系的状态,形成相辅相成、相互促进、相互保障的良性格局,才能推进国家治理体系和治理能力现代化。①

三、生态文明法律体系法治化进程中的层级关系

党内法规一方面作为中国共产党的政党规范,属于政治系统,另一方面通过党政联合发文等规范形式使其进入法律系统之中,由此既丰富法律系统同时又接受来自法律系统的知识反馈,实现政治系统的"运作封闭"与"认知开放",成为政治与法律的结构耦合机制,解决了执政行为的悖论。但是,在这一过程中产生了政治与法律去界分化的危险和法律系统向开放系统回归的隐忧。基于此,应当从社会系统论的认识出发,通过党内法治调适政治系统的运作自成一体,发挥宪法的结构耦合功能抵御去界分化趋势,并以"系统/环境"的分析路径明确国法与党法关系,实现党规国法的互进共生、和谐发展。②

生态文明法治化进程中党内法规与国家法律之间是否可以有层级关系,在理论层面一直存在争议。暂时抛开立法法的既有规则,单纯从生态文明法治化进程来看,层级关系是存在的。例如,有关顶层党内方针政策的落实,基本上是由中共中央和国务院同时下发《意见》的形式施行,那么这种立法既是党内法规又是行政法规,在有关检索数据库里也被归入中央法规的类型。地方性法规中有关生态文明的规范则绝大多数是以地方性法规和规章等规范性法律文件的形式施行的,很少有党内法规出现。本章第二节的实证统计数据清晰地证明了这一点。这种立法实践,也说明党的领导是统一的,是自上而下的,党内法规不存在对应的层级,党内法规应然处于法律体系的高位阶。

从层级关系的意义上看,党内法规不同于国法,在党内法规建设初期是有必要的。是党在新形势下针对过去党纪与国法不分问题,在治国理政和管党治党理念上的重大创新。习近平总书记指出:"过去就存在纪法

---

① 秦前红,苏绍龙.党内法规与国家法律衔接和协调的基准与路径——兼论备案审查衔接联动机制[J].法律科学(西北政法大学学报),2016,34(05):25.
② 张海涛.政治与法律的耦合结构:党内法规的社会系统论分析[J].交大法学,2018,23(01):76-88.

不分问题,把公民不能违反的法律底线作为党组织和党员的纪律底线,降低了对党员的要求,最后造成的结果就是'违纪只是小节、违法才去处理','要么是好同志、要么是阶下囚'的不良后果。"党的十八大以来,在依法治国与依规治党、党规和国法的关系上,我们党不仅克服了以党规党纪取代国家法律的只讲党规党纪的"一元论"倾向,而且克服了党规党纪混同于国家法律的只讲国法的"一元论"倾向。当前,党内法规已经逐渐形成了其特有的体系特性,已经融入中国社会主义法律体系,充分认知这一特性,并在未来我国整体法律体系和法治能力现代化的进程中加以推广,则有助于推进国家治理体系和治理能力现代化的进程。

第二节 党内法规与排污权交易的生态文明法治化

排污权交易法律制度的设计和实施,有赖于国家的顶层制度安排。我国排污权交易法律制度的实施正是伴随国家生态文明战略的全方位施行而不断发展的,这一论断可以从我国生态文明法治化的全方位和多领域得出确定无疑的答案。自2015年以来,我国生态文明法治化的顶层设计首先体现在中共中央牵头,与国务院一起发布的"党内法规"的总体安排上,是中央政策的法治化体现,是党内法规融合进入我国社会主义法律体系、推动国家治理体系和治理能力现代化的重要体现。党内法规的法治化是中国共产党加强党的建设的重要方式和内容,也是实施依法治国方略和依法执政的必然要求和重要保障。①

生态文明制度体系是一个十分复杂的"制度框",涵盖资源环境政策领域,涉及管理体制、问责机制、政策工具等多层面的制度安排。②

一、健全生态文明制度体系与生态文明体制改革

生态文明理念的核心是建立人与自然和谐的关系。生态文明建设的关

---

① 王振民.党内法规制度体系建设的基本理论问题[J].中国高校社会科学,2013(05):136-153,159.
② 陈婧.生态文明制度体系建设取得积极进展:访国务院发展研究中心资源与环境政策研究所环境政策研究室主任、研究员陈健鹏[N].中国经济时报,2020-02-10(002).

键是对生态环境保护建章立制,健全生态文明法律制度。我国生态文明建设法制化的顶层设计首先体现在党内法规的总体安排上。

(一)《关于加快推进生态文明建设的意见》

2015年4月25日,中共中央、国务院发布《关于加快推进生态文明建设的意见》(中发〔2015〕12号),并于当日施行。该《意见》第二十二条"完善经济政策"主题下明确提到探索排污权抵押等融资模式;该《意见》第二十三条"推行市场化机制"主题下明确提到扩大排污权有偿使用和交易试点范围,发展排污权交易市场。相关排污权抵押融资和鼓励交易制度政策的出台,使得排污权交易制度建设被纳入建设"健全生态文明制度体系"的基本面。

(二)《生态文明体制改革总体方案》

2015年9月11日,中共中央办公厅、国务院办公厅发布《生态文明体制改革总体方案》(以下简称《方案》)并于当日施行。该《方案》第四十三条明确规定了我国排污权交易制度的顶层设计规则,在现行以行政区为单元层层分解机制的基础上,根据行业排污水平,逐步强化以企业为单元进行总量控制,通过排污权交易获得减排收益的机制;在重点流域和大气污染重点区域,合理推进跨行政区排污权交易;扩大排污权有偿使用和交易试点,将更多条件成熟地区纳入试点;加强排污权交易平台建设,制定排污权核定、使用费收取和使用以及交易价格等规定。

生态文明体制改革的目标确定后,在生态文明建设责任体系和问责机制、中央生态环保督察制度、生态文明建设目标评价考核办法、党政领导干部生态环境损害责任追究制度、领导干部自然资源资产离任审计制度等方面逐步完善,并推动环境保护工作局面发生了根本性转变,环境治理体系和资源高效利用制度也进一步完善。但是,在某些领域的改革仍处于"形存实无"。例如,用能权、用水权、排污权、碳排放权交易等市场化政策工具尚未实质性破题。① 在生态文明改革方案的全面推进过程中,需要进一步厘清改革方法论,增强排污权交易制度体制改革的系统性、集成

---

① 陈婧.生态文明制度体系建设取得积极进展:访国务院发展研究中心资源与环境政策研究所环境政策研究室主任、研究员陈健鹏[N].中国经济时报,2020-02-10(002).

性。总结几十年试点经验,把中央和地方各层级的法律制度在数量和质量层面进行客观论证,将重要上位阶规范文件以"逐句分解落实起草改革文件"的方式形成符合地方实际的地方法律制度规范,真正把改革落到实处,而不是把党内法规的良好设计变成传话筒,照抄一遍应付了事。在自上而下的改革中,既要按照改革牵头部门的要求,确保改革不走样,也要根据地方实际情况对改革方案进行优化。

二、国家生态文明试验区的统一规范和法治化进程

(一) 国家生态文明试验区的统一规范

2016年8月,中共中央办公厅、国务院办公厅发布《关于设立统一规范的国家生态文明试验区的意见》(以下简称《意见》)。《意见》在"试验重点"部分明确了有利于实现生态文明领域国家治理体系和治理能力现代化的制度;规定建立资源总量管理和节约制度,实施能源和水资源消耗、建设用地等总量和强度双控行动;厘清政府和市场边界,探索建立不同发展阶段环境外部成本内部化的绿色发展机制,促进发展方式转变。国家发改委公开解读《意见》,认为其包含:①有利于实现生态文明领域国家治理体系和治理能力现代化的制度,如资源总量管理和节约制度,能源和水资源消耗、建设用地等总量和强度双控、生态文明目标评价考核等。②有利于体现地方首创精神的制度,即试验区根据实际情况自主提出、对其他区域具有借鉴意义、试验完善后可推广到全国的相关制度。

(二) 国家生态文明试验区建设及试验区排污权交易法治化进程

《意见》提出在福建省、江西省、贵州省设立试验区。同时,试验区不搞评比授牌、不搞政策洼地,数量从严控制,务求改革实效。今后将根据改革举措落实情况和试验任务需要,适时选择不同类型、具有代表性的地区开展试验区建设。在福建省、江西省、贵州省设立试验区的基本考虑是三省经济社会发展水平不同,具有一定的代表性,有利于探索不同发展阶段的生态文明建设的制度模式。同时,国家生态文明试验区建设方案还确定了福建、江西、贵州、海南的排污权交易法律制度的建设要求。在此之前的"十二五"期间,国家先后出台了《关于进一步推进排污权有偿使用和交易试点工作的指导意见》(国办发〔2014〕38号)、《主要污染物排污权

核定暂行办法(征求意见稿)》、《排污权出让收入管理暂行办法》等政策指导性文件,财政部、环保部、国家发改委先后批复江苏、浙江、天津、湖北、湖南、山西、内蒙古、重庆、河北、陕西、河南11个省(区、市)及青岛市开展排污权有偿使用和交易试点。

1.《福建方案》及其排污权交易的法治化进程

《意见》出台施行的同时,中共中央办公厅、国务院办公厅发布《国家生态文明试验区(福建)实施方案》(以下简称《福建方案》)。《福建方案》在重点任务部分强调了"健全环境治理和生态保护市场体系"完善排污权交易制度,要求总结造纸、水泥等8个行业推行排污权有偿使用和交易试点经验,逐步扩大试点范围,完善储备制度,建立排污权储备体系,力争2018年在全省所有工业排污企业全面推行排污权交易制度。探索推进流域内跨行政区排污权交易。开发排污权金融属性,增强排污权流动性和融资能力,大力发展排污权二级市场,推行排污权抵押贷款等融资模式。

国家发改委对《福建方案》的评价是:①定位准确。将福建实际与生态文明体制改革需求相结合,确定了福建试验区的四个定位,即国土空间科学开发的先导区、生态产品价值实现的先行区、环境治理体系改革的示范区、绿色发展评价导向的实践区。②目标明确。提出了2017年和2020年试验区的制度建设目标,以及生态环境质量持续改善的各项目标,让福建的天更蓝、山更绿、水更清、环境更好,让老百姓对生态文明建设成效有更多获得感。③大胆突破。认真对照"中发12号文"和"中发25号文",选取难度大、确需先行试验探索的制度,包括国土空间规划和用途管制制度、环境治理和生态保护市场体系、多元化的生态保护补偿机制、环境治理体系、自然资源资产产权制度、绿色发展绩效评价考核等6个方面26项重点任务。④特色鲜明。推广福建试验区典型经验,开展一些具有地方特色的制度试验,如继续推广治理水土流失的"长汀经验",建立环境资源保护行政执法与刑事司法对接机制,推进重点生态区位商品林赎买试点等。

福建在不断建立和完善排污权交易制度。福建省依据《福建方案》,决定在继续执行《福建省人民政府关于推进排污权有偿使用和交易工作的意见(试行)》(闽政〔2014〕24号)的基础上,全面实施排污权有偿使用和交易工作,颁布施行《福建省人民政府关于全面实施排污权有偿使用和交易工作的意见》(闽政〔2016〕54号)。① 福建排污权有偿使用和交易工作从2017年起全面试点推行,出台了8个配套管理办法和13个指导文件,统一制度、统一规则、统一市场、统一平台,避免"政策孤岛",形成了"成体系、全覆盖、多层次、常更新"的排污权政策体系,营造了公开透明、资讯对称的排污权交易环境。

2.《江西方案》及其排污权交易法治化进程

2017年9月,中共中央办公厅、国务院办公厅印发《国家生态文明试验区(江西)实施方案》(以下简称《江西方案》)。《江西方案》的重点任务部分明确规定了"构建环境治理和生态保护市场体系"下探索建立排污权交易制度;明确要求2019年制定江西省排污权交易实施细则;在造纸、印染行业开展化学需氧量、氨氮排污权有偿使用和交易试点;在火电、钢铁、水泥行业开展二氧化硫、氮氧化物排污权有偿使用和交易试点。2014年,《江西省人民政府办公厅关于印发全省排污权有偿使用和交易试点工作方案的通知》(赣府厅字〔2014〕133号)颁布施行;2015年,《江西省人民政府办公厅关于印发江西省整合建立统一规范的公共资源交易平台实施方案的通知》(赣府厅发〔2015〕78号)颁布施行;2016年,《江西省排污权出让收入管理实施办法》(赣财非税〔2016〕13号)颁布施行,同年启动排污权有偿使用和交易试点,确定试点交易的污染物为化学需氧量、氨氮、二氧化硫、氮氧化物等4项。试点期间,在全省造纸、印染行业排污单位开展化学需氧量、氨氮排污权有偿使用和交易。2018年12月14日,《江西省排污权有偿使用和交易实施细则(试行)》颁布施行。2019年5月,江西省生态环境厅发布《关于排污权交易领域信息公开有关情况说明》,指出当前全省尚未正式实施交易,未产生交易信息。之后江西生态环境厅会同省有关部门印发了《江西省排污权出让收入管理实施办法》《江西省排污权有偿使用和交易实施细则(试行)》等配套性政策文件,并已按照《排污许可管理办法(试行)》完成试点

---

① 福建省人民政府门户网站. 福建省人民政府关于全面实施排污权有偿使用和交易工作的意见[EB/OL]. (2016-11-22)[2018-05-30]. http://www.fujian.gov.cn/zc/zxwj/szfwj/201611/t20161123_1109023.htm.

行业企业排污权确权,目前正在推进交易管理系统及平台建设及排污权交易价格体系建设工作,预计2019年可正式实施交易。

3.《贵州方案》及其排污权交易法治化进程

《贵州方案》的重点任务部分阐释了"开展促进绿色发展制度创新试验"的目标,在排污权交易制度建设方面,明确规定要完善促进绿色发展市场机制,建立健全排污权有偿使用和交易制度,逐步推行企事业单位污染物排放总量控制、通过排污权交易获得减排收益的机制,并将于2017年建成排污权交易管理信息系统。同时要求建立健全绿色金融制度。稳妥有序探索发展基于排污权等环境权益的融资工具,拓宽企业绿色融资渠道。贵州省自2014年开始,自行开展排污权有偿使用和交易试点。据不完全统计,共有27家出让单位和38家受让单位参与了交易。2014年4月30日,贵州省政府批复同意《贵州省排污权有偿使用和交易试点方案(试行)》,自5月1日起开展排污权的有偿使用和交易工作。2015年6月24日,贵州省环境保护厅关于印发《贵州省排污权交易指标补充规定(暂行)》的通知(黔环通〔2015〕159号)。为落实《贵州方案》中提出的排污权交易的制度任务,2016年6月17日,"贵州省排污权交易及数据云管理体系相应系统及平台建设项目采购公告"在政府采购网发布。2018年11月19日,贵州省第十三届人民代表大会常务委员会依据第七次会议通过的《贵州省人民代表大会常务委员会关于修改〈贵州省大气污染防治条例〉等地方性法规个别条款的决定》,修正了2014年5月17日贵州省第十二届人民代表大会常务委员会第九次会议通过的自2014年7月1日起施行的《贵州省生态文明建设促进条例》。该地方性法规要求政府制定相应的排污权制度和政策;要求省人民政府应当建立健全自然资源资产产权制度和用途管制制度,编制自然资源资产负债表;制定有利于生态文明建设的资源有偿使用、绿色信贷、绿色税收、环境污染责任保险、生态补偿、环境损害赔偿以及碳排放权、排污权、节能量、水权交易等环境经济政策;逐步划定自然资源资产产权,并进行确权登记。

4.《海南方案》及其排污权交易法治化进程

2019年5月12日,中共中央办公厅、国务院办公厅印发《国家生态文明试验区(海南)实施方案》(以下简称《海南方案》),并于当日施行。《海南方案》在建立绿色金融支持保障机制方面,提出支持海南开展绿色金融改革创新试点,提出探索开展排污权和节能环保、清洁生产、清洁能源企业的收费权质押融资创新业务;建立完善排污权、碳排放权等环境权益的交易制度。2018年4月13日,党中央决定支持海南全岛建设自由贸易试验区,支持海南逐步探索、稳步推进中国特色自由贸易港建设。按《海南方案》要求,海南全面深化改革开放"三区一中心"的战略定位之一,就是建设国家生态文明试验区。《海南方案》的正式印发,表明海南正式获批国家生态文明实验区。2017年11月9日,海南省人民政府办公厅下发《关于印发海南省主要污染物排污权有偿使用和交易管理办法的通知》(琼府办〔2017〕177号),自2018年12月31日起施行。这是落实《海南方案》的重要地方性法规。2018年12月24日,海南省财政厅、海南省发展和改革委员会、海南省生态环境厅共同发布《海南省排污权出让收入管理办法》(琼财非税〔2018〕1937号),明确了主要污染物:是指国家作为约束性指标实施排放总量控制的污染物,包括二氧化硫、氮氧化物、化学需氧量和氨氮等;定义了排污权:是指排污单位在正常的生产经营活动中按照排污许可证许可的内容及要求向环境直接或间接排放主要污染物的权利。上述办法有效期5年,自2018年12月31日起施行。2019年1月3日,海南省发展和改革委员会、海南省财政厅、海南省生态环境厅下发《关于印发主要污染物排污权有偿交易基准价标准等相关规定的通知》(琼发改费管〔2019〕34号),规定了主要污染物排污权交易基准价格,依据每吨或每千元污染物治理成本确定。排污权有偿使用交易基准价自2018年12月31日起执行,试行两年。

三、绿色发展指标体系与生态文明建设考核目标体系

2016年12月,中共中央办公厅、国务院办公厅印发《生态文明建设目标评价考核办法》(以下简称《考核办法》),自2016年12月2日起施行。为指导落实《考核办法》,2016年12月12日,根据《中共中央办公厅、国务院办公厅关于印发生态文明建设目标评价考核办法的通知》(厅字〔2016〕45号)要求。国家发改委、国家统计局、环境保护部、中央组织部制定了《绿色发展指标体系》《生态文明建设考核目标体系》,作为生态文明建设

评价考核的依据。

《考核办法》适用于对各省、自治区、直辖市党委和政府生态文明建设目标的评价考核。按照《考核办法》，年度评价按照绿色发展指标体系实施，主要评估各地区资源利用、环境治理、环境质量等方面的变化趋势和动态进展，生成各地区绿色发展指数。《考核办法》分为评价、考核、实施、监督四个基本环节。从法律意义上看，《考核办法》属于公务员工作职责考评制度。目标考核内容主要包括国民经济和社会发展规划纲要中确定的资源环境约束性指标，以及党中央、国务院部署的生态文明建设重大目标任务完成情况，突出公众的获得感。《考核办法》把提高资源能源利用效率和效益放在重要位置，与供给侧结构性改革方向一致，是我国首次建立的国家层面的生态文明建设目标评价考核制度，构建了统一的生态文明建设目标评价考核体系。① 《考核办法》改变了唯 GDP 这一"指挥棒"的考核标准。评价考核结果要作为各级党政领导班子和领导干部综合考核评价、干部奖惩任免的重要依据。②

第三节　国家法律体系与排污权交易的生态文明法治化

我国生态文明法治化的基础是国家法律法规体系的完备。有学者指出，推进生态文明立法体系建设，重点要制定综合性的生态文明建设基本法，制定生态领域的"龙头法"，即生态保育法；健全和完善生态保障领域的专项法，如《湿地保护条例》《生态补偿条例》等；推进生态文明专门法的生态化，如《矿产资源法》要强化矿产资源开发利用中的生态保护工作，《土地管理法》要树立统一土地法的理念，加强对生态用地如湿地、林地、草地、自然保护地等的保护；推进传统部门法的绿色化，如可考虑在《侵权责任法》中添设生态破坏侵权的特殊侵权责任等。

---

① 中共中央文献研究室. 习近平关于社会主义生态文明建设论述摘编[M]. 北京：中央文献出版社，2017.
② 郭兆晖. 构建统一的生态文明建设目标评价考核体系[J]. 前线，2019(09)：7-10.

一、法律是生态文明法治化建设的基本依据

法律包括宪法、法律、行政法规、地方性法规、自治条例和单行条例。法律是从属于宪法的强制性规范,是宪法的具体化。宪法是国家法的基础与核心,法律则是国家法的重要组成部分。

(一)《宪法》

《宪法》是我国根本大法,是国家法治化的根本保障。2018年3月11日发布实施的《中华人民共和国宪法修正案》(全国人民代表大会公告第1号)。把推动物质文明、政治文明、精神文明、社会文明、生态文明协调发展,把我国建设成为富强民主文明和谐美丽的社会主义现代化强国,实现中华民族伟大复兴写入宪法另外,《宪法》第八十九条国务院行使下列职权中第六项规定,领导和管理经济工作和城乡建设、生态文明建设。

《宪法》的修正,体现了生态文明入宪的法治意旨。中国工程院院士、生态环境部环境规划院院长王金南指出,关于生态环境建设的宪法和法律改革主要体现在四个方面:生态文明、绿色发展、生态环境、综合执法。生态文明入宪为生态文明建设提供了根本的法律保障,建议构建生态文明法律体系,制定生态文明建设促进法。① 中国绿色发展研究院名誉院长胡保林认为,生态文明已经写入宪法,当前最迫切的是构建完善两个体系:一个是在宪法指导下推进立法体系的协调和统一,制定专门的生态文明建设综合性法律,规定生态文明的基本政策、法律制度、保障机制,对现有的环境资源法的体系进行重塑,对现行的各个环境资源法律中规定不一致的内容进行修改;另一个是完善生态文明法律制度体系的建设,即构建符合生态文明要求的经济和绿色生产方面的法律制度,构建符合生态文明建设要求的生活消费法律制度,构建符合生态文明建设要求的环境监管法律制度。② 生态文明立法体系的完善方向,可参考民法典模式,这是一个法典化的立法模式,从通则到总则,再到专篇和分篇。建议

---

① 罗敏."党委-政府-人大-两院"共同发力齐打污染防治攻坚战——专访第十三届全国人民代表大会代表、中国工程院院士、生态环境部环境规划院院长王金南[J].环境保护,2019(06):11-14.

② 党小学.构建生态文明法律体系 有效推进生态文明建设[N].检察日报,2018-04-18(003).

参考民法典模式推进环境立法的适度法典化,在现行环保法和相关污染防治专项法的基础上,研究编纂生态文明法典,集中解决生态文明形成的多个专项法律的合理整合。生态文明入宪的体系性功能包括生态观的宪法表达、生态制度的宪法安排以及生态权利的宪法保障。① 生态文明入宪对我国经济转型、国家治理、环境保护和人权保障都将产生重要的法治意义。②

(二)法律

除了《宪法》,全国人大及其常委会制定和修订的 8 部基本法律中均有生态文明的内容。这些基本法律是:《中华人民共和国森林法》(2019 修订)、《中华人民共和国野生动物保护法》(2018 修正)、《中华人民共和国大气污染防治法》(2018 修正)、《中华人民共和国环境保护税法》(2018 修正)、《中华人民共和国土壤污染防治法》(中华人民共和国主席令 2018 年第 8 号)、《中华人民共和国水污染防治法》(2017 修正)、《中华人民共和国环境保护税法》(中华人民共和国主席令 2016 第 61 号)、《中华人民共和国环境保护法》(2014 修订)。在资源环境执法方面,基本法律整合组建生态环境保护综合执法队伍,统一生态环境保护执法;探索实行跨领域跨部门综合执法,建立健全综合执法主管部门、相关行业管理部门、综合执法队伍间协调配合、信息共享机制和跨部门、跨区域执法协作联动机制。相关全部法律文件汇总整理如表 2-1 所示。

表 2-1 相关法律文件汇总

序号	法律名称	法律文号	发布日期	生态文明规定内容
1	《中华人民共和国森林法(2019 修订)》	中华人民共和国主席令第 39 号	2019.12.28	第一条 为了践行绿水青山就是金山银山理念,保护、培育和合理利用森林资源,加快国土绿化,保障森林生态安全,建设生态文明,实现人与自然和谐共生,制定本法

---

① 张震.生态文明入宪及其体系性宪法功能[J].当代法学,2018(06):50.
② 江国华,肖妮娜."生态文明"入宪与环境法治新发展[J].南京工业大学学报(社会科学版),2019,18(2):1-10.

(续表)

序号	法律名称	法律文号	发布日期	生态文明规定内容
2	《中华人民共和国野生动物保护法(2018修正)》	中华人民共和国主席令第16号	2018.10.26	第一条 为了保护野生动物,拯救珍贵、濒危野生动物,维护生物多样性和生态平衡,推进生态文明建设,制定本法
3	《中华人民共和国大气污染防治法(2018修正)》	中华人民共和国主席令第16号	2018.10.26	第一条 为保护和改善环境,防治大气污染,保障公众健康,推进生态文明建设,促进经济社会可持续发展,制定本法
4	《中华人民共和国环境保护税法(2018修正)》	中华人民共和国主席令第16号	2018.10.26	第一条 为了保护和改善环境,减少污染物排放,推进生态文明建设,制定本法
5	《中华人民共和国土壤污染防治法》	中华人民共和国主席令第8号	2018.08.31	第一条 为了保护和改善生态环境,防治土壤污染,保障公众健康,推动土壤资源永续利用,推进生态文明建设,促进经济社会可持续发展,制定本法
6	《中华人民共和国宪法(2018修正)》	全国人民代表大会公告第1号	2018.03.11	发展社会主义民主,健全社会主义法治,贯彻新发展理念,自力更生,艰苦奋斗,逐步实现工业、农业、国防和科学技术的现代化,推动物质文明、政治文明、精神文明、社会文明、生态文明协调发展,把我国建设成为富强民主文明和谐美丽的社会主义现代化强国,实现中华民族伟大复兴
7	《中华人民共和国宪法修正案(2018)》	全国人民代表大会公告第1号	2018.03.11	"艰苦奋斗"前增写"贯彻新发展理念";"推动物质文明、政治文明和精神文明协调发展,把我国建设成为富强、民主、文明的社会主义国家"修改为"推动物质文明、政治文明、精神文明、社会文明、生态文明协调发展,把我国建设成为富强民主文明和谐美丽的社会主义现代化强国,实现中华民族伟大复兴"

(续表)

序号	法律名称	法律文号	发布日期	生态文明规定内容
8	《中华人民共和国水污染防治法（2017修正）》	中华人民共和国主席令第70号	2017.06.27	第一条 为了保护和改善环境，防治水污染，保护水生态，保障饮用水安全，维护公众健康，推进生态文明建设，促进经济社会可持续发展，制定本法
9	《中华人民共和国水污染防治法的决定（2017修正）》	中华人民共和国主席令第70号	2017.06.27	将第一条修改为：为了保护和改善环境，防治水污染，保护水生态，保障饮用水安全，维护公众健康，推进生态文明建设，促进经济社会可持续发展，制定本法
10	《中华人民共和国环境保护税法》	中华人民共和国主席令第61号	2016.12.25	第一条 为了保护和改善环境，减少污染物排放，推进生态文明建设，制定本法
11	《中华人民共和国野生动物保护法（2016修订）》	中华人民共和国主席令第47号	2016.07.02	第一条 为了保护野生动物，拯救珍贵、濒危野生动物，维护生物多样性和生态平衡，推进生态文明建设，制定本法
12	《中华人民共和国大气污染防治法（2015修订）》	中华人民共和国主席令第31号	2015.08.29	第一条 为保护和改善环境，防治大气污染，保障公众健康，推进生态文明建设，促进经济社会可持续发展，制定本法
13	《中华人民共和国环境保护法（2014修订）》	中华人民共和国主席令第9号	2014.04.24	第一条为保护和改善环境，防治污染和其他公害，保障公众健康，推进生态文明建设，促进经济社会可持续发展，制定本法

资料来源：根据北大法宝全文检索关键词"生态文明"内容整理。

二、国务院行政法规是生态文明法治化建设的核心

国务院根据宪法和法律规定，按照法定程序制定了一系列规范环境保护的行政法规。

（一）以行政法规制定程序条例的形式丰富了立法实践

《行政法规制定程序条例（2017修订）》明确规定：制定经济、文化、社

会、生态文明等方面重大体制和重大政策调整的重要行政法规,应当将行政法规草案或者行政法规草案涉及的重大问题按照有关规定及时报告党中央。上述规定的意图是加强行政法规与党内法规的协调。党的十九大明确提出,必须把党的领导贯彻落实到依法治国全过程和各方面。一是明确要求制定行政法规、规章,应当贯彻落实党的路线方针政策和决策部署。二是规定制定政治方面法律的配套行政法规,应当按照有关规定及时报告党中央;制定经济、文化、社会、生态文明等方面重大体制和重大政策调整的重要行政法规,应当将行政法规草案或者行政法规草案涉及的重大问题按照有关规定及时报告党中央。制定政治方面法律的配套规章,应当按照有关规定及时报告党中央或者同级党委;制定重大经济、社会方面的规章,应当按照有关规定及时报告同级党委。三是规定国务院年度立法工作计划应当报党中央、国务院批准后向社会公布。作为立法法的配套法规,《行政法规制定程序条例》(2017修订)确立的我国行政法规与党内法规相协调的新模式,丰富了我国立法的实践。

(二) 行政法规在生态文明法治化建设中发挥了重要作用

一件有代表意义的行政法规是2014年3月10日发布并施行的《国务院关于支持福建省深入实施生态省战略加快生态文明先行示范区建设的若干意见》(以下简称《意见》,国发〔2014〕12号),规定了积极开展节能量、排污权、水权交易试点。单独以行政法规的形式体现国家生态文明法治化略显单薄,但结合前述8部党内法规,都由国务院协同发布施行,可见在行政法规层面,党内法规的总体安排必须借助国务院行政法规的法治化模式,才能在立法位阶上为地方立法和司法解释以及各层级法律确立实施明确方向和效力层级。

党的十九大报告要求加快形成覆盖党的领导和党的建设各方面的党内法规制度体系。"越是强调法治,越是要提高立法质量。"[①]2019年8月30日中共中央政治局审议通过修改后的《中国共产党党内法规制定条例》,第1条新增了立规目的,即"提高党内法规质量"。党内法规与国家

[①] 习近平.在十八届中央政治局第四次集体学习时的讲话[M]//中共中央文献研究室.习近平关于全面依法治国论述摘编.北京:中央文献出版社,2015:30.

法律在形式上具有共同的属性,技术规范对于党内法规同样适用。党内法规是中国共产党治国理政的独特工具,其技术规范既要反映党作为法治建设的总设计师的地位,又要照顾到立规工作者法律知识不足的现状,有其专属内容。① 依托法治化程度高的行政法规来保障党内法规的立法质量,意义重大。从已出台的中共中央和国务院一同发布的党内法规来看,生态文明法治化的制度性安排非常全面,也为下位法和法律的实施起到了重要的引领作用,行政法规在生态文明法治化建设中发挥了重要作用。

三、司法解释是生态文明法治化的司法保障

生态文明的司法保障还体现在"两高"的司法解释中。对于生态文明的司法问题,一方面,司法机关通过司法解释强化环境司法,按照审判专业化和内设机构改革的要求,科学配置审判资源,立足经济社会发展、生态环境保护需要和案件数量、类型特点等实际情况,积极探索设立专门审判庭、合议庭或巡回法庭,提高环境资源审判专业化水平;另一方面,继续积极发挥检察机关在生态环境保护中的重要作用,推进环境行政公益诉讼,对破坏生态环境的犯罪行为及时提起公诉。从各项司法解释发布年份来看,2018年和2019年分别发布12件和11件,凸显了"两高"关于生态文明司法解释活动的活跃性。历年来的司法解释数量变化如图2-1所示。

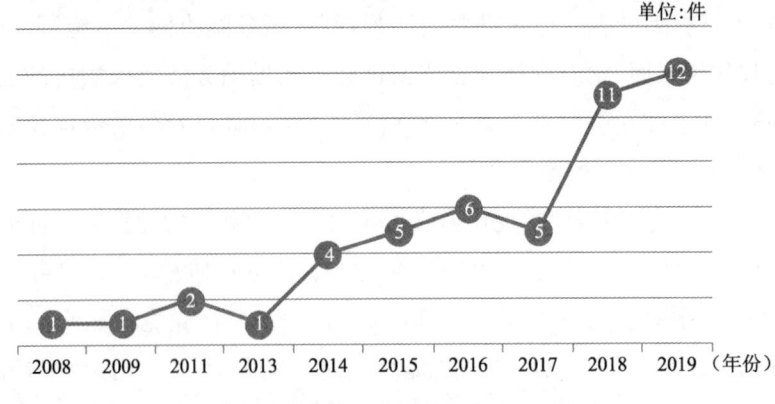

图2-1 2008年以来司法解释的数量变化

① 管华.党内法规制定技术规范论纲[J].中国法学,2019(06):126.

(一) 最高人民法院司法解释中有关排污权交易的司法实践指引

1. 为推进生态文明建设提供有力的司法保障

2014年6月23日,最高人民法院发布《关于全面加强环境资源审判工作 为推进生态文明建设提供有力司法保障的意见》(以下简称《意见》,法发〔2014〕11号)。《意见》共分八个部分总计26条,内容涵盖了以下方面:新形势下全面加强环境资源审判工作的重大意义;环境资源审判工作的指导思想、基本原则和目标任务;充分发挥环境资源审判职能作用;大力推进环境民事公益诉讼;有序推进环境资源司法体制改革;建立健全环境资源司法工作机制;加大环境资源司法公开和宣传力度;大力加强环境资源审判队伍建设。《意见》在第六部分"建立健全环境资源司法工作机制"下的第19条"加强环境资源司法解释和调研工作"中明确规定"排污权交易"的司法保障问题。要求紧密结合我国环境资源司法保护需求,加强对碳排放交易、排污权交易、水权交易、新能源开发利用及环境服务相关纠纷等新课题的研究,待条件成熟时出台司法解释或者指导意见。积极参与环境资源立法,深入调研,提出立法建议,推动环境资源法律体系的不断完善。

《意见》是当前和今后一个时期环境资源审判工作的重要指导性文件。《意见》首次以司法政策的方式,回应社会对环境资源审判的高度关切、顺应人民群众最强烈的司法需求,敲响了"向污染宣战"的司法鼓点;立足于环境资源法律制度规范"人—自然—人"关系的特点;提出了环境资源审判专门化的工作目标,从加强环境资源审判机构专门化建设、审判队伍专门化建设和审判机制专门化建设三个方面提出了具体要求;突出环境资源审判维护社会公共利益的宗旨,将推进环境公益诉讼作为全面加强环境资源审判工作的突破口和着力点,对大力推进环境民事公益诉讼作出了专门规定。《意见》既有顶层设计,准确把握总体方向,又鼓励探索,充分发挥各地法院的积极性和能动性,为迅速推进环境资源审判工作开了好头。令人可喜的是,最高人民法院的行动胜于文件,到2014年底,从最高人民法院到基层法院已经成立环境资源专门审判机构400多个。涉及生态文明建设的法官培训、司法解释制定、公益诉讼案件的审理,都在迅速而有力地推进。①

2016年5月26日,最高人民法院发布《关于充分发挥审判职能作用为推进生态文明建设与绿色发展提供司法服务和保障的意见》(以下简称《意见》,法发〔2016〕12号)。《意见》共七个部分27条。第一部分强调要准确把握人民法院服务、保障生态文明建设与绿色发展的基本理念和总体要求。第二部分至第五部分明确了环境资源案件的基本类型和审理原则。第六部分提出构建协同审判机制,发挥环境资源审判整体合力。第七部分要求强化组织保障措施,提升人民法院司法公信力。《意见》第二部分"依法审理涉环境污染防治和生态保护案件,切实维护人民群众的环境权益"的第6条"依法审理土壤污染防治相关案件"和第四部分"积极探索气候变化司法应对举措,推动构建国家气候变化应对治理体系"的第16条"依法审理绿色金融、生物多样性保护相关案件"规定了排污权交易的内容。明确要求依法审理水污染防治相关案件。妥善审理环保设备融资租赁纠纷,以及股权、项目收益权、特许经营权、排污权等权利质押融资担保纠纷,鼓励社会资本对水环境保护的投入,促进水污染防治的多元融资;明确规定依法审理绿色金融、生物多样性保护相关案件。研究排污权、用能权、用水权等市场交易机制和规则,妥善审理相关案件,充分发挥金融手段及市场机制在实现绿色发展、减缓和适应气候变化中的重要作用。

《意见》中关于排污权等权利质押融资担保纠纷的规定,是对2015年4月《中共中央、国务院关于加快推进生态文明建设的意见》中规定的"探索排污权抵押等投融资模式"的积极呼应,也是我国排污权法治化进程中一项重要的司法裁判的新问题,也是我国民法典法典化进程中民法理论的一个热点问题。当前,我国金融质押担保的创新实际上与现行法律和行政法规规定的质押类型不符合。按照《物权法》规定的物权法定原则和物权公示原则,排污权的质押不具有物权效力,但出质人和金融机构却自愿达成此类质押合意。嘉兴银行于2008年首创排污权担保融

---

① 最高人民法院关于全面加强环境资源审判工作为推进生态文明建设提供有力司法保障的意见[N].人民法院报,2015-01-08(002).

资,之后各省市都相继开展了排污权担保融资的试点工作。浙江金华成泰农村合作银行、兴业银行等银行类金融机构都在积极进行相应的排污权担保融资的尝试。① 对经济生活反应比较灵敏的部门规章也持开放态度,积极接纳这些新型质押担保。同时,司法实践中各级法院开始依据上述规定,直面金融质押担保创新,明示或默认地赋予这些新型质押担保以物权效力,尊重出质人和质权人关于质权实现方式的自由约定。② 因而,上述规定在司法审判环节将排污权金融质押担保创新对传统质权制度的挑战落实到司法实务上,对排污权交易法治化的实施意义非凡。因为排污权本身的法律性质是排污权交易法治化的最基本法律问题,排污权权利质押担保融资的司法实践从事务层面倒逼理论创新的意义也非常重大。

2. 全面加强长江流域生态文明建设与绿色发展司法保障

2017年12月1日,最高人民法院发布《关于全面加强长江流域生态文明建设与绿色发展司法保障的意见》(以下简称《意见》,法发〔2017〕30号)。《意见》在第五部分第25条规定了排污权交易的内容,明确要求积极稳妥审理绿色金融等新类型案件;依法保护有偿取得的排污权及其使用、转让和抵押等权利;充分运用碳排放权交易注册登记系统,准确判断排放配额的权利主体,合理确定交易各方的权利义务;依法保护用能权交易主体在合法交易场所买卖用能权指标的行为,参照试点地区制定的交易管理办法、交易规则及争议解决机制,妥善审理用能权纠纷案件。最高人民法院原副院长江必新指出,《意见》明确提出长江流域生态文明建设与绿色发展司法保障应遵循的四个基本理念:遵循自然规律,坚持保护优先,促进绿色发展,注重区域协同。《意见》要求,依法审理水污染防治案件,推动水污染防控和治理;依法审理水资源开发利用案件,促进水资源可持续利用和节约保护;依法审理涉河道和河湖岸线保护案件,保障长江水域安全及水域岸线生态功能;依法审理涉水环境和水生态保护案件,促进长江岸线、湿地的水土保持和水源涵养。根据长江上中下游生态

---

① 曾政.排污权担保融资法律风险防范研究[D].重庆:西南政法大学,2016.
② 代瑞.金融质押担保创新对传统质权制度的挑战和立法应对[J].北方法学,2019,13(01):45.

环境特点,《意见》提出了各区段应重点关注的案件。此外,《意见》要求妥善审理好新领域、新类型环境资源案件,主要包括大气污染防治案件、生物多样性保护案件、生态补偿案件、绿色金融等新型案件。

3. 依法保护生态环境,践行习近平生态文明思想

2018 年 5 月 30 日,最高人民法院发布《关于深入学习贯彻习近平生态文明思想为新时代生态环境保护提供司法服务和保障的意见》(以下简称《意见》,法发〔2018〕7 号)。《意见》共分为五个部分 21 条,明确了环境资源审判的工作重点,并就进一步健全完善环境资源审判体制机制作出部署。《意见》要求通过审理节能节水、绿色技术、绿色金融相关案件,促进产业转型升级和产业结构调整,推动构建绿色产业结构;要求通过审理相关案件督促上市公司、发债企业、重点排污企业等依法公开环境信息,将环境保护、环境管理要求纳入经营决策机制,推动绿色公平营商环境建设,推动企业积极承担生态环境保护社会责任。《意见》在第三部分"服务保障经济高质量发展"第 10 条规定了排污权交易的内容,要求推动形成绿色生产方式,深入研究用能权、用水权、排污权、碳排放权交易的法律属性、初始分配和交易规则,推动环境资源交易市场制度完善。

正如最高人民法院副院长江必新所言,各级人民法院要以最严格的制度、最严密的法治保护生态环境,通过专业化的环境资源审判落实最严格的源头保护、损害赔偿和责任追究制度;严守生态保护红线、环境质量底线、资源利用上线,依法审理涉重点生态功能区域、生态环境敏感脆弱区域案件,注重生态保护修复,构筑生态安全屏障。2017 年,全国法院各类环境资源刑事案件生效判决涉及人数 17 965 人、审结民事案件 190 125 件、行政案件 127 481 件。

排污权交易的法治化必须首先明确排污权的初始分配。这是司法审判中首先要面临的一个关键问题。然而,我国排污权交易的现行规则中的初始分配过程虚置,分配主体权责不明,非正式法律渊源成为权力配置的主要依据;分配接受主体未进行同质性、规模与数量的统筹考量;具体分配规则体系单一,拍卖异化且与占有规则难以兼容等。①《意见》以最高

---

① 王清军.我国排污权初始分配的问题与对策[J].法学评论,2012(01):68-75.

人民法院工作指导类司法解释的方式发布,有力地推动了排污权交易在初始权分配、法律性质确认和交易规则完善等领域的进程。

4. 服务保障新时代生态文明建设典型案例

2018年6月4日,最高人民法院发布10起人民法院服务保障新时代生态文明建设典型案例。一是被告单位德司达(南京)染料有限公司、被告人王占荣等污染环境案;二是被告人梁理德、梁特明非法采矿案;三是被告人白加碧失火案;四是山东省烟台市人民检察院诉王振殿、马群凯环境污染民事公益诉讼案;五是重庆市长寿区珍心鲜农业开发有限公司诉中盐重庆长寿盐化有限公司、四川盐业地质钻井大队环境污染责任纠纷案;六是山西京海实业有限公司等诉莱芜钢铁集团莱芜矿业有限公司股权转让纠纷案;七是贵州省清镇市流长苗族乡人民政府诉黄启发等确认合同无效纠纷案;八是陈永荣等诉南宁振宁开发有限责任公司噪声污染损害赔偿纠纷案;九是湖北省宜昌市西陵区人民检察院诉湖北省利川市林业局不履行法定职责行政公益诉讼案;十是李兆军诉浙江省绍兴市上虞区环境保护局行政处罚案。上诉案例涉及非法排放废酸液污染环境、非法采矿、失火造成林木损毁、水污染、土壤污染、噪声污染等,起到了统一环境资源案件裁判标准,完善审理规则的重要作用。

最高人民法院在《人民法院第二个五年改革纲要(2004—2008)》(以下简称《纲要》)中提出要建立和完善案例指导制度,重视发挥指导性案例在审判实践中的作用。《纲要》具备权威性、准确性和指导性。建立和完善案例指导制度是我国法治建设实践的迫切需要,充分体现了宪政关于人权保障及权力制约的基本价值,是法律实现正义、寻求和谐之人类最高价值追求的必然选择。① 2010年11月26日,最高人民法院发布《关于案例指导工作的规定》(法发〔2010〕51号),对全国法院审判、执行工作具有普遍的指导意义。2015年4月27日,最高人民法院审判委员会第1 649次会议讨论通过了《〈最高人民法院关于案例指导工作的规定〉实施细则》,明确规定了我国的审判案例指导工作制度。在最高人民法院的答

---

① 杨丹.试析《中华人民共和国最高人民法院公报》中的行政案例——兼论我国案例指导制度的意义[D].广州:华南理工大学,2008.

记者问中,指出了中国特色的案例指导制度有别于西方的判例法,实行案例指导制度的机关不仅是人民法院,而且还有人民检察院和公安机关,也就是说,今后的案例指导制度有三个系列,分别是公安指导案例系列、检察指导案例系列和审判指导案例系列,分别指导公检法的司法工作,这与其他国家的案例或判例一般仅指法院的判例有很大区别。虽然有学者质疑其合法性[①],但调查显示,《最高人民法院公报》案例在事实上的拘束力已为多数法官所接受。因此,以《最高人民法院公报》公布案例的方式确立的案例指导制度在实践中的运作是有效的。[②] 正如最高人民法院所言,案例指导制度建立的目的是总结审判经验,统一法律适用,提高审判质量。维护司法公正案例指导制度,是中国特色社会主义司法制度的一个重要组成部分,是司法改革的一项重要成果,对于实现公正高效廉洁司法,具有十分重要的意义。在生态文明领域,通过案例指导的方式确立法律统一适用的规则,也是排污权交易法治化实施进程中非常重要的环节。

(二)最高人民检察院发布注重环境公益诉讼的司法解释

最高人民检察院发布的有关司法解释注重环境公益诉讼以及典型案例指引。例如,2019年11月21日发布了《最高人民检察院发布12起检察机关服务保障长江经济带发展典型案例(第二批)》;2019年10月23日发布了《最高人民检察院关于开展公益诉讼检察工作情况的报告》;2019年10月10日发布了《最高人民检察院发布26件公益诉讼典型案例》;2015年6月17日发布了《最高人民检察院发布10起检察机关加强生态环境司法保护典型案例》;2019年1月2日发布了《最高人民检察院、生态环境部及国家发展和改革委员会等关于印发〈关于在检察公益诉讼中加强协作配合依法打好污染防治攻坚战的意见〉的通知》;2009年10月28日发布了《最高人民检察院关于加强渎职侵权检察工作促进依法行政和公正司法情况的报告》等。

---

① 赵娟.案例指导制度的合法性评析——以《最高人民法院关于案例指导工作的规定》为对象[J].江苏社会科学,2011(06):147.

② 袁秀挺.我国案例指导制度的实践运作及其评析——以《最高人民法院公报》中的知识产权案例为对象[J].法商研究,2009(02):102.

四、部门规章是生态文明法治化具体实施的保障

2011年至2020年,涉及生态文明的相关部门规章约1996项。其中,涉及主要部门发布的题名包含"生态文明"的部门规章有59项。涉及生态文明法治化的部门规章分类如表2-2所示。

表2-2 涉及生态文明法治化的部门规章分类表

印发部门	规章制度	文件号	发布时间	实施时间	关键词
生态环境部	《国家生态文明建设示范市县建设指标》	环生态〔2019〕76号	2019.09.11	2019.09.11	生态环境 生态文明建设示范 绿水青山 绿水青山就是金山银山 实践创新试行
	《国家生态文明建设示范市县管理规程》				
	《"绿水青山就是金山银山"实践创新基地建设管理规程(试行)》				
	《关于命名第三批国家生态文明建设示范市县的公告》	公告2019年第48号	2019.11.13	2019.11.13	生态环境 生态文明建设示范
生态环境部	《关于授予第二届中国生态文明奖先进集体和先进个人荣誉称号的公告》	公告2019年第20号	2019.06.01	2019.06.01	荣誉称号
	《关于开展第二届中国生态文明奖评选表彰工作的通知》	环办生态函〔2019〕33号	2019.01.10	2019.01.10	生态文明评选
	《关于命名第二批国家生态文明建设示范市县的公告》	公告2018年第62号	2018.12.12	2018.12.12	生态环境 生态文明建设示范
环境保护部	《关于命名第一批国家生态文明建设示范市县的公告》	2017年第48号	2017.09.18	2017.09.18	环境保护部 生态文明建设示范
	《国家生态文明建设示范区管理规程(试行)》	环生态〔2016〕4号	2016.01.20	2016.01.20	生态文明建设示范区 试行 示范
	《国家生态文明建设示范县、市指标(试行)》				
	《中国生态文明奖评选表彰办法(暂行)》	环发〔2015〕69号	2015.06.12	2015.06.12	生态文明评选表彰
	《关于将广东省深圳市大鹏新区列为全国生态文明建设试点的通知》	环函〔2014〕273号	2014.12.04	2014.12.04	生态文明建设试点
	《国家生态文明建设示范村镇指标(试行)》	环发〔2014〕12号	2014.01.17	2014.01.17	生态文明建设示范村镇

(续表)

印发部门	规章制度	文件号	发布时间	实施时间	关键词
环境保护部	《国家生态文明建设试点示范区指标（试行）》	环发〔2013〕58号	2013.05.23	2013.05.23	生态文明建设试点示范
	《关于表彰中国生态文明奖先进集体和先进个人的公告》	公告2016年第42号	2016.05.30	2016.05.30	生态文明 先进集体 先进个人
	《关于举办国家生态文明建设示范区培训班的通知》	环办生态函〔2016〕686号	2016.04.15	2016.04.15	生态文明建设示范区培训班
	《关于授予江苏省扬州市等37个市（县、区）"国家生态文明建设示范区"称号的公告》	公告2014年第33号	2014.05.16	2014.05.16	国家生态文明建设示范区
	《关于开展第六批全国生态文明建设试点工作的通知》	环函〔2013〕242号	2013.10.14	2013.10.14	生态文明建设试点工作
	《关于开展第五批全国生态文明建设试点工作的通知》	环函〔2013〕11号	2013.01.15	2013.01.15	生态文明建设试点工作
水利部	《关于深入贯彻落实中央加强生态文明建设的决策部署进一步严格落实生态环境保护要求的通知》	水规计〔2017〕237号	2017.06.21	2017.06.21	水利 贯彻落实 生态文明建设 生态环境保护
	《关于进一步做好国家水土保持生态文明工程创建工作的通知》	办水保〔2014〕143号	2014.07.16	2014.07.16	水利 水土保持 生态文明创建
	《关于印发第二批通过全国水生态文明建设试点验收城市名单的通知》	水资管函〔2019〕100号	2019.05.23	2019.05.23	水利 水生 试点 名单
	《关于公布2018年度生产建设项目国家水土保持生态文明工程名单的通知》	水保〔2019〕73号	2019.03.04	2019.03.04	水利 生产建设项目 水土保持 生态文明
	《关于印发第一批通过全国水生态文明建设试点验收城市名单的通知》	水资源函〔2018〕36号	2018.03.13	2018.03.13	水利 水生 试点 名单
	《水利部关于公布2017年度生产建设项目国家水土保持生态文明工程名单的通知》	水保〔2018〕36号	2018.02.09	2018.02.09	水利 生产建设项目 水土保持 生态文明
	《关于做好第一批全国水生态文明城市建设试点验收工作的通知》	办资源函〔2017〕201号	2017.02.28	2017.02.28	水利 水生 城市建设试点

(续表)

印发部门	规章制度	文件号	发布时间	实施时间	关键词
水利部	《关于批准发布水利行业标准的公告(水生态文明城市建设评价导则)》	公告2016年第9号	2016.04.11	2016.07.11	水利行业标准 水生态 城市建设 导则
	《关于做好第二批水生态文明城市试点建设实施方案审查工作的通知》	办资源〔2014〕183号	2014.09.03	2014.09.03	水利 试点 实施方案 审查
	《关于开展第二批全国水生态文明城市建设试点工作的通知》	水资源函〔2014〕137号	2014	2014	水利 水生 城市建设 试点工作
	《关于加快开展全国水生态文明城市建设试点工作的通知》	水资源函〔2013〕233号	2013.07.31	2013.07.31	水利 水生 城市建设 试点
	关于成立水利部水生态文明建设领导小组的通知	水人事〔2013〕200号	2013.04.16	2013.04.16	水 水生 领导小组
	《关于开展第二批全国水生态文明建设试点工作的通知》	办资源〔2013〕245号	2013	2013	水利 水生 试点工作
中国气象局	《中国气象局关于加强生态文明建设气象保障服务工作的意见》	气发〔2017〕79号	2017.12.12	2017.12.12	生态文明建设服务工作
国家海洋局	《海洋生态文明示范区建设管理暂行办法》	国海发〔2012〕44号	2012.09.19	2012.09.19	海洋生态示范区 指标体系
	《海洋生态文明示范区建设指标体系(试行)》				
	关于开展"海洋生态文明示范区"建设工作的意见	国海发〔2012〕3号	2012.01.30	2012.01.30	海洋 海洋生态 示范区
	《关于确定广东省深圳市大鹏新区等12个市(区)、县为国家级海洋生态文明建设示范区的函》	国海函〔2015〕80号	2015.12.25	2015.12.25	海洋 国家级海洋生态示范区
	《关于批准广东省珠海横琴新区等12个市、县(区)为首批国家级海洋生态文明建设示范区的通知》	国海发〔2013〕10号	2013.02.22	2013.02.22	海洋 横琴 首批国家级海洋生态示范区
	《海洋咨询中心关于加强用海工程项目评审为海洋生态文明建设做好咨询服务工作的四项措施》		2012.02	2012.02	海洋 海洋生态 咨询服务

(续表)

印发部门	规章制度	文件号	发布时间	实施时间	关键词
国家林业局	《关于同意依托北京林业大学组建"国家林业局生态文明研究中心"的函》	林函科字〔2008〕188号	2008.09.04	2008.09.04	国家 生态文明 研究中心
	《关于同意作为"倡导绿色生活共建生态文明——美术作品展"及宣传活动主办单位的函》	办函宣字〔2008〕156号	2008.08.05	2008.08.05	绿色生活 生态文明 美术作品 宣传活动
	关于认真学习宣传《为了中华民族永续发展——习近平总书记关心生态文明建设纪实》的通知	林办发〔2015〕31号	2015.03.10	2015.03.10	中华民族永续发展 生态文明建设
	关于印发《推进生态文明建设规划纲要》的通知	林规发〔2013〕146号	2013.09.06	2013.09.06	生态文明建设规划纲要
	《关于举办三北工程与生态文明建设论坛的预备通知》		2013.07.12	2013.07.12	三北 生态文明建设 论坛
	关于开展"倡导绿色生活共建生态文明——公益招贴画进万家活动"的通知	林宣发〔2009〕147号	2009.06.23	2009.06.23	绿色生活 生态文明
	关于开展《发展现代林业建设生态文明促进科学发展实例选编》编写工作的通知	办人字〔2009〕87号	2009.06.02	2009.06.02	生态文明 科学发展
教育部	《关于在中小学落实习近平生态文明思想、增强生态环境意识的通知》	教材厅函〔2019〕6号	2019.09.25	2019.09.25	教育部 中小学 生态文明 生态环境
	《关于推荐第二届中国生态文明奖候选先进集体和候选先进个人的通知》	教发厅函〔2019〕14号	2019.01.30	2019.01.30	教育部 推荐第二届中国 生态文明 先进集体 先进个人
国家发展和改革委员会	《关于印发生态文明建设目标评价考核部际协作机制方案及组成单位成员名单的通知》	发改办环资〔2017〕490号	2017.03.20	2017.03.20	改革 生态文明建设 协作机制 单位成员 名单
	《关于举办第五届全国生态文明和节能减排主题招贴设计大赛的通知》	发改办环资〔2013〕699号	2013.03.19	2013.03.19	改革 生态文明 节能减排
民政部	《关于中国生态文明研究与促进会成立登记的批复》	民函〔2011〕162号	2011.06.16	2011.06.16	民政部 生态文明 成立

(续表)

印发部门	规章制度	文件号	发布时间	实施时间	关键词
国家机关事务管理局	《关于举办中央国家机关推进生态文明建设主题报告会的通知》		2013.05.17	2013.05.17	国家机关 中央国家机关 生态文明建设
各部联合发文	国家林业局、教育部、共青团中央关于印发《国家生态文明教育基地管理办法》的通知	林宣发〔2009〕84号	2009.04.09	2009.04.09	教育部 共青团 生态文明
	国管局、国家发展改革委、财政部等关于印发《关于认真学习贯彻习近平生态文明思想 深入推进公共机构能源资源节约和生态环境保护工作的重点举措》的通知		2018.11.20	2018.11.20	改革 财政 生态文明 公共机构 能源资源节约 生态环境保护
	国家发展和改革委员会、科技部、财政部等《关于开展第二批生态文明先行示范区建设的通知》	发改环资〔2015〕3214号	2015.12.31	2015.12.31	改革 财政 生态文明 示范区
	国家发展改革委、财政部、国土资源部等《关于开展生态文明先行示范区建设（第一批）的通知》	发改环资〔2014〕1667号	2014.07.22	2014.07.22	改革 财政 国土资源部 生态文明 示范区
	国家发展改革委、财政部、国土资源部等《关于印发贵州省生态文明先行示范区建设实施方案的通知》	发改环资〔2014〕1209号	2014.06.05	2014.06.05	改革 财政 国土资源部 生态文明 示范区 实施方案
	国家发展改革委、财政部、国土资源部等《关于印发浙江省湖州市生态文明先行示范区建设方案的通知》	发改环资〔2014〕962号	2014.05.30	2014.05.30	改革 财政 国土资源部 生态文明 示范区
	国家发展和改革委员会、财政部、国土资源部等《关于印发国家生态文明先行示范区建设方案(试行)的通知》	发改环资〔2013〕2420号	2013.12.02	2013.12.02	改革 财政 国土资源部 生态文明 示范区 试行
	国家发展改革委办公厅、财政部办公厅、国家林业局办公室《关于报送西部地区生态文明示范工程试点市、县申报材料的通知》	发改办西部〔2011〕2717号	2011.11.08	2011.11.08	改革 财政 西部地区 生态文明 示范试点 申报
	国家发展改革委、财政部、国家林业局印发《关于开展西部地区生态文明示范工程试点的实施意见的通知》	发改西部〔2011〕1726号	2011.08.12	2011.08.12	改革 财政 西部地区 生态文明 示范试点

(续表)

印发部门	规章制度	文件号	发布时间	实施时间	关键词
各部联合发文	全国绿化委员会、教育部、国家林业局《关于联合开展"弘扬生态文明,共建绿色校园"活动的通知》	全绿字〔2009〕2号	2009.03.09	2009.03.09	教育部 生态文明 弘扬生态文明,共建绿色校园
	国家发展改革委、财政部、国家林业局《关于同意内蒙古乌兰察布市等13个市和重庆巫山县等74个县开展生态文明示范工程试点的批复》	发改西部〔2012〕898号	2012.04.01	2012.04.01	改革 财政 生态文明 示范 试点

资料来源：根据北大法宝网资料整理。

五、地方性法规使生态文明法治化更加完善

截至2020年2月,全国以"生态文明"为题的地方性法规共计684项。其中最具代表性的是各省市的"生态文明建设促进条例",其规定内容全部包含"排污权交易"的制度规范,这些地方性法规体现了各地特色,丰富了生态文明法治化的内容。表2-3收录了这几种类型的部分地方性法规。

表2-3 有关生态文明建设的部分地方性法规

类别	名称	发布时间	效力
地方性法规	贵阳市促进生态文明建设条例	2010.01.08	已失效
	贵阳市建设生态文明城市条例	2013.04.25	已被修改
	珠海经济特区生态文明建设促进条例	2013.12.26	已被修改
	贵州省生态文明建设促进条例	2014.05.17	已被修改
	厦门经济特区生态文明建设条例	2014.11.06	现行有效
	青海省人民代表大会常务委员会关于修改《青海省生态文明建设促进条例》的决定(2015)	2015.01.27	现行有效
	青海省生态文明建设促进条例(2015修正)	2015.01.27	现行有效
	杭州市生态文明建设促进条例	2016.04.12	现行有效
	湖州市生态文明先行示范区建设条例	2016.06.06	现行有效
	十堰市生态文明建设条例	2018.02.08	现行有效

(续表)

类别	名称	发布时间	效力
地方性法规	福建省人民代表大会常务委员会关于修改部分涉及生态文明建设和环境保护地方性法规的决定	2018.03.31	现行有效
	福州市人民代表大会常务委员会关于修改部分涉及生态文明建设和环境保护地方性法规的决定	2018.08.10	现行有效
	福建省生态文明建设促进条例	2018.09.30	现行有效
	东莞市生态文明建设促进与保障条例	2018.10.16	现行有效
	贵州省生态文明建设促进条例（2018修正）	2018.12.18	现行有效
	珠海经济特区生态文明建设促进条例（2019修正）	2019.01.19	现行有效
	贵阳市人民代表大会常务委员会关于修改《贵阳市建设生态文明城市条例》等地方性法规个别条款的决定	2019.06.21	现行有效
	贵阳市建设生态文明城市条例（2019修正）	2019.06.21	现行有效
	白山市生态文明建设促进条例	2019.08.19	现行有效
	江西省生态文明建设促进条例	2019.09.28	现行有效
地方规范性文件	福建省人民政府关于修改部分涉及生态文明建设和环境保护规章的决定	2017.12.01	现行有效
	中共无锡市委办公室、无锡市人民政府办公室关于印发《无锡市生态文明建设目标评价考核实施办法》的通知	2018.12.07	现行有效
	中共银川市委办公厅、银川市人民政府办公厅关于印发《银川市生态文明建设目标评价考核办法（试行）》的通知	2018.12.21	现行有效
	中共株洲市委办公室、株洲市人民政府办公室关于印发《株洲市生态文明建设目标评价考核办法》的通知	2018.12.26	现行有效
	金华市人民政府关于印发金华市生态文明示范创建实施方案的通知	2018.12.26	现行有效
	许昌市人民政府关于实施四水同治深入推进水生态文明建设的实施意见	2019.01.22	现行有效
	合肥市发展改革委关于加强中央预算内投资生态文明建设专项管理的通知	2019.02.21	现行有效

(续表)

类别	名称	发布时间	效力
地方规范性文件	山东省人民政府办公厅关于印发建立健全生态文明建设财政奖补机制实施方案的通知	2019.03.11	现行有效
	湖北省财政厅、湖北省林业局关于印发《湖北省省级林业生态文明建设专项资金管理办法》的通知	2019.03.14	现行有效
	抚州市生态文明建设促进办法	2019.08.03	现行有效
	深圳市人民代表大会常务委员会关于打好污染防治攻坚战全面加强生态文明建设的决定	2019.11.18	现行有效
地方司法文件	江苏省高级人民法院关于为加快推进生态省建设全面提升生态文明水平提供司法保障的意见	2011.04.22	现行有效
	北京市高级人民法院关于为首都生态文明和城乡环境建设提供司法保障的若干意见	2013.05.06	现行有效
	福建省高级人民法院印发《关于为加快福建生态文明先行示范区建设提供有力司法服务保障的意见》的通知	2014.05.16	现行有效
	上海铁路运输法院关于进一步发挥环境资源案件集中管辖职能作用服务保障生态文明建设的意见	2018.06.05	现行有效
地方工作文件	银川市统计局关于召开生态文明建设评价工作协调会议的通知	2019.06.17	现行有效
	楚雄彝族自治州人民代表大会常务委员会关于批准楚雄彝族自治州省级生态文明州建设规划(2017—2020年)的决议	2019.06.28	现行有效
	河北省财政厅关于下达2019年生态文明建设专项(第二批)中央基建投资预算(拨款)的通知	2019.07.31	现行有效
	甘肃省律师协会关于举办甘肃省生态文明建设和区域经济发展法律服务业务论坛的通知	2019.08.08	现行有效
	深圳市发展和改革委员会关于征集生态文明建设项目的通知	2019.08.19	现行有效
	汕头市人民代表大会常务委员会关于大力推进海洋生态文明建设,加大对海湾环境整治和生态修复力度的议案(第52、55、57号)办理方案的决议	2019.08.27	现行有效
	云南省财政厅关于财政支持生态文明建设的实施意见	2019.10.08	现行有效
	湖南省教育厅关于公布第七批省级生态文明示范学校名单的通知	2019.11.27	现行有效

（续表）

类别	名称	发布时间	效力
行政许可批复	云南省人民政府关于丽江市水生态文明城市建设试点实施方案的批复	2016.08.02	现行有效
	云南省人民政府关于玉溪市水生态文明城市建设试点实施方案的批复	2016.08.02	现行有效
	中山市人民政府关于中山市黄圃镇生态文明建设实施方案(2016—2020年)的批复	2017.01.24	现行有效
	贵州省人民政府关于贵阳市水生态文明建设规划(2016—2030年)的批复	2017.02.13	现行有效
	贵州省人民政府关于贵安新区生态文明建设规划的批复	2017.03.21	现行有效
	成都市人民政府关于同意成都市生态文明建设"十三五"规划的批复	2017.04.26	现行有效
	黑龙江省人民政府关于哈尔滨市、牡丹江市、鹤岗市水生态文明城市建设试点实施方案调整的批复	2017.10.13	现行有效
	贵州省人民政府关于调整贵阳市水生态文明城市建设试点项目及指标的批复	2018.10.25	现行有效

资料来源：根据北大法宝网资料整理。

第二章　国家治理体系和治理能力现代化与排污权交易的法治化

如果"生态文明"是排污权交易法治化的战略引导,国家治理体系和治理能力现代化则是排污权交易法治化进程中的基本保障。党的十九届四中全会深入贯彻习近平新时代中国特色社会主义思想,全面贯彻落实党的十九大精神,审议通过了《中共中央关于坚持和完善中国特色社会主义制度、推进国家治理体系和治理能力现代化若干重大问题的决定》(以下简称《决定》)①。《决定》明确提出,坚持和完善中国特色社会主义制度、推进国家治理体系和治理能力现代化,是全党的一项重大战略任务;必须在党中央统一领导下进行,科学谋划、精心组织,远近结合、整体推进,确保本次全会所确定的各项目标任务全面落实到位。坚持和完善中国特色社会主义制度、推进国家治理体系和治理能力现代化成为我国法治化进程的关键体制。② 中国经济社会发展取得世人瞩目成就的重要原因之一,是中国特色党政治理结构的有效运行。从近年来政府大力推进的排污权交易法治化成就来看,排污权交易的法治化恰好体现国家治理能力和治理体系的现代化的进程。本章通过详细梳理我国排污权交易法治化进程,结合中国特色社会主义制度建设和国家治理体系和治理能力现代化的顶层设计,从法治实践的视角重现排污权交易法律机制及其法治化进程的全貌。

---

① 中共中央关于坚持和完善中国特色社会主义制度、推进国家治理体系和治理能力现代化若干重大问题的决定[M].北京:人民出版社,2019.

② 韩正.加强党对坚持和完善中国特色社会主义制度、推进国家治理体系和治理能力现代化的领导[N].人民日报,2019-11-15(004).

第一节 中国特色社会主义制度与排污权交易法治化

中国国家治理的体制机制,具有独特的结构构成和运行功能。在治理权力构成方面,呈现为执政党通过政治领导,在组织和意识形态层面深刻塑造并融入中国特色的政府体系而成的集中统一的党政结构。① 这个结构既具有权威性、开拓性和规范性。随着中国特色社会主义法律体系的建立和完善,生态文明战略和法治化进程中一个特别具有代表性的法律机制——排污权交易法律机制的法治化问题,成为检验国家制度良善与否的试金石。

一、中国特色社会主义制度的功能实现机制与排污权交易的法治化

中国特色社会主义国家制度和法律制度是被实践证明了的科学制度体系,具有显著优势。中国特色社会主义国家制度和法律制度,植根于中华民族5 000多年文明史所积淀的深厚历史文化传统,吸收借鉴了人类制度文明的有益成果,经过了长期实践检验。② 马克思主义关于事物普遍联系的原理、矛盾构成世界的原理、事物作为过程而存在的原理、事物的价值性原理是区分中国特色社会主义根本制度、基本制度、重要制度的理论依据。中国特色社会主义根本制度是指那些起决定作用的、具有质的规定性的、决定中国特色社会主义发展方向的、与其他制度区别开来的制度。这些制度具有顶层决定性、全域覆盖性、全局指导性特点。

中国特色社会主义基本制度指那些既坚持科学社会主义基本原则,又体现中国共产党奋斗历史和社会主义初级阶段基本国情,对经济社会发展具有重要影响的制度。国家制度的功能就是国家治理体系的完善和国家治理能力的提升,而实现这些功能目标的关键是制度本身的先进性。中国特色社会主义重要制度是由根本制度和基本制度派生而来的,体现

---

① 王浦劬,汤彬.当代中国治理的党政结构与功能机制分析[J].中国社会科学,2019(09).
② 习近平.坚持、完善和发展中国特色社会主义国家制度与法律制度(二)[J].前进论坛,2020(02):34.

在国家治理的各领域各方面各环节的具体制度和体制机制上,上接国家治理体系之顶层,下连社会生产生活之基层。这种制度设计充分体现了开放的先进性。中国特色社会主义制度是一个严密、完整的制度体系,其中,起四梁八柱作用的是根本制度、基本制度、重要制度,而居于统领地位的是党的领导制度。始终代表最广大人民根本利益,保障人民当家作主,体现人民共同意志,保护人民合法权益,是中国特色社会主义制度的本质属性。①

我国国家治理的根基是社会主义制度,治理贯彻行动主义与制度主义、实质正义与程序正义辩证统一等的运行原则,形成了独特的功能运行机制,从而实现了治理的主导性与基础性、战略性与常规性、绩效合法性与程序正当性的有机结合。有学者指出,在治理实践中,党政治理结构兼具的治理弹性和功能机制的复合性,成为国家治理优效的产生缘由。在深入推进国家治理体系和治理能力现代化的历史进程中,改革和发展的实践要求均衡协调政治领导性与行政规范性。因此,应在加强党的全面集中统一领导的前提下,以法治建设为基本方略,不断完善政治与行政统筹协同、良性互动的党政结构及其功能机制。②

制度自信是实现社会主义制度功能实现机制的关键。中国特色社会主义实践发展到新时代的阶段性特征和必然要求,是实现新时代战略目标的主观基础和保障。坚定的制度自信,源于它符合中国国情。"中国之治"的事实构成制度自信的客观依据,超大国家有效发展和现代化核心要素相结合的制度优势构成制度自信的基本依据,制度文明内涵的不断融入和凝练构成制度自信的价值依据。③ 在制度自信下,必须有印证制度优越性的制度建设,在生态文明战略的部署之下,从党规党法的统筹,到宪法修正案的指引,再到中央法规和地方性法规的全面完善,排污权交易法治化的具体法治进程也从细微处落实了我国社会制度的功能实现机制,并促进了国家治理体系和治理能力的现代化。对于中国特色社会

---

① 辛世俊,刘艳芳.试论中国特色社会主义的根本制度、基本制度、重要制度[J].学习论坛,2020(02):5-9.
② 王浦劬,汤彬.当代中国治理的党政结构与功能机制分析[J].中国社会科学,2019(09).
③ 程竹汝.论坚定中国特色社会主义制度自信的若干依据[J].中共中央党校(国家行政学院)学报,2020,24(01):18-25.

主义法律体系的功能实现机制来讲,排污权交易法律制度体现了法治化的进程。

二、排污权法治化的专项治理机制与国家治理体系的关系

专项治理是当代中国国家治理的重要政策工具。专项治理在不同的历史阶段都发挥了一定的作用。有学者指出,专项治理可能与制度治理相冲突,不利于国家的长治久安与繁荣发展。[①] 然而,具体行政工作的专项治理模式可以最大化地实现治理效率,虽然我们认同为了实现国家治理现代化,必须发挥制度治理的作用。但是我们不否定专项治理是我国国家治理体系建构中不可或缺的重要方式,也是中华人民共和国成立以来施政的经验总结。例如,2010年6月11日发布施行的《国务院办公厅关于成立减轻企业负担专项治理工作领导小组的通知》(国办函〔2010〕96号)就是一类以行政法规形式存在的专项治理活动;又如,2002年1月30日发布施行的《最高人民检察院关于在全国检察机关开展上访老户专项治理工作的通知》则是以司法解释的形式存在的专项治理活动;再如,2018年5月14日发布施行的《国家发展改革委、中央网信办、工业和信息化部等关于加强对电子商务领域失信问题专项治理工作的通知》(发改财金〔2018〕716号)是以部门规章形式开展的法治化的专项治理活动。

当前,政府不仅要重视制度治理,为治理制度建设和创新提供政治空间,学习和借鉴世界各国制度治理的成功经验,加大制度落实力度来推动专项治理向制度治理的转变,不断提升国家治理体系和治理能力现代化的水平,更要总结专项治理的经验和教训、重视效率,以法治化的精神推进专项治理。从武汉水污染治理专项行动到法治化的实践来看,城市水环境治理取得了水环境依法治理的探索性成果。

本书研究的排污权交易制度就是从国家层面的专项治理开始,自上而下开展试点工作,为专项治理打下了坚实基础。排污权交易法治化正

[①] 殷冬水,邢轶凡.从专项治理到制度治理——当代中国国家治理变革的实践逻辑与战略选择[J].社会主义研究,2019(03):94-100.

是将专项治理向制度治理转变的重要范例。例如,2016年11月24日发布施行的《国务院关于印发"十三五"生态环境保护规划的通知》(以下简称《通知》,国发〔2016〕65号)提及排污权交易专项治理。《通知》要求实施专项治理,全面推进达标排放与污染减排;建立区域生态环保协调机制、水资源统一调配制度、跨区域联合监察执法机制;建立健全区域生态保护补偿机制和跨区域排污权交易市场。《通知》要求各省(区、市)要制定实施造纸、印染等十大重点涉水行业专项治理方案,大幅降低污染物排放强度;各省(区、市)应于2017年底前制定专项治理方案并向社会公开,对治理不到位的工程项目要公开曝光。正是基于达标排放和污染排放的专项治理工作的成效,才有建立健全跨区域排污权交易市场并实施全国性排污权交易的可行性。因此,专项治理将在我国法治化进程中长期存在,为我国排污权交易市场逐步完善提供了法律保障。

2022年4月12日发布的《中共中央 国务院关于加快建设全国统一大市场的意见》(以下简称《意见》)在第四部分"打造统一的要素和资源市场"的第15项明确指出要"培育发展全国统一的生态环境市场",其中排污权市场化交易制度的建设再次成为党和国家在新时代和新形势下的一项具体明确的重点工作。《意见》明确要求依托公共资源交易平台,建设全国统一的碳排放权、用水权交易市场,实行统一规范的行业标准、交易监管机制;推进排污权、用能权市场化交易,探索建立初始分配、有偿使用、市场交易、纠纷解决、配套服务等制度;推动绿色产品认证与标识体系建设,促进绿色生产和绿色消费。

三、国家能力提升语境下的排污权交易法治化

提升国家治理能力首先需要提升国家能力。教育部2010年11月27日发布的《关于印发中等职业教育改革创新行动计划(2010—2012年)的通知》(以下简称《通知》,教职成〔2010〕13号)从部门规章的角度提到了国家能力问题。《通知》明确指出,国际政治、经济、市场和技术环境正在发生重大变化,世界经济结构孕育深刻转型,传统的经济发展方式必须转变,全球经济将进入一个结构性调整的历史过程,新一轮的国家能力竞争已见端倪。从理论上讲,国家能力主要包括资源汲取能力、基层渗透能

力、民主巩固能力、制度治理能力和国家学习能力等内容。当下中国需要转变资源汲取的理念、增强地方政府资源汲取能力、防止资源汲取变相为与民争利。以排污权交易的法治化为例,排污行为的行政许可制度等命令控制型的管控机制就存在强化行政权力弱化市场经济规律的现象;排污权交易法治化进程必然吸引社会公众参与进来,用利益和价值来衡量公平和正义问题,提高资源汲取方面的国家能力。

有学者指出,需要不断加强基层渗透能力,努力将国家权力下沉到基层社会,建立一个合理化的、能对社会与全体民众进行有效动员与管控的政府或政权体系;需要提升民主化程度和国家吸纳与整合能力,强化民主政体在制度和文化层面实现的稳定性和获得的合法性,并以此为基础将民主政治结构化和常态化;需要强化制度治理能力,强调国家和政府权力由制度规范即宪法规范事先规定,国家机器和政府机构必须按照制度化的程序来运作,并且这些制度规范和制度化程序都应当依据现代制度伦理来创设,助推国家治理现代化的实现。① 排污权交易法治化的进程恰恰可以印证,涉及国计民生各个行业的企业和个人成为排污法律关系的主体,通过法治化进程中关于排污权价格确定、权利分配、纠纷解决等合法程序,推进排污权交易制度化和法治化的进程,这也是国家治理能力现代化的内涵要求。

还有学者指出,国家治理能力作为国家特有的潜能,可以被还原为组织资源、价值资源和物质资源三种质料在对应的加工机制——国家结构的聚合机制、国家行动的合法化机制、国家组织的延展机制的合成和作用之下,转化为实际执行效能的显化过程。资源要素、机制与国家治理能力之间构成了一个明确的关系函数。② 排污权交易的法治化进程正是通过法律创设了一种虚拟财产权,赋予其资源要素和稀缺性,进而通过分配、定价和交易的模式建立运行机制,从而使一项非常困难的社会和环境综合治理工作,通过市场手段和政府管控的完美结合,彰显了国家治理能力的现代化。

---

① 郑智航.当代中国国家治理能力现代化的提升路径[J].甘肃社会科学,2019(03).
② 王浦劬,汤彬.论国家治理能力生产机制的三重维度[J].学术月刊,2019,51(04):65-72.

第二节　国家治理体系现代化与排污权交易法治化

最高人民法院原副院长江必新同志在阐释"国家治理体系和治理能力现代化"的时指出,所谓国家治理体系和治理能力的现代化,就是使国家治理体系制度化、科学化、规范化、程序化,使国家治理者善于运用法治思维和法律制度治理国家,从而把中国特色社会主义各方面的制度优势转化为治理国家的效能。推进国家治理体系和治理能力的现代化,要求我们及时更新治理理念、深入改革治理体制、丰富完善治理体系、努力提高治理能力。[①] 排污权交易法律机制的建立和完善过程本身就是一个法治化的进程,这一进程随着我们国家综合实力的提高而快速推进。同时,排污权交易法治化的实践时间长、经验总结全面、公平正义与效率价值兼顾,充分印证了国家治理在法治化的框架内实现治理体系现代化和治理能力现代化的可行性。

一、更新国家治理基本理念下的排污权交易法治化

国家顶层设计包括国家治理、政府治理、社会治理等概念。从统治、管理到治理,言辞微变之下涌动的是一场国家、社会、公民从着眼于对立对抗到侧重于交互联动再到致力于合作共赢和善治的思想革命;是一次政府、市场、社会从配置的结构性变化引发现实的功能性变化再到最终的主体性变化的国家实验;是一个从避免两败俱伤的负和博弈、严格限缩此消彼长的零和博弈再到追求和谐互惠的正和博弈的伟大尝试。

排污权交易的法治化恰恰是从环境管理向国家生态文明治理层面过渡的一个重要环节。排污权交易法治化的集成充分说明了从管理到治理的国家治理体系的变化。不论是排污的专项行政权下的管理行动,还是排污权交易的市场化试点,最终以法治化的理念自上而下构建法律机制,完备体系化的法律框架,从立法、司法、执法多个环节实现法治化的目标,充分说明了我国排污权交易法治化与国家治理理念的恰合。

[①] 江必新.推进国家治理体系和治理能力现代化[N].红旗文稿,2013,262(22):40.

如果从行为主体的视角来分析,管理的初级性与治理的全面性区别很大。管理的主体是政府,而治理的主体还包括社会组织乃至个人。党的十八大以来,中央多次强调要"加快形成党委领导、政府负责、社会协同、公众参与、法治保障的社会管理体制",实际上已经体现了多元共治的理念。这一变化意味着,政府不再只是治理的主体,而且也是被治理的对象;社会不再只是被治理的对象,也是治理的主体。①

排污权交易法治化的重点在权利和交易这两个关键词上,凸显了政府除了清单化行政职权外与交易主体的平权性。另外,从权源上来看,政府的管理权来自权力机关的授权。而治理权当中的相当一部分由人民直接行使,这便是所谓的自治、共治。排污权交易法治化的整个运作机制都由各层级法律加以约束和规范,大量交易现象甚至是自治和自发的,如排污权交易的权利质押问题,法律甚至没有规定,但是符合民事法律合法自愿的基本原则,符合法治精神。

如果从运作方式分析,管理的运作模式是单向的、强制的、刚性的,因而管理行为的合法性常受质疑,其有效性常难保证。治理的运作模式是复合的、合作的、包容的,治理行为的合理性受到更多重视,其有效性大大增加。为何强调一项新兴权利(如排污权)必须来自法律授权,同时必须经历法治化进程,就是为了在治理的层面实现国家治理体系的完备,实现国家治理能力的现代化。

二、丰富国家治理价值目标下的排污权交易法治化

国家治理的价值目标是秩序。秩序是法治的结果,只有实现秩序,国家治理的目标才能实现。现代国家治理是围绕法律而展开的多元主体公共参与的、以自由秩序为目的的治理。在国家治理中,虽不排除治理主体对法律之外的其他多元社会规范以及经由这些规范调整形成的多元社会秩序之依赖,但多元社会规范,是存在于法律调整射程内的;多元社会秩序,是统揽在法治秩序中的。因此,强调并坚持国家治理及其创新,就必

---

① 江必新.推进国家治理体系和治理能力现代化[N].红旗文稿,2013,262(22):40.

须坚持法律至上的法治原则和宗旨。① 正因为如此,排污权交易作为一项综合治理环境和发展的可持续性的秩序性工作,法治是必然的选择。从大气污染治理的法治化进程来看,国家治理经历了以工业点源污染为主的行政控制(1956—1978年)、开启法制途径下的管控(1979—1991年)、引入市场机制的管控(1992—2002年)、尝试突破属地模式的综合治理(2003—2010年)、走向法治化的市场化合作治理(2010年至今)等五个阶段,中国大气污染防治法治化进程在整体上呈现"阶梯式渐进"的轨迹。② 排污权交易在大气污染治理层面称为排放权交易,2017年已经建成的全国统一的排放权交易市场和法律机制,充分印证了多元治理实现国家治理价值目标的可行性。

国家治理价值目标的终极目的是法治化。法治化可以给社会主体的行为以可预期性,也因此使得社会主体多元化参与而激发社会活力。在我国的社会主义信仰理论体系下,实现人的自由而全面的发展,是马克思主义追求的根本价值目标。在当前利益多元化、文化多样化的条件下,国家治理既要确保公共利益和主流道德价值不受侵害,也要根据实际情况尊重差异、包容多样、考虑个别,特别是要保障宪法确认的个人自由,承认合法合理的个性化追求,让公民和社会组织充满生机活力,使社会保持动态平衡稳定状态。排污权交易的法治化进程可以印证,任何环境的保护,不能超越发展的本质目标,特别是我国的发展中国家特性还要三十年才能实现跨越性的百年目标。

市场化的排污权交易法治化进程是为了综合平衡环境与发展的关系,充分避免市场失灵和政府失灵的双风险,调动社会组织和公民的利益驱动本性,促进实现社会动态平衡发展。在环境管理制度中,排污权交易制度属于利用市场机制调动排污单位积极性的一种污染治理手段。排污权既具有公权属性,又具有私权属性。建立排污权交易制度,初衷是为了充分彰显排污权的财产性私权属性,发挥市场在环境容量资源配置中的决定性作用,提高环境保护的效率。基于此目的,排污权交易制度设计中

---

① 谢晖.法律至上与国家治理[J].比较法研究,2020(01):46.
② 冯贵霞.中国大气污染防治政策变迁的逻辑[D].济南:山东大学,2016.

限制政府公权力对交易过程的过度干预成为关键。但是,排污权交易制度的运行,离不开公权力对交易行为的行政管理。在依法治国、建立生态文明的视野下,法律对排污权交易的规制是应有之义。这种规制,既包括对排污单位交易行为的规制,也包括对环保部门行政行为的规制。① 当然,规制的手段肯定是法治,法治化的规制进程丰富了国家治理的价值目标,能够实现支付和市场的社会动态平衡。

三、把握国家治理战略要点下的排污权交易法治化

我国转型时期国家治理的主要内容,是维护社会和市场秩序,必须分析实现有效治理的战略路径,找到国家治理的制高点、切入点、突破点、着力点。② 治理的突破点是要以扩大有序参与、推进信息公开、加强议事协商、强化权力监督为重点,努力让人民群众更好地行使民主权利,提高自我管理、自我服务水平。治理应有助于实现社会正义。公平正义是中国特色社会主义的内在要求。国家治理的重要任务之一就是努力营造公平的社会环境,促进形成正义的社会制度。

以排污权交易为例,排污企业间的交易行为,又称为排污权交易二级市场,是实现排污权优化配置的关键环节,由市场主导,真正发挥市场的优化配置作用。排污者在一级市场上购买排污权后,如果排污需求大,就可以在满足区域污染物排放总量不变的情况下在二级市场上买入;相反,如果企业减少排污,拥有富余的排污指标可以在二级市场售出获利。新建、扩建和改建企业可以从一级市场获得排污指标,也可通过二级市场获得排污指标。二级市场交易一般需要有固定场所、固定时间和固定交易方式等。但排污权交易与一般的商品交易有着较大的差别,虽然在排污权交易市场中,潜在的买卖关系在理论上是客观存在的,但实际上买卖双方之间却存在着很大的差距。对买方来说,当然希望以较低的价格获得排污指标以实现正常生产或避免因超指标排放而受到处罚;而对卖方来说,由于排污指标是其企业难以估量的一笔资产,并且随着经济的发展和

---

① 曹金根.排污权交易法律规制研究[D].重庆:重庆大学,2017.
② 江必新.推进国家治理体系和治理能力现代化[N].光明日报,2013-11-15(001).

排污总量控制的削减,具有很大的增值的可能性,普遍具有惜售的心理。这种买卖双方交易期望的差距自然会导致排污权交易市场的不活跃,甚至会导致排污权交易市场的失灵。

基于排污权交易本身的特性,法治化进程的意义就在于把握国家治理战略要点中的经济社会可持续发展的制高点、切入点、突破点和着力点,一个排污权交易的制度体系建设的法治化进程体现了全部国家治理能力现代化的战略要点。从政策变迁的法治化视角来看,政府到市场再到市场化合作治理的演变过程,是政策网络主体多元化的体现,从行政控制、"法制"到"法治"的演变过程,不仅是政策工具规范化的体现,而且是政策网络制度逐渐走向成熟的标志。从"命令—控制"走向共同参与的市场化的演变过程,是社会行动主体之间互动方式转型的表现,国家治理法治化的网络化改变了污染防治政策网络运行的社会环境。正是基于市场化的共同参与的法治化安排,才能有助于真正实现公平正义的社会制度。

第三节 创新国家治理的方式与排污权交易法治化

推进国家治理体系和治理能力现代化,关键在于创新。我国排污权交易法治化实施的现状是实践先于理论,这对于排污权交易在现实中的应用和发展有一定的阻碍作用。因而,在进行排污权交易立法时就必须对前瞻性、指导性和创新性有所体现和侧重。

一、排污权交易法治化的制度创新

当前,排污权交易法治化建设很好地解决了排污权的使用和交易中的重要法律创新,并在相当长的时间内能够反映排污权运行的价值和意义。构建合理的排污权制度将显示出环境保护的特有作用,而在环境领域中成功地应用排污权并不是轻而易举的事。事实上,排污权立法是一项科学、细致、明确、审慎的工作。它需要一系列支撑条件,切实可行、指导实践便是其最基本特性之一,即一切立法的构建不能脱离中国现实的土壤,要充分体现规范的可操作性,要加强排污权运行时的法律规制,努力把清洁发展机制作为排污权发展新的增长点,进而构建具有中国特色的排污权法律制度。

从政策网络学的理论①分析,排污权交易法律机制的创新之处主要体现在政策网络构成的主体之间管控关系到共同参与甚至共治关系的逐渐形成。污染物管控时期,政策网络的主体绝对是政府部门,而当前在排污权交易法律机制及其法治化建设取得一定成就的时刻,社会公众参与主体还有企业、专家学者、科研机构、媒体、民间组织等。其中,企业又可分为排污企业和治污企业,仅治污企业又可分为研发生产、销售治污技术或产品的企业,或以污染处理为业务的企业。现行政治体制下,政策网络多为政府主导,污染防治政策网络可看作是由政策社群、府际网络、生产者网络、专业网络和议题网络等五个子网络组成的整体,但网络之间由于利益互动或资源交换会结成共同体主导的政策网络,如基于地方政府与企业的"共谋"关系,政府网络和生产者网络结成利益联盟。② 排污权交易法律机制是污染防控网络机制的巨大进步和创新。这种创新不仅体现在用法治化的模式进行有法可依的立法和司法乃至执法的法治化实践,同时通过专项治理模式进行试点和经验积累或者测试,最终判断排污权交易等市场化防控污染的手段是否可以有效地推广。

从政策运行的实际情况看,排污权交易法律机制也会形成一定的政策网络。党处于整个政策决策过程的领导核心位置,是政治决策的推动者和宏观战略的设计者。党中央的意见建议是国家重大决策的指南。在党中央宏观战略的指导下,重大决策由人民代表大会或常务委员会讨论决定,以国务院及各部门为代表的中央政府则以党中央的最终决策为导向制定具体的规划。纵观中华人民共和国成立以来中国大气污染防治政策演进历程,在每一阶段性转折期,中共中央提出的战略思想都是大气污

---

① 政策网络理论认为,政策结果是由政策网络内行动主体行为变化所致,网络参与者的行为策略对政策结果有显著影响力。该理论代表学者主要有道丁(Dowding)、麦弗逊(McPherson)、拉布(Raab)等。道丁认为,网络结构的影响作用是通过网络主体互动、认知而形成的,而不是通过结构的改变而发生的,政策网络变化的根源在于网络主体的行为策略的变化。冯贵霞.中国大气污染防治政策变迁的逻辑[D].济南:山东大学,2016.

② 冯贵霞.中国大气污染防治政策变迁的逻辑[D].济南:山东大学,2016.

染防治政策改进的宏观方向。党内法规和国家各层级法律共同构成了排污权交易法律机制的国家治理体系,成为一种制度创新。

二、排污权交易法治化促使国家污染治理能力提升

从总体上看,中国污染防治体制下排污权交易机制仍是一个较为封闭的政策网络,它并不向所有的利益相关者开放。政策网络的开放度较低,由民间组织主导的政策网络仍不多见,组织程度较低的社会公众仍较少进入网络范围。社会公众利益因不能进入或很难进入政策网络范围而无法得到很好的保障,进而影响公共利益的实现。排污权交易法律机制的法制化在治理能力层面需要关注的正是这一类公众参与的需求。司法解释和相关案例指引的司法实践可以倒逼公众进入排污权交易的政策网络,如关于排污权市场化进程中的抵押担保行为超越法律规定的现象。民事法律不告不理的原则以及合同的自愿有效原则,促使有市场需求的排污权抵押担保成为一种不受法律限制的市场行为。使公众参与在一种自发和不受管控的形态下发展起来,本身就是排污权交易法律机制在政策网络中存在发展的例证。通过实际案例,法院更可以通过案例指导的方式促使此类排污权交易的公众参与得到实现。这也正是提升排污权交易法律机制及其治理能力的一种表现。例如,2014 年 6 月 23 日发布的《最高人民法院关于全面加强环境资源审判工作为推进生态文明建设提供有力司法保障的意见》(法发〔2014〕11 号)指出:加强对碳排放交易、排污权交易、水权交易、新能源开发利用及环境服务相关纠纷等新课题的研究,待条件成熟时出台司法解释或者指导意见。以实际案例为例,最高人民法院 2014 年作出的《孝义市鹏飞实业有限公司、孝义市辰鸣煤焦有限责任公司其他执行申请复议执行裁定书》①,对有关排污权的法律性质以及权属的转让、继承甚至交易的法律关系及其性质和责任作出了司法裁决,涉及的主体包括多家企业。

一方面,目前我国污染防治的政策调控逐步市场化以来,在中共中央

---

① 中国裁判文书网.孝义市鹏飞实业有限公司、孝义市辰鸣煤焦有限责任公司其他执行申请复议执行裁定书[DB/OL].(2014-12-10)[2020-08-08]. http://wenshu.court.gov.cn/website/wenshu/181107ANFZ0BXSK4/index.html? docId=66517fef1cf544b9bdb6ba9d985e2ad8.

提出科学发展观以及生态文明、和谐社会、全面推进依法治国等概念指导下,污染防治政策趋向区域治理、法治化治理。另一方面,当前自上而下的政策运行模式在中国仍占主体地位,中央在决策上的绝对权威和地方执行决策的服从,鲜见由地方自主发起、而后再由中央推进的自下而上的政策模式。本书采用图表及表格化方式列式各层级全部法律体系制度条文的方式,可见一斑。在排污权交易法律机制由地方推广到全国的层面,主要是采取政策试点、经验推广等做法,因而法治化大多表现为渐进的方式格。在污染防治法律机制建设和法治化进程中表现的模式基本上是先从排污许可证制度试点开始、进而完成排污权交易试点再结合区域污染联防联控试点等。

治理能力的提升是法治化的目标。首先,排污权交易法律机制采用了大量的非对抗性"软法"。这种以《通知》《意见》《报告》等形式出现的规范性法律文件并非指导性很强的具体规则,而多是鼓励、提倡等非强制性的法律语言,兼顾了经营者正当权益,达到了多赢的效果。例如,2017年1月3日国务院发布的《国务院关于印发全国国土规划纲要(2016—2030年)的通知》(国发〔2017〕3号)规定,在重金属污染综合防治重点区域实施污染物排放总量控制,健全排污权有偿取得和使用制度,扩大排污权有偿使用和交易试点范围,发展排污权交易市场。又如,2016年12月20日国务院发布的《国务院关于印发"十三五"节能减排综合工作方案的通知》(国发〔2016〕74号)规定,落实污水处理费政策,完善排污权交易价格体系。加快实施排污许可制,建立企事业单位污染物排放总量控制制度,继续推进排污权交易试点,试点地区到2017年底基本建立排污权交易制度,研究扩大试点范围,发展跨区域排污权交易市场。再如,2014年8月6日国务院办公厅发布《国务院办公厅关于进一步推进排污权有偿使用和交易试点工作的指导意见》(国办发〔2014〕38号)指出,要加快推进排污权交易。排污权交易应在自愿、公平、有利于环境质量改善和优化环境资源配置的原则下进行。试点地区要严格按照《国务院关于清理整顿各类交易场所切实防范金融风险的决定》(国发〔2011〕38号)等有关规定,规范排污权交易市场。排污权交易原则上在各试点省份内进行。涉及水污染物的排污权交易仅限于在同一流域内进行。

另外，排污权交易法律机制强调契约化和合作规制。很多规则要求变命令为协商，变指挥为指导。从政策网络权力结构看，早期政府存在政策网络权力中心，并在污染防治政策网络中居于主导地位。纵横交错的政府行政关系形成了矩阵式权力网络结构，环保行政职权面临"碎片化"的问题。① 后来基于排污权交易这种市场化法治化的进程不断完善，法律机制和政策网络的分配开始注重市场化和竞争机制。变官办为民营，变垄断为竞争。排污权交易的治理方法把政府与企业间的行政关系变成市场的经济交易关系，使得企业自觉提高治污积极性，从而控制一定区域内的排污总量。②

三、我国排污权交易法律机制及其法治化进程

不论是提升国家污染治理能力，还是国家治理体系下的制度创新，排污权交易法律机制的法治化进程为中国社特色社会主义制度的完善贡献了力量。特别是各层级法律规范下的规则导向，使排污权交易法律制度不断完善。按照法律位阶，涉及排污权交易的我国各位阶立法有党内法规、法律、行政法规、司法解释、部门规章和行业规定以及地方性法规等。

（一）包含排污权交易条款的党内法规

包含"排污权交易"条款的党内法规如表3-1所示。

表3-1 包含"排污权交易"条款的党内法规

法律位阶	名称	发布时间	文号	相关法条
党内法规	中共中央办公厅、国务院办公厅印发《国家生态文明试验区（江西）实施方案》《国家生态文明试验区（贵州）实施方案》	2017.09	无	探索建立排污权交易制度

---

① 冯贵霞. 中国大气污染防治政策变迁的逻辑[D]. 济南：山东大学，2016.
② 江必新. 推进国家治理体系和治理能力现代化[N]. 光明日报，2013-11-15(001).

（续表）

法律位阶	名称	发布时间	文号	相关法条
党内法规	中共中央办公厅、国务院办公厅印发《关于建立资源环境承载能力监测预警长效机制的若干意见》	2017.09.20	无	对环境超载地区，率先执行排放标准的特别排放限值，规定更加严格的排污许可要求，实行新建、改建、扩建项目重点污染物排放加大减量置换，暂缓实施区域性排污权交易；对临界超载地区，加密监测敏感污染源，实施严格的排污许可管理，实行新建、改建、扩建项目重点污染物排放减量置换，采取有效措施严格防范突发区域性、系统性重大环境事件；对不超载地区，实行新建、改建、扩建项目重点污染物排放等量置换
	国家生态文明试验区（福建）实施方案	2016.08	无	完善排污权交易制度。总结造纸、水泥等8个行业推行排污权有偿使用和交易试点经验，逐步扩大试点范围，完善储备制度，建立排污权储备体系，力争2018年在全省所有工业排污企业全面推行排污权交易制度。探索推进流域内跨行政区排污权交易。支持海峡股权交易中心统一建设用能权、碳排放权、排污权交易平台，不断提升服务水平，打造全国重要的综合性资源环境生态产品交易市场
	中共中央、国务院关于推进价格机制改革的若干意见	2015.10.12	无	积极推进排污权有偿使用和交易试点工作，完善排污权交易价格体系，运用市场手段引导企业主动治污减排
	生态文明体制改革总体方案	2015.09.21	无	（四十三）推行排污权交易制度。在现行以行政区为单元层层分解机制基础上，根据行业先进排污水平，逐步强化以企业为单元进行总量控制、通过排污权交易获得减排收益的机制。在重点流域和大气污染重点区域，合理推进跨行政区排污权交易。加强排污权交易平台建设
	中共中央、国务院关于加快推进生态文明建设的意见	2015.04.25	中发〔2015〕12号	扩大排污权有偿使用和交易试点范围，发展排污权交易市场

(二) 规范排污权交易的基本法律及其成就

由全国人民代表大会和全国人大常委会通过的规范排污权交易的基本法律,以高立法位阶阐释了排污权交易的基本理论依据,具有关键指导意义。很多排污权交易学术理论在法律上得到了确认。

《中华人民共和国国民经济和社会发展第十二个五年规划纲要》指出,要规范发展排污权交易市场,规范排污权交易价格行为,健全法律法规和政策体系,促进资源环境产权有序流转和公开、公平、公正交易。同时对"十二五"规划纲要有关名词解释进行了规范。首先,明确了污染者付费制度的概念,即一切向环境排放污染物的单位和个人,应当依照国家规定的方法和标准缴纳一定费用的制度,以使其污染行为造成的外部费用内部化,促使污染者采取措施控制污染。其次,明确了排污权交易市场的概念,即指通过一系列以环境容量为客体的权利形态的转换而实现排污许可制度市场化的形式,是社会发展过程中环境资源商品化的体现。

上述规定第一次将理论层面的认知确定为法律规则。确认了我国国民经济发展的污染者付费制度,确立了排污权交易行为的合法性以及排污权交易市场的基本概念。原环境保护部部长周生贤于 2010 年就对外表示,中国要继续积极探索环保新道路,建立健全污染者付费制度。[①] 曹明德教授指出:生态法的基本原则,是生态法所确认的或体现的、反映生态法特征的、具有普遍指导作用的基本准则,具体包括物种平等原则、代际公平原则、生态优先原则、预防为主原则、合理开发利用原则、污染者付费原则、公众参与原则等。[②] 污染者付费原则成为法律认知的基本理论并落实在了法治化进程之中。

"外部费用的内部化"的认知是环境经济学理论的法律化。在环境经济学看来,环境污染是最典型的消极外部行为。西方经济理论中关于环境消极外部性的内部化路径主要表现为"庇古手段"和"科斯手段"两种路径,对比以这两种路径为理论渊源的排污收费制度和排污权交易制度的异同及各自的适用条件,对于我国在环境污染治理过程中如何充分发挥

[①] 国勇,周生贤.探索环保新路建立健全污染者付费制度[J].企业改革与管理,2010(12):81.
[②] 曹明德.论生态法的基本原则[J].法学评论,2002(06):61.

市场机制意义重大。①

"环境容量"的规则也在环境经济学和法律经济学的理论研究成果中被确认为排污权存在的理论基础。"用物权理论去分析和解决大气环境容量问题是碳排放权交易的制度诉求"。② 基于这一判断,有学者指出,环境容量是描述环境要素纳污能力的自然科学表述。作为一种自然力的功能性载体,由于其具有可感知性、可确定性和相对的可支配性,因此具有成为准物权权利客体的可能。以其为客体而生成的准物权称为排污权,具有使用、收益等基本的用益物权属性,是我国推行环境要素市场化配置的重要法律基础。③ 更有学者基于"环境容量"的理论基础对排污权交易进行系统性研究,利用产权理论和市场理论,剖析了排污权交易的产权制度基础和市场机制,这种分析澄清了排污权交易政策的本质,即它代表了一种对容量资源产权的制度安排。通过建立排污权交易市场,容量资源有可能实现配置效率的改进。④

另一部重要的基本法律《中华人民共和国大气污染防治法》(2018年修正,以下简称《大气污染防治法》)根据法治化进程的需要连续多次修订(1987年正本、1995年修正正本、2000年修订、2015年修订、2018年修正),逐步将大气污染的排污权交易制度完善完备起来。2018年修正正本第21条第5款明文规定国家对重点大气污染物排放实行总量控制;要求重点大气污染物排放总量控制目标,由国务院生态环境主管部门在征求国务院有关部门和各省、自治区、直辖市人民政府意见后,会同国务院经济综合主管部门报国务院批准并下达实施。各省、自治区、直辖市人民政府应当按照国务院下达的总量控制目标,控制或者削减本行政区域的重点大气污染物排放总量。确定总量控制目标和分解总量控制指标的具体办法,由国务院生态环境主管部门会同国务院有关部门规定。各省、自治区、直辖市人民政府可以根据本行政区域大气污染防治的需要,对国家重

---

① 崔宇明,常云昆.环境经济外部性的内部化路径比较分析[J].开发研究,2007(03):45.
② 杜晨妍,李秀敏.论碳排放权的物权属性[J].东北师范大学学报(哲学社会科学版),2013(01):27.
③ 邓海峰.环境容量的准物权化及其权利构成[J].中国法学,2005(04):59.
④ 吴健.排污权交易:环境容量管理制度创新[M].北京:中国人民大学出版社,2005.

点大气污染物之外的其他大气污染物排放实行总量控制,明确国家逐步推行重点大气污染物排污权交易。

《大气污染防治法》还将"总量控制"确立为污染物防控的基础。从法律行为性质判断,排污总量控制本身属于一项行政许可。理论上讲,行政许可是在一般禁止基础上个别授权的具体行政行为。为实现总量控制的排污许可是一种附义务的赋权行为,故政府环境管理部门以排污许可的方式授予企业的排污指标——排污权。①《大气污染防治法》明确了"总量控制"的基本规则,为一项可交易的权利设置奠定了法律基础,是排污权交易法律机制实现法治化的重要保证。《大气污染防治法》也从理论研究的视角推动了学术研究的开展,因为我国污染物总量控制制度存在制定不科学、缺乏相应具体制度、监督和责任机制不健全的问题。应当从完善污染物总量控制立法、建立排污许可交易制度、强化政府责任等方面加以改进。②

包含排污权交易规则的法律如表 3-2 所示。

表 3-2 包含排污权交易规则的法律

法律位阶	名称	发布日期	相关法条
法律	中华人民共和国大气污染防治法(2018 修正)(中华人民共和国主席令第 16 号)	2018.10.26	21 条第 5 款:国家逐步推行重点大气污染物排污权交易
	第十三届全国人民代表大会第二次会议关于 2018 年国民经济和社会发展计划执行情况与 2019 年国民经济和社会发展计划的决议	2019.03.15	改革完善环境经济政策,健全排污权交易制度,大力发展绿色金融
	第十一届全国人民代表大会第五次会议关于 2011 年国民经济和社会发展计划执行情况与 2012 年国民经济和社会发展计划的决议	2012.03.01	继续开展排污权交易试点

---

① 刘鹏崇,李明华.法权视角下的"排污权"再认识[J].法治研究,2009(08):52.
② 陈羿汀.我国污染物总量控制制度的缺陷与完善——以太湖水污染为例[J].天水行政学院学报,2008(03):77.

(续表)

法律位阶	名称	发布日期	相关法条
法律	中华人民共和国国民经济和社会发展第十二个五年规划纲要	2011.03.14	规范发展探矿权、采矿权交易市场,发展排污权交易市场,规范排污权交易价格行为,健全法律法规和政策体系,促进资源环境产权有序流转和公开、公平、公正交易
	第十一届全国人民代表大会第三次会议关于2009年中央和地方预算执行情况与2010年中央和地方预算的决议	2010.03.14	改革资源税制度,全面推进矿产资源有偿使用制度改革,健全排污权有偿取得和交易制度,扩大排污权交易试点,促进资源节约和环境保护
	第十一届全国人民代表大会第三次会议关于2009年国民经济和社会发展计划执行情况与2010年国民经济和社会发展计划的决议	2010.03.14	推进排污权交易试点
	第十一届全国人民代表大会第一次会议关于2007年中央和地方预算执行情况与2008年中央和地方预算的决议	2008.03.18	推进矿产资源有偿使用制度改革,建立资源型企业可持续发展准备金制度,逐步建立和完善生态补偿机制,在太湖流域开展排污权交易试点
	第十届全国人民代表大会第五次会议关于2006年中央和地方预算执行情况与2007年中央和地方预算的决议	2007.03.16	完善煤炭资源有偿使用制度改革试点,选择电力行业和太湖流域开展排污权有偿使用和排污权交易试点,研究建立跨省流域生态补偿机制

(三)细化排污权交易的行政法规及其法治化进程

截至2020年年底,我国有41部国务院颁布施行的行政法规,涉及"排污权交易"的条款,涉及的领域包括:国务院的政府工作报告、湖北和天津自贸试验区建设及河南省中原经济区和全国主体功能区规划、国土规划纲要、节能减排工作方案、"十三五"生态环境保护规划、信息化建设及推动信息化和工业化深度融合发展工作情况的报告、创新重点领域投融资机制鼓励社会投资的指导意见、依托黄金水道推动长江经济带发展的指导意见、进一步推进排污权有偿使用和交易试点工作的指导意见、2014—2015年节能减排低碳发展行动方案、深入实施西部大开发战略情况的报告、加快发展节能环保产业的意见、生态补偿机制建设工作情况的报告、国民经济和社会发展计划执行情况的报告、国家环境保护"十二五"规划重点工作部门分工方案、节能减排"十二五"规划、2012年深化经济体制改革重点工作意见、落实《政府工作报告》重点工作部门分工、国家环境保护"十二五"规划、加快转变经济发展方式工作进展情况的报告、加强环境保护重点工作的意见、"十二五"节能减排综合性工作方案、推进大气污染联防联控工作改善区域空气质量指导意见、进一步促进广西经济社会发展的若干意见、进一步实施东北地区等老工业基地振兴战略的若干意见、2009年深化经济改革工作意见的通知、2009年深化经济体制改革工作意见的通知、落实《政府工作报告》重点工作部门分工的意见、进一步推进长江三角洲地区改革开放和经济社会发展的指导意见、加强重点湖泊水环境保护工作意见、国家环境保护"十一五"规划、关于2007年深化经济体制改革工作意见、"十一五"期间全国主要污染物排放总量控制计划的批复、国务院关于落实科学发展观加强环境保护的决定等。

　　国务院行政法规构成了排污权交易制度的基本规范。国务院制定行政法规是《立法法》立法程序规范的基本内容。针对排污权交易法律机制的规范体现在国务院总体工作的安排上,也体现在各专项工作的具体指导上。例如,2019年3月29日发布施行的《国务院关于落实〈政府工作报告〉重点工作部门分工的意见(2019)》(国发〔2019〕8号),明确要求住房与城乡建设部、交通运输部、国家邮政局等按职责分工负责改革完善环境经济政策,健全排污权交易制度。在专项治理层面,2014年8月6日发布施行的《国务院办公厅关于进一步推进排污权有偿使用和交易试点工作的指导意见》(国办发〔2014〕38号)全面规范了排污权交易的基本规则。2016年12月20日发布施行的《国务院关于印发"十三五"节能减排综合工作方案的通知》(国发〔2016〕74号)明确规定了落实污水处理费政策、完善排污权交易价格体系。2016年11月10日发布施行的《国务院办公厅关于印发控制污染物排放许可制实施方案的通知》(国办发〔2016〕81号)明确规定了排污许可制衔接环境影响评价管理制度、融合总量控制制度,为排污收费、环境统计、排污权交易等工作提供统一的污染物排放数据,减少重复申报,减轻企事业单位负担,提高管理效能。各件行政法规在"'十三五'生态环境保护规划""健全生态保护补偿机制""国家试验区建设""国民经济发展与改革"等领域有交叉、有重叠地规范排污权交易的工作,形成了较全面的基本规范。

包含排污权交易规则的行政法规如表 3-3 所示。

表 3-3 包含排污权交易规则的行政法规

法律位阶	名称	发布时间	文号	相关法条
行政法规	国务院关于落实《政府工作报告》重点工作部门分工的意见(2019)	2019.03.29	国发〔2019〕8 号	住房城乡建设部、交通运输部、国家邮政局等按职责分工负责,改革完善环境经济政策,健全排污权交易制度
	国务院关于印发中国(湖北)自由贸易试验区总体方案的通知	2017.03.15	国发〔2017〕18 号	在遵守国家规定前提下,中部地区产权交易市场、技术交易市场、排污权交易市场和碳排放权交易市场可在自贸试验区内开展合作
	国务院关于印发全国国土规划纲要(2016—2030 年)的通知	2017.01.03	国发〔2017〕3 号	在重金属污染综合防治重点区域实施污染物排放总量控制,健全排污权有偿取得和使用制度,扩大排污权有偿使用和交易试点范围,发展排污权交易市场
	国务院关于印发"十三五"节能减排综合工作方案的通知	2016.12.20	国发〔2016〕74 号	落实污水处理费政策,完善排污权交易价格体系
	国务院办公厅关于印发控制污染物排放许可制实施方案的通知	2016.11.10	国办发〔2016〕81 号	规定排污许可制衔接环境影响评价管理制度、融合总量控制制度,为排污收费、环境统计、排污权交易等工作提供统一的污染物排放数据,减少重复申报,减轻企事业单位负担,提高管理效能
	国务院关于印发"十三五"生态环境保护规划的通知	2016.11.24	国发〔2016〕65 号	建立区域生态环保协调机制、水资源统一调配制度、跨区域联合监察执法机制,建立健全区域生态保护补偿机制和跨区域排污权交易市场
	国务院办公厅关于健全生态保护补偿机制的意见	2016.04.28	国办发〔2016〕31 号	推进重点流域、重点区域排污权交易,扩大排污权有偿使用和交易试点

(续表)

法律位阶	名称	发布时间	文号	相关法条
行政法规	国务院关于信息化建设及推动信息化和工业化深度融合发展工作情况的报告	2015.06.29		支持合同能源管理、排污权交易、碳交易等专业服务发展
	国务院关于印发中国（天津）自由贸易试验区总体方案的通知	2015.04.08	国发〔2015〕19号	在遵守国家规定前提下,京津冀三地产权交易市场、技术交易市场、排污权交易市场和碳排放权交易市场可在自贸试验区内开展合作,促进区域排污权指标有偿分配使用
	国务院关于创新重点领域投融资机制鼓励社会投资的指导意见	2014.11.16	国发〔2014〕60号	推进排污权有偿使用和交易试点,建立排污权有偿使用制度,规范排污权交易市场,鼓励社会资本参与污染减排和排污权交易
	国务院关于依托黄金水道推动长江经济带发展的指导意见	2014.09.12	国发〔2014〕39号	推进水权、碳排放权、排污权交易,推行环境污染第三方治理
	国务院办公厅关于进一步推进排污权有偿使用和交易试点工作的指导意见	2014.08.06	国办发〔2014〕38号	三、加快推进排污权交易
	国务院办公厅关于印发2014—2015年节能减排低碳发展行动方案的通知	2014.05.01	国办发〔2014〕23号	（十九）建立碳排放权、节能量和排污权交易制度
	国务院关于深入实施西部大开发战略情况的报告	2013.10.22		环境保护部组织开展西部重点区域和产业发展战略环境评价,在内蒙古等地开展排污权交易试点
	国务院关于加快发展节能环保产业的意见	2013.08.01	国发〔2013〕30号	加快发展生态环境修复、环境风险与损害评价、排污权交易、绿色认证、环境污染责任保险等新兴环保服务业

(续表)

法律位阶	名称	发布时间	文号	相关法条
行政法规	国务院关于生态补偿机制建设工作情况的报告	2013.04.23		碳汇交易、排污权交易、水权交易等市场化补偿方式仍处于探索阶段
	国务院关于今年以来国民经济和社会发展计划执行情况的报告（2012）	2012.08.29		排污权交易试点积极推进，北京等7省市获准开展碳排放权交易试点工作
	国务院办公厅关于印发国家环境保护"十二五"规划重点工作部门分工方案的通知	2012.08.21	国办函〔2012〕147号	70.健全排污权有偿取得和使用制度，发展排污权交易市场
	国务院关于印发节能减排"十二五"规划的通知（失效）	2012.08.06	国发〔2012〕40号	深化排污权有偿使用和交易制度改革，建立完善排污权有偿使用和交易政策体系，研究制定排污权交易初始价格和交易价格政策
	国务院批转发展改革委关于2012年深化经济体制改革重点工作意见的通知（失效）	2012.03.18	国发〔2012〕12号	（十五）推进环保体制改革，开展碳排放和排污权交易试点
	国务院关于落实《政府工作报告》重点工作部门分工的意见（2012）	2012.03.22	国发〔2012〕13号	开展碳排放和排污权交易试点
	国务院关于印发国家环境保护"十二五"规划的通知	2011.12.15	国发〔2011〕42号	健全排污权有偿取得和使用制度，发展排污权交易市场
	国务院关于加快转变经济发展方式工作进展情况的报告	2011.12.28		继续强化能耗、环保标准，实施好差别电价、惩罚性电价政策措施，大力推进合同能源管理和排污权交易试点
	国务院关于加强环境保护重点工作的意见	2011.10.17	国发〔2011〕35号	推行排污许可证制度，开展排污权有偿使用和交易试点，建立国家排污权交易中心，发展排污权交易市场

(续表)

法律位阶	名称	发布时间	文号	相关法条
行政法规	国务院关于支持河南省加快建设中原经济区的指导意见	2011.09.28	国发〔2011〕32号	将河南纳入排污权交易试点省,支持建设排污权、碳排放交易中心,探索建立排污权有偿使用和排污权、碳排放交易机制
	国务院关于印发"十二五"节能减排综合性工作方案的通知(失效)	2011.08.31	国发〔2011〕26号	完善主要污染物排污权有偿使用和交易试点,建立健全排污权交易市场,研究制定排污权有偿使用和交易试点的指导意见
	国务院关于印发全国主体功能区规划的通知	2010.12.21	国发〔2010〕46号	优化开发区域要严格限制排污许可证的增发,完善排污权交易制度,制定较高的排污权有偿取得价格
	国务院批转发展改革委关于2010年深化经济体制改革重点工作意见的通知(失效)	2010.05.27	国发〔2010〕15号	(三)全面推行城市污水、垃圾及医疗废物等处理收费制度,研究建立危险废物处理保证金制度,制订出台推进排污权交易试点的指导意见并扩大试点范围,完善排污费征收使用管理制度
	国务院办公厅转发环境保护部等部门关于推进大气污染联防联控工作改善区域空气质量指导意见的通知	2010.05.11	国办发〔2010〕33号	积极推进主要大气污染物排放指标有偿使用和排污权交易工作
	国务院关于落实《政府工作报告》重点工作部门分工的意见(2010)	2010.03.21	国发〔2010〕8号	扩大排污权交易试点
	国务院关于进一步促进广西经济社会发展的若干意见	2009.12.07	国发〔2009〕42号	建立入海污染物排放总量控制、区域污染物排放指标有偿使用和排污权交易机制
	国务院关于进一步实施东北地区等老工业基地振兴战略的若干意见	2009.09.09	国发〔2009〕33号	加强松花江、辽河等重点流域的水污染防治,支持松花江流域开展主要污染物排放量有偿取得和排污权交易试点

(续表)

法律位阶	名称	发布时间	文号	相关法条
行政法规	国务院批转发展改革委关于2009年深化经济改革工作意见的通知	2009.05.19	国发〔2009〕26号	加快推进跨省流域生态补偿机制试点工作;扩大排污权交易试点范围,完善相关法律法规(财政部、发展改革委、环境保护部、水利部负责)
	国务院批转发展改革委关于2009年深化经济体制改革工作意见的通知	2009.05.19	国发〔2009〕26号	加快推进跨省流域生态补偿机制试点工作;扩大排污权交易试点范围,完善相关法律法规(财政部、发展改革委、环境保护部、水利部负责)
	国务院关于落实《政府工作报告》重点工作部门分工的意见	2009.03.22	国发〔2009〕13号	加快建立健全矿产资源有偿使用制度和生态补偿机制,积极开展排污权交易试点
	国务院关于进一步推进长江三角洲地区改革开放和经济社会发展的指导意见	2008.09.07	国发〔2008〕30号	研究推进排污权交易和建立生态环境补偿机制
	国务院办公厅转发环保总局等部门关于加强重点湖泊水环境保护工作意见的通知	2008.01.12	国办发〔2008〕4号	在太湖流域开展化学需氧量排污权交易试点
	国务院关于印发国家环境保护"十一五"规划的通知	2007.11.22	国发〔2007〕37号	发挥价格杠杆的作用,建立能够反映污染治理成本的排污价格和收费机制,有条件的地区和单位可实行二氧化硫等排污权交易
	国务院办公厅转发发展改革委关于2007年深化经济体制改革工作意见的通知	2007.06.28	国办发〔2007〕47号	(发展改革委、财政部牵头)开展排污权交易试点
	国务院关于"十一五"期间全国主要污染物排放总量控制计划的批复	2006.08.05	国函〔2006〕70号	全国二氧化硫排放量削减10%的总量控制目标为2 294.4万吨,实际分配给各省2 246.7万吨,国家预留47.7万吨,用于二氧化硫排污权有偿分配和排污权交易试点工作

(续表)

法律位阶	名称	发布时间	文号	相关法条
行政法规	国务院关于落实科学发展观加强环境保护的决定	2005.12.03	国发〔2005〕39号	有条件的地区和单位可实行二氧化硫等排污权交易

(四) 司法解释和部门规章对排污权交易法律机制实施的保障

1. 排污权交易的司法解释及其运行

司法解释为我国社会主义法治现代化的实施提供了保障。《立法法》修正案新增加的第104条对司法解释的制定主体、启动因由、解释对象、除外情形、解释标准和监督机制等问题作出了规定,对司法解释权限重新做了界定。《立法法》第104条蕴含的价值目标主要有坚持和维护人民代表大会制度确保司法公正保障审判独立和严守司法解释权限。最高人民法院应以贯彻实施立法法为契机,依据《立法法》第104条的规定,提高司法解释工作的法治化程度。① 有学者对于有关司法解释的分类,变现形式,规范内容有不同的观点和认识。有学者认为从司法法理层面看,司法解释性质文件可能影响法院审判的独立性,并容易超越司法边界,成为法官规避法律风险的避风港,因此需要在法治发展过程中,通过深化司法改革来完成法治的真正使命,最终取消司法解释性质文件。也有学者指出,司法文件是中国文件政治现象在司法中的投影。它在法律软执行后成为法律的等功能替代物,发挥着与法律近似的制度供给功能。立法权对司法文件等非法律之法的容忍,传递出法律设计的理性之非。② 从我国的政治制度和党的全面领导来看,司法解释的某些政治特性的"司法解释性文件"是非常有必要的,它是最高人民法院引导和规范司法实践的常用方式,是最高人民法院表达司法权力的重要途径。司法解释性质文件具有功能意义上的正当性。从外部视角来看,能够承载政治意图、执行公共政

---

① 刘风景.司法解释权限的界定与行使[J].中国法学,2016(03):207-225.
② 安晨曦.司法文件:法律虚置后的裁判非正式规则——规则供给与文件政治的二重读解[J].湖北社会科学,2016(09):151.

第二章 国家治理体系和治理能力现代化与排污权交易的法治化

策和接轨国家机关;从内部视角来看,能够形塑裁判理念、规范漏洞补充以及统一裁判标准;从价值属性来看,司法解释性质文件是党政意图的逻辑延伸,是行政权力的隐性扩展,是司法政策的重要形式载体,具有政治性、行政性和政策性。①

最高人民法院司法解释中有一件包含了"排污权交易"。2014年6月23日发布施行的《最高人民法院关于全面加强环境资源审判工作为推进生态文明建设提供有力司法保障的意见》(法发〔2014〕11号)②规定,加强对碳排放交易、排污权交易、水权交易、新能源开发利用及环境服务相关纠纷等新课题的研究,待条件成熟时出台司法解释或者指导意见。上文提及了有关排污权交易产生的纠纷案例,结合上述司法解释的精神,未来我国司法解释仍将发挥在排污权交易法律机制法治化进程中的重要角色。

2. 国务院各机构颁布施行的包含排污权交易规则的部门规章

国务院各机构颁布施行了许多包含排污权交易的部门规章,如表3-4所示。

表3-4 包含排污权交易规则的部门规章

法律位阶	名称	发布时间	文号	相关法条
部门规章	生态环境部、全国工商联关于支持服务民营企业绿色发展的意见	2019.01.11	环综合〔2019〕6号	推进碳排放权、排污权交易市场建设,支持民营企业达标排放、积极减排,合规履约,通过参与碳排放权、排污权交易市场,增强环境成本意识
	国家发展改革委、财政部、自然资源部等关于印发《建立市场化、多元化生态保护补偿机制行动计划》的通知	2018.12.28	发改西部〔2018〕1960号	探索建立生态保护地区排污权交易制度,在满足环境质量改善目标任务的基础上,企业通过淘汰落后和过剩产能、清洁生产、清洁化改造、污染治理、技术改造升级等产生的污染物排放削减量,可按规定在市场交易

---

① 彭中礼.最高人民法院司法解释性质文件的法律地位探究[J].法律科学(西北政法大学学报),2018,36(03):14.

② 最高人民法院.关于全面加强环境资源审判工作为推进生态文明建设提供有力司法保障的意见[EB/OL].(2004-06-23)[2022-08-29]. https://www.chinacourt.org/law/detail/2014/06/id/147914.shtml.

（续表）

法律位阶	名称	发布时间	文号	相关法条
部门规章	生态环境部关于生态环境领域进一步深化"放管服"改革，推动经济高质量发展的指导意见	2018.08.30	环规财〔2018〕86号	推动建立区域性及全国性排污权交易市场，推进全国碳排放权交易市场建设
	财政部关于建立健全长江经济带生态补偿与保护长效机制的指导意见	2018.02.13	财预〔2018〕19号	探索推广节能量、流域水环境、湿地、碳排放权交易、排污权交易和水权交易等生态补偿试点经验，推行环境污染第三方治理，吸引和撬动更多社会资本进入生态文明建设领域
	环境保护部关于推进环境污染第三方治理的实施意见	2017.08.09	环规财函〔2017〕172号	（十一）支持第三方治理单位参与排污权交易
	财政部、环境保护部、发展改革委、水利部关于加快建立流域上下游横向生态保护补偿机制的指导意见	2016.12.20	财建〔2016〕928号	鼓励流域上下游地区开展排污权交易和水权交易
	中国人民银行、财政部、发展改革委等关于构建绿色金融体系的指导意见	2016.08.31		在重点流域和大气污染防治重点领域，合理推进跨行政区域排污权交易，扩大排污权有偿使用和交易试点
	国家发展改革委办公厅关于实施新兴产业重大工程包信息消费工程空间技术应用专项的通知	2015.10.26	发改办高技〔2015〕2769号	重点支持利用卫星技术，在生态保护与治理、环境污染联防联控监测两个方面开展卫星综合应用示范，为京津冀地区统筹推进生态保护与建设治理、联防联控环境污染、跨区域排污权交易、环境污染第三方治理等提供信息支撑
	财政部、国家发展改革委、环境保护部关于印发《排污权出让收入管理暂行办法》的通知	2015.07.23	财税〔2015〕61号	第十八条 排污单位通过市场公开出让方式购买政府出让的排污权的，应当一次性缴清款项，或者按照排污权交易合同的约定缴款

(续表)

法律位阶	名称	发布时间	文号	相关法条
部门规章	环境保护部关于印发《建设项目主要污染物排放总量指标审核及管理暂行办法》的通知	2014.12.30	环发〔2014〕197号	实行排污权交易的地区,建设项目可通过排污权交易获取总量指标
	环境保护部、商务部、科学技术部关于加强国家生态工业示范园区建设的指导意见	2011.12.05	环发〔2011〕143号	建立园区可持续发展的长效机制;扎实开展环境基础设施运营、污染排放监管、合同能源管理、环境绩效审核和园区企业社会责任评估;积极推动合同环境服务、绿色采购、绿色供应链管理、排污权交易、环境污染责任强制保险管理等工作
	环境保护部关于印发《"十二五"全国环境保护法规和环境经济政策建设规划》的通知	2011.11.01	环发〔2011〕129号	湖北、广东等地开展了排污收费改革,辽宁、浙江、海南等10多个省市开展重要生态功能区、流域和矿产开发生态补偿试点,河南、山东等10多个省市出台了排污权有偿使用和排污权交易的政策性文件,开展排污权交易试点探索
	财政部经济建设司、国家环保总局规划与财务司关于申报2007年度中央环境保护专项资金项目有关事项的通知	2007.07.09	财建便函〔2007〕39号	主要用于支持"三河三湖"及松花江流域环境监测能力建设、农村面源污染治理、污水处理厂脱氮除磷技改项目、太湖流域COD排污权交易等
	财政部、国家环境保护总局关于印发《中央财政主要污染物减排专项资金管理暂行办法》的通知	2007.04.17	财建〔2007〕112号	(五)围绕主要污染物减排开展的排污权交易平台建设及交易试点工作等
	国家环境保护总局关于贯彻落实《国务院关于两控区酸雨和二氧化硫污染防治"十五"计划的批复》的通知	2002.11.21	环发〔2002〕160号	一是已审批项目中作为污染补偿而由地方政府承诺的二氧化硫污染治理项目必须与主体工程同时设计、同时施工、同时投产;二是"两控区"内新、改、扩建火电机组必须同步安装烟气脱硫设施,或通过排污权交易达到二氧化硫排放总量控制指标要求;三是所有拟审批的新、改、扩建项目必须获得二氧化硫排放总量指标,对验收投产的项目核发排污许可证

(续表)

法律位阶	名称	发布时间	文号	相关法条
部门规章	国家发展改革委关于印发《全国公共资源交易目录指引》的通知	2019.12.27	发改法规〔2019〕2024号	六、排污权交易
	中华人民共和国审计署审计结果公告 2018 年第 2 号——2017 年第四季度国家重大政策措施落实情况跟踪审计结果	2018.04.18	中华人民共和国审计署审计结果公告 2018 年第 2 号	三是浙江省排污权交易中心未严格落实建设项目主要污染物排放减量替代政策
	中国人民银行、发展改革委、财政部等关于印发《新疆维吾尔自治区哈密市、昌吉州和克拉玛依市建设绿色金融改革创新试验区总体方案》的通知	2017.06.23	银发〔2017〕155号	依托试验区整合新疆排污权交易平台，探索开展排污权、水权、用能权交易，完善定价机制和交易规则，支持减排项目，降低减排成本，提高减排效率
	中国人民银行、发展改革委、财政部等关于印发《浙江省湖州市、衢州市建设绿色金融改革创新试验区总体方案》的通知	2017.06.23	银发〔2017〕153号	依托试验区整合浙江省排污权交易平台，探索开展排污权、水权、用能权等交易，完善定价机制和交易规则，营造公开公平的交易市场环境，支持减排项目，降低减排成本，提高减排效率
	工业和信息化部关于印发信息化和工业化融合发展规划（2016—2020年）的通知	2016.10.12	工信部规〔2016〕333号	推动制造企业开展信息技术、物流、金融等服务业务剥离重组，鼓励合同能源管理、产品回收和再制造、排污权交易、碳交易等专业服务网络化发展
	国家发展改革委、国家能源局、工业和信息化部关于推进"互联网＋"智慧能源发展的指导意见	2016.02.24	发改能源〔2016〕392号	探索建立与绿色能源生产和交易实时挂钩的绿色证书生成和认证机制，推进绿色证书交易体系与现行排污权交易体系相融合，并通过合理的机制，将绿色证书交易作为碳排放权交易的有益补充

(续表)

法律位阶	名称	发布时间	文号	相关法条
部门规章	环境保护部、国家发展和改革委员会、国家能源局关于印发《全面实施燃煤电厂超低排放和节能改造工作方案》的通知	2015.12.11	环发〔2015〕164号	（六）推行排污权交易
	国家发展改革委关于印发湖南湘江新区总体方案的通知	2015.05.04	发改地区〔2015〕924号	健全环境监测预警和评价、排污权交易、环境污染责任保险等机制
	财政部、环境保护部关于推进水污染防治领域政府和社会资本合作的实施意见	2015.04.09	财建〔2015〕90号	健全社会资本投入市场激励机制，推行排污权有偿使用，完善排污权交易市场
	国家发展和改革委员会、财政部、国土资源部等关于印发国家生态文明先行示范区建设方案（试行）的通知	2013.12.02	发改环资〔2013〕2420号	能源、水、土地节约集约利用，资源环境承载能力监测预警，生态环境损害赔偿、生态补偿、生态服务价值评价、分类差异化考核等制度建设，以及节能量、碳排放权、水权、排污权交易、环境污染第三方治理等市场化机制建设方面积极探索，力争取得重要突破
	国家发展改革委关于加大工作力度确保实现2013年节能减排目标任务的通知	2013.08.16	发改环资〔2013〕1585号	实行差别化排污收费政策，提高污水、废气中主要污染物和重金属污染物排污费标准，推进垃圾处理收费方式改革，研究制定排污权交易价格管理规定
	国家发展改革委关于印发2012年西部大开发工作进展情况和2013年工作安排的通知	2013.08.08	发改西部〔2013〕1529号	重庆等3省（区、市）开展排污权交易试点

89

(续表)

法律位阶	名称	发布时间	文号	相关法条
部门规章	国家发展改革委关于印发2012年振兴东北地区等老工业基地工作进展情况和2013年工作要点的通知	2013.06.26	发改东北〔2013〕1242号	强化节能减排,落实节能减排目标责任制,加快实施节能减排重点工程,推进排污权交易有偿使用和交易试点,严格总量指标前置管理,控制污染物新增量
	国家发展和改革委员会关于印发深入推进毕节试验区改革发展规划的通知	2013.02.25	发改西部〔2013〕365号	完善排污许可证制度,发展排污权交易市场
	环境保护部办公厅关于印发《〈国家环境保护"十二五"规划〉重点工作部内分工方案》的通知	2012.11.29	环办函〔2012〕1390号	健全排污权有偿取得和使用制度,发展排污权交易市场
	环境保护部、国家发展和改革委员会、财政部关于印发《重点区域大气污染防治"十二五"规划》的通知	2012.10.29	环发〔2012〕130号	继续推动排污权交易试点,针对电力、钢铁、石化、建材、有色等重点行业,探索建立区域主要大气污染物排放指标有偿使用和交易制度
	国家发展和改革委员会关于印发广州南沙新区发展规划的通知	2012.09.12	发改地区〔2012〕2915号	强化主要污染物排放总量控制,推进排污权交易,深入推进节能减排和环境综合治理,研究开展环境责任保险试点、企业环境行为信用评价,强化环境影响评价制度
	国家发展和改革委员会关于印发山西省国家资源型经济转型综合配套改革试验总体方案的通知	2012.08.20	发改经体〔2012〕2558号	开展主要污染物排污权有偿使用和交易试点,发展排污权交易市场

(续表)

法律位阶	名称	发布时间	文号	相关法条
部门规章	国家发展改革委关于印发2011年振兴东北地区等老工业基地工作进展情况和2012年工作要点的通知	2012.06.14	发改东北〔2012〕1779号	加快推动黑龙江省、辽宁省开展排污权交易
	国家发展改革委印发关于西部大开发2011年进展情况和2012年工作安排的通知	2012.05.30	发改西部〔2012〕1542号	加大环境监管力度,继续支持开展排污权交易试点
	中原经济区规划（2012—2020年）	2012		开展环境容量研究及应用,实施环境容量预算和主要污染物总量预算指标管理,建立健全环境应急监管体系,增强环境风险防范和处置能力,推进排污权交易中心及碳排放交易中心建设
	国家标准化管理委员会关于印发《标准化事业发展"十二五"规划》的通知	2011.12.23	国标委综合〔2011〕79号	制修订污水处理、垃圾处理、大气污染控制、危险废物处置、土壤污染治理等关键环保技术装备标准;研制环保材料、环保药剂等环保产品标准;开展脱硫脱硝、除尘等环保设备运行效果评价,以及排污权交易、生态设计等环保服务标准的研究
	国家发展改革委关于印发沈阳经济区新型工业化综合配套改革试验总体方案的通知	2011.09.27	发改经体〔2011〕2094号	完善排污许可证制度,大力发展排污权交易市场
	国家发展改革委关于印发国家东中西区域合作示范区建设总体方案的通知	2011.06.08	发改地区〔2011〕1185号	研究实施多污染物协同减排方案,探索开展主要污染物排放总量初始权有偿分配和排污权交易,加快建立排污权跨区域、跨产业调剂交易制度,对其他地区转移的重大产业项目试行环境保护指标单列

（续表）

法律位阶	名称	发布时间	文号	相关法条
部门规章	农业部关于印发《全国农业和农村经济发展第十二个五年规划》的通知	2011.05.06	农计发〔2011〕9号	积极利用清洁发展机制，探索建立排污权交易、排污权交易机制
	环境保护部办公厅关于组织开展2012年度国家环境保护公益性行业科研专项项目申报工作的通知	2011.03.11	环办函〔2011〕267号	设计我国2010—2020年大气污染减排经济政策体系框架；设计大气污染减排的财税政策、脱销电价补贴政策实施办法、氮氧化物和二氧化硫排污权交易、机动车排污收费制度、减排服务合同等重点经济政策方案，设计这些大气污染减排经济政策的实施战略和行动路线图
	国家发展改革委关于印发2009年振兴东北地区等老工业基地工作进展和下一阶段重点工作安排的通知	2010.09.06	发改东北〔2010〕2061号	尽快启动松花江流域主要污染物排放量有偿取得和排污权交易试点工作，继续加强松花江、辽河流域水污染防治工作
	国家发展改革委关于印发黄河三角洲高效生态经济区发展规划的通知	2009.12.02	发改地区〔2009〕3027号	探索建立排污权有偿使用和排污权交易市场
	国家发展改革委关于印发关中—天水经济区发展规划的通知	2009.06.10	发改西部〔2009〕1500号	培育专业化的环保设施建设与运营体系，探索环境容量有偿使用、水权交易、初始排污权有偿使用和排污权交易机制
	审计署审计结果公告2009年第6号——41户中央企业节能减排情况审计调查结果	2009.06.17	审计署审计结果公告2009年第6号	发展改革委、环境保护部等部门应尽快完善和推广执行节能发电调度、差别电价、排污权交易等节能减排措施，督促地方强化脱硫电价政策的落实
	国家环境保护总局、国家发展和改革委员会关于印发《国家酸雨和二氧化硫污染防治"十一五"规划》的通知	2008.01.03	环发〔2008〕1号	预留47.7万吨，用于二氧化硫排污权有偿分配和排污权交易试点工作

(续表)

法律位阶	名称	发布时间	文号	相关法条
部门规章	国家环境保护总局关于印发《国家环境保护"十一五"科技发展规划》的通知	2006.07.03	环发〔2006〕103号	研究建立国家自然资本评估系统、绿色国民经济指标体系和核算理论与方法;研究建立国民经济核算与专业部门核算之间的联系平台;开展排污指标初始定价及排污权交易研究,研究生态税费和经济补(赔)偿政策
	国家环保总局、国家计委、国家经贸委、财政部关于印发《国家环境保护"十五"计划》的通知	2001.12.30	环发〔2001〕210号	开展二氧化硫排污权交易的研究,利用市场机制降低二氧化硫污染治理成本和减少二氧化硫排放量
	"九五"期间全国主要污染物排放总量控制实施方案(试行)	1997.06.10	环控〔1997〕383号	进行排污权交易、分季节规定排污总量等适应市场经济条件的管理形式的试点,以提高排污许可证的管理效能

(五) 排污权交易地方性法规的完善及存在的问题

20世纪90年代,我国施行排污权交易制度,最初的目的是控制酸雨。2001年4月,当时的国家环保总局与美国环保协会签订《推动中国二氧化硫排放总量控制及排放权交易政策实施的研究》合作项目,随后开展了"4+3+1项目"。2001年9月,江苏省南通市依法顺利实施中国首例排污权交易,南通天生港发电有限公司与南京醋酸纤维有限公司完成了2001—2007年期间1 800吨二氧化硫排污权的交易。2003年,江苏太仓港环保发电有限公司与南京下关发电厂达成二氧化硫排污权异地交易,开创了中国跨区域交易的先例。2007年11月10日,国内第一个排污权交易中心在浙江嘉兴挂牌成立,标志着我国排污权交易逐步走向制度化、规范化、国际化。从2007年开始,财政部、生态环境部(原环保部)和国家发改委批复了江苏、浙江、天津、湖北、湖南、内蒙古、山西、重庆、陕西、河北和河南等地开展排污权交易试点,交易对象主要是二氧化硫排污权。这些试点地方,普遍取得了丰富的法治经验。

以江苏省为例,2017年《江苏省排污权有偿使用和交易管理暂行办法》(苏政办发〔2017〕115号)、2018年《江苏省排污权有偿使用和交易实施细则(试行)》(苏环办〔2018〕477号)、2020《江苏省排污权抵押贷款管理办法(试行)》相继颁布实施。2021年,江苏省排污权管理(交易)信息化平台已正式上线。2021年2月,《江苏省排污权管理(交易)信息化平台使用规范(试行)》颁布实施,随后,常州市两家企业通过省排污权交易平台成功完成一笔排污权交易,常州市东方呢绒有限公司以5 000元/吨的价格,将富余的化学需氧量排放指标通过协议方式出让给常州长登焊材有限公司,这是江苏省排污权交易平台正式上线以来的首笔交易。

浙江省排污权交易法治建设起步较早,相继颁布了《浙江省人民政府关于开展排污权有偿使用和交易试点工作的指导意见》(浙政发〔2009〕47号)、《浙江省排污权有偿使用和交易试点工作暂行办法》(浙政办发〔2010〕132号)、《浙江省排污许可证管理暂行办法实施细则》(浙环发〔2010〕65号)、《浙江省排污权有偿使用收入和排污权储备资金管理暂行办法》(2010)、浙江省环境保护厅2013年8月7日发布《浙江省主要污染物初始排污权核定和分配技术规范(试行)》。浙江省在2016年全国排污权有偿使用和交易"十二五"试点工作评估中,综合评分99分,位列全国第一,试点工作得到了国务院、财政部、环保部和国家发改委的高度肯定。试点范围实现了市县行政区和工业行业全覆盖,形成了以电子竞价为主,协议转让、租赁、回购、抵押、司法拍卖等为补充的排污权交易模式,全省累计开展排污权有偿使用和交易31 334笔,金额60.91亿元;通过排污权抵押获得银行贷款247.8亿元,年均有偿使用和交易金额6.7亿元。2021年,《浙江省排污权回购管理暂行办法》(浙环发〔2021〕16号)颁布实施。浙江省还依托浙江省排污权交易中心建立了排污权交易指数ERI系统,从2018年开始,发布年度、季度和月度报告。浙江省还有效地通过法治建设探索了排污许可制与排污权交易的衔接问题。《浙江省排污许可证管理暂行办法》(2010年浙江省人民政府令272号)颁布实施后,省环保厅出台配套实施细则,全面开展固定源排污许可证的核发工作。2015年,浙江省获批国家排污许可制改革试点,结合省委生态文明体制改革部署,全力推进排污许可证"一证式"改革,制定了《浙江省排污许可证制度改革方案》,选取3市7县作为试点,目标是将排污许可证制度打造成为环保管理的核心制度,有机整合环评、"三同时"、排污申报与收费、总量控制、排污权有偿使用和交易、执法监管等各项制度,实现"一证式"全过程监管,切实提高环保管理效能。

2015年3月18日,福建省发布实施《福建省人民政府关于推进排污权有偿使用和交易工作的意见(试行)》(闽政〔2014〕24号)。为规范排污权交易市场的健康发展,推进排污权有序流转,优化环境资源配置,维护交易各方合法权益,福建省制定发布了《福建省排污权交易规则(试行)》,依托"海峡股权交易中心"建立了福建排污权交易服务平台。

江西省2014年颁布实施《全省排污权有偿使用和交易试点工作方案》(赣府厅字〔2014〕133号)。2021年8月,《江西省排污权交易规则(试行)》颁布实施,江西排污权上线交易启动。

河南省相继颁布了《河南省人民政府关于印发河南省主要污染物排污权有偿使用和交易管理暂行办法的通知》(豫政〔2014〕62号)、《河南省环境保护厅关于印发河南省主要污染物排污权有偿使用和交易管理暂行办法实施细则的通知》(豫环〔2015〕163号)、《河南省财政厅 河南省发展和改革委员会 河南省环境保护厅关于印发河南省排污权出让收入管理暂行办法的通知》(豫财综〔2016〕5号)、《河南省发展和改革委员会 河南省财政厅 河南省环境保护厅关于我省新建改建扩建项目主要污染物排污权有偿使用收费有关问题的通知》(豫发改收费〔2016〕187号)等文件。自2016年4月1日起,全省实施排污权有偿使用和交易制度,新建、改建、扩建项目新增主要污染物排放量,应在排放主要污染物前缴纳排污权有偿使用费。

2022年1月,河北省政府办公厅印发《关于深化排污权交易改革的实施方案(试行)》提出,2022年6月,完成全省二氧化硫、氮氧化物、化学需氧量、氨氮排污权确权,构建省、市两级排污权政府储备,建立全省统一排污权交易平台,完善排污权交易规则和市场机制。2023年,全面实现排污权有偿使用,政府储备进一步扩大,基本建立排污权跨区域流转的交易市场。计划到2025年,拓展排污权交易种类,适时建立重金属等排污权省级政府储备,全面建成配置科学、运转高效、服务高质量发展的排污权交易市场。

截至2020年2月,全国规范"排污权交易"的地方性法规共计2 664件。其中地方性法规65件,地方政府规章17件,地方规范性文件

792件,地方工作文件1 736件,行政许可批复34件。基于地方性法规规模庞大,本书仅分析统计65件地方性法规的规范及其法治化进程中的有关问题。以地方性法规为例,各地方性法规多以"排污许可管理条例""大气污染防治条例""水污染防治条例""环境保护条例""生态保护条例"等命名,体现了与国务院行政法规的高度契合。在国务院行政法规与地方性法规关系问题上,有学者指出,法律位阶的成立是以明晰而准确的标准为前提的。在行政法规与地方性法规之间并不存在上下级的位阶关系,而是属于法律之下同等的规范性法律文件。① 我们也认同这一观点,所谓两者的高度契合仅代表两级立法机关的效率和统筹性较高。以"大气污染防治"为例,1991年5月8日,国务院根据《中华人民共和国大气污染防治法》第四十条的规定,批准《中华人民共和国大气污染防治法实施细则》,1991年5月24日国家环境保护局令第5号发布,自1991年7月1日起施行。当前,上述《中华人民共和国大气污染防治法实施细则》已被《国务院关于废止2000年底以前发布的部分行政法规的决定》废止,《中华人民共和国大气污染防治法实施细则》已被2000年4月29日全国人大常委会修订并公布的《中华人民共和国大气污染防治法》代替,现行有效的是全国人大常委会2018年10月26日颁布施行的《中华人民共和国大气污染防治法(2018修正)》(中华人民共和国主席令第16号),国务院层面未再行制定实施条例,而以各地方条例来细化落实。这一立法实践充分说明了行政法规与地方性法规之间并不存在上下级的位阶关系,而是属于法律之下同等的规范性法律文件的理论正确性。

排污权交易地方性法规的运行还存在一些问题。例如,排污权交易试点在我国各省(区、市)开展并取得显著成效,但类似于抵押贷款等制度创新方面还存在较多法律障碍。从理论上讲,以环境容量权益为标的排污权担保既是排污权交易的重要形式,也是绿色金融和非典型担保制度创新。传统的法律解释学从内部维护担保法律体系完整以平衡现实与规则之间的矛盾。在对排污权担保规则进行类型化分析后可以发现,排污

---

① 胡玉鸿.试论法律位阶划分的标准——兼及行政法规与地方性法规之间的位阶问题[J].中国法学,2004(03):22.

权担保中各类规则的宏观结构性配置和微观具体性配置都存在一些问题,应从宏观和微观配置方面对这些规则进行系统性完善。① 有必要通过符合行政许可法要求的法律、行政法规或地方性法规确认排污许可证流转合法性,通过行政处罚或经济调节等措施多措并举提高违法成本,适时修订物权法、担保法等法律法规,明确排污权用益物权属性,并把排污权纳入可抵押财产权范围。② 另外,排污权交易市场的交易机制设计还存在法律上的缺失。有学者采用经济学理论模型描述了多个排污权出售方和购买方治污量和产量的最优解决方案,针对单边拍卖的缺点,设计出了一个激励相容的双边拍卖机制。研究结果表明,此机制在描述排污权交易市场竞价规则的基础上,设计出符合排污权市场特点的出清和交易规则,不仅能保证排污权交易市场实时出清,使理性的企业披露自己真实的治污成本,而且能够使污染物平均处理成本低的企业承担更多的处理量,达到社会治污成本最小化。③ 但是这一类研究成果在实践中被运用的还不多见。规范排污权交易的地方性法规如表 3-5 所示。

表 3-5 规范排污权交易的地方性法规

名称	发布时间	文号	相关法条
海南省排污许可管理条例	2020.01.13	海南省人民代表大会常务委员会公告第 43 号	第二十五条 排污单位的实际排放数据应当按照规定与有关部门共享,并作为年度生态环境统计、污染物排放总量考核、污染源排放清单编制、排污权交易的统一数据来源和环境保护税征收、环保电价核定的依据
临汾市大气污染防治条例	2020.01.17	临汾市人民代表大会常务委员会公告第 8 号	第十条 市、县(市、区)人民政府在控制大气污染物排放总量的前提下,按照有利于总量减少的原则,逐步推行重点大气污染物排污权交易

---

① 杨峰,刘先良.卡—梅框架下我国排污权担保的规则配置研究[J].现代法学,2019,41(05):105-119.
② 刘伟.试点地区排污权交易的法律障碍及对策研究[J].环境,2013(S1):52-54.
③ 王先甲,黄彬彬,胡振鹏.排污权交易市场中具有激励相容性的双边拍卖机制[J].中国环境科学,2010,30(06):845-851.

(续表)

名称	发布时间	文号	相关法条
沈阳市大气污染防治条例(2019修订)	2019.12.06	沈阳市人民代表大会常务委员会公告第13号	根据国家和省有关规定,本市可以实行重点大气污染物排污权交易制度
吕梁市大气污染防治条例	2019.12.01		第八条 市、县(市、区)人民政府按照总量减少和优化配置环境资源的原则,对重点大气污染物排放总量控制指标实行排污权交易
巢湖流域水污染防治条例(2019修订)	2019.12.23	安徽省人民代表大会常务委员会公告第19号	第五十二条 县级以上人民政府应当根据国家规定开展环境污染强制责任保险、排污权交易,落实污水处理、污泥无害化处理、垃圾收集处理等方面优惠政策,实施有利于生态环境保护的经济政策
金华市水环境保护条例(2019修正)	2019.10.15	金华市第七届人民代表大会常务委员会公告第7号	新增水污染物的排污权指标可以通过水污染物排污权交易等有偿方式取得
湖南省环境保护条例(2019修订)	2019.09.28	湖南省第十三届人民代表大会常务委员会公告第30号	省和设区的市、自治州人民政府生态环境主管部门应当依托公共资源交易平台,采取有效措施,推行污染物排污权交易
山西省水污染防治条例	2019.07.31	山西省人民代表大会常务委员会公告第24号	第五十一条 排污单位通过排污权交易转让富余排放量后,应当及时报请核发排污许可证的生态环境主管部门变更排污许可证
山东省长岛海洋生态保护条例	2019.07.26	山东省人民代表大会常务委员会公告第66号	第四十条 长岛试验区管理机构应当建立健全海洋生态保护补偿协商机制,支持引导海洋生态保护者与受益者通过排污权交易、碳排放交易、生态产品服务标志使用等市场化运作的方式筹集海洋生态保护补偿资金
大连市环境保护条例(2019修订)	2019.05.05	大连市人大会常务委员会公告第7号	鼓励开展重点污染物排污权交易

(续表)

名称	发布时间	文号	相关法条
珠海经济特区生态文明建设促进条例（2019修正）	2019.01.19	珠海第九届人大常委会公告第10号	第三十四条 逐步建立排污权交易制度
珠海经济特区前山河流域管理条例（2019修正）	2019.01.19	珠海市第九届人民代表大会常务委员会公告第10号	第二十二条 排污单位通过清洁生产和污染治理等措施削减的重点水污染物排放指标，可以由政府进行回购，也可以依照有关规定进行排污权交易
南京市大气污染防治条例(2019)	2019.01.22	南京市人大常委会公告第13号	第十七条 实行重点大气污染物排污权交易制度。新建、改建、扩建建设项目新增重点大气污染物排放总量指标的，可以按照有关规定通过排污权交易取得
上海市环境保护条例（2018修正）	2018.12.20	上海市人民代表大会常务委员会公告第14号	新建、改建、扩建排放重点污染物的建设项目，排污单位应当在环境影响评价阶段向市或者区环保部门申请或者通过排污权交易，取得重点污染物排放总量指标
贵州省大气污染防治条例（2018修正）	2018.12.18		建设项目所需主要污染物排放总量，通过采取有效减排措施、企业内部调剂等方式仍不能满足该项目需要的，不足部分可以通过排污权交易购买
深圳经济特区环境保护条例（2018修正）	2018.12.27	深圳市第六届人民代表大会常务委员会公告第135号	第三十七条 实行排污权交易制度
黑龙江省大气污染防治条例（2018修正）	2018.12.27	黑龙江第十三届人民代表大会常务委员会公告第15号	根据国家和省有关规定，按照有利于总量减少的原则，可以在重点大气污染物排放总量控制指标范围内，推行重点大气污染物排污权交易
广西壮族自治区大气污染防治条例	2018.11.28	广西壮族自治区人大常委会公告13届第12号	本自治区在控制重点大气污染物排放总量、实行排放总量削减计划的前提下，按照有利于总量减少的原则，根据国家有关规定推行重点大气污染物排污权交易制度

(续表)

名称	发布时间	文号	相关法条
山西省大气污染防治条例(2018修订)	2018.11.30	山西省人民代表大会常务委员会公告第13号	第十四条 县级以上人民政府在控制重点大气污染物排放总量的前提下,按照有利于总量减少的原则,对重点大气污染物排放总量控制指标实行排污权交易
湖北省大气污染防治条例(2018修订)	2018.11.19	湖北省人民代表大会常务委员会公告第244号	第十七条 本省在削减重点大气污染物排放总量的前提下,按照优化配置环境资源的原则,推行重点大气污染物排污权交易
江苏省大气污染防治条例(2018第二次修正)	2018.11.23		第十一条 本省在严格控制重点大气污染物排放总量、实行排放总量削减计划的前提下,按照有利于总量减少的原则,根据国家有关规定可以进行重点大气污染物排污权交易。新建、改建、扩建建设项目的新增重点大气污染物排放总量指标的不足部分,可以依照有关规定通过排污权交易取得
广东省大气污染防治条例	2018.11.29	广东省第十三届人民代表大会常务委员会公告第20号	新增重点大气污染物排放总量控制指标可以通过实施工程治理减排、结构调整减排项目或者排污权交易等方式取得
中国(湖北)自由贸易试验区条例	2018.09.30	湖北省人民代表大会常务委员会公告第241号	第五十一条 构建区域商品交易集散中心、信息中心和价格形成中心,支持中部地区产权交易市场、技术交易市场、排污权交易市场和碳排放权交易市场在自贸试验区内开展业务
天津市大气污染防治条例(2018修正)	2018.09.29	天津市人民代表大会常务委员会公告第11号	第三十条 本市在严格控制重点大气污染物排放总量、实行排放总量削减计划的前提下,按照有利于总量减少的原则,可以进行大气污染物排污权交易
聊城市大气污染防治条例	2018.09.26	聊城市人民代表大会常务委员会公告第16号	本市按照有关规定开展重点大气污染物排污权交易,建立重点大气污染物排放总量指标交易制度
西宁市大气污染防治条例(2018修正)	2018.06.22		第十五条 企业事业单位或者其他生产经营者建设对大气环境有影响的项目,应当依法进行环境影响评价,通过排污权交易取得大气污染物排放指标

(续表)

名称	发布时间	文号	相关法条
北京市大气污染防治条例(2018修正)	2018.03.30	北京市人民代表大会常务委员会公告(15届)第2号	第四十四条 本市在严格控制重点大气污染物排放总量、实行排放总量削减计划的前提下,按照有利于总量减少的原则,可以进行大气污染物排污权交易试点
江苏省大气污染防治条例（2018第一次修正）	2018.03.28	江苏省人民代表大会常务委员会公告第2号	第十一条 本省在严格控制重点大气污染物排放总量、实行排放总量削减计划的前提下,按照有利于总量减少的原则,根据国家有关规定可以进行重点大气污染物排污权交易。新建、改建、扩建建设项目的新增重点大气污染物排放总量指标的不足部分,可以依照有关规定通过排污权交易取得
西安市大气污染防治条例(2018修订)	2018.02.07	西安市人民代表大会常务委员会公告（16届）第26号	建设项目所需重点污染物排放总量,通过采取有效减排措施、企业内部调剂等方式仍不能满足该项目需要的,不足部分可以通过排污权交易取得
上海市环境保护条例(2017修正)	2017.12.28	上海市人民代表大会常务委员会公告第62号	新建、改建、扩建排放重点污染物的建设项目,排污单位应当在环境影响评价阶段向市或者区环保部门申请或者通过排污权交易,取得重点污染物排放总量指标
天津市大气污染防治条例(2017修正)	2017.12.22	天津市人民代表大会常务委员会公告第82号	第三十条 本市在严格控制重点大气污染物排放总量、实行排放总量削减计划的前提下,按照有利于总量减少的原则,可以进行大气污染物排污权交易
浙江省曹娥江流域水环境保护条例(2017修正)	2017.11.30	浙江省人民代表大会常务委员会公告第74号	曹娥江流域水质和水量状况、企业超标排放和违法行为查处、重大水污染事故的调查处理、排污权交易及曹娥江流域水环境保护规划实施进展、有关主管部门和地区的水环境保护工作考核结果等信息,由绍兴市曹娥江保护管理机构或者其他有关主管部门,依据各自职责在门户网站或者通过其他公共媒体及时向社会公开,接受社会监督
荆门市生态环境保护条例	2017.07.27		第五十一条 发展生态环保市场,推行碳排放权和排污权交易制度

(续表)

名称	发布时间	文号	相关法条
深圳经济特区环境保护条例（2017 修正）	2017.05.16 发布	深圳市第六届人民代表大会常务委员会公告第 59 号	第三十八条 实行排污权交易制
辽宁省大气污染防治条例	2017.05.25	辽宁省人民代表大会常务委员会公告第 71 号	第十八条 在严格控制并逐步削减重点大气污染物排放总量的前提下，按照有利于总量减少的原则，根据国家有关规定可以实行重点大气污染物排污权交易
湖南省大气污染防治条例	2017.03.31	湖南省第十二届人民代表大会常务委员会公告第 60 号	第三十三条 省、设区的市、自治州人民政府应当依托公共资源交易平台，推行重点大气污染物排污权交易
黑龙江省大气污染防治条例	2017.01.20		根据国家和省有关规定，按照有利于总量减少的原则，可以在重点大气污染物排放总量控制指标范围内，推行重点大气污染物排污权交易
金华市水环境保护条例	2016.12.22	金华市第六届人民代表大会常务委员会公告第 2 号	新增水污染物的排污权指标可以通过水污染物排污权交易等有偿方式取得
江西省大气污染防治条例	2016.12.01	江西省第十二届人民代表大会常务委员会公告第 119 号	本省在控制重点大气污染物排放总量、实行排放总量削减计划的前提下，按照有利于总量减少的原则，逐步推行重点大气污染物排污权交易制度
无锡市实施《江苏省大气污染防治条例》办法	2016.12.02		市、县级市人民政府按照有利于总量减少的原则，组织进行二氧化硫、氮氧化物等重点大气污染物排污权交易。新建、改建、扩建建设项目的新增重点大气污染物排放总量指标的不足部分，可以依照有关规定通过排污权交易取得。市、县级市人民政府逐步建立排污权储备制度，采取定额出让、公开拍卖等方式出让排污权，完善排污权交易市场

(续表)

名称	发布时间	文号	相关法条
山西省环境保护条例（2016修订）	2016.12.08	山西省人民代表大会常务委员会公告第41号	市级人民政府环境保护主管部门对本区域排污权交易进行监督管理
济宁市大气污染防治条例	2016.09.23		本市按照有关规定开展重点大气污染物排污权交易，建立重点大气污染物排放总量指标交易制度
贵州省大气污染防治条例	2016.07.29	贵州省第十二届人民代表大会常务委员会公告2016第12号	建设项目所需主要污染物排放总量，通过采取有效减排措施、企业内部调剂等方式仍不能满足该项目需要的，不足部分可以通过排污权交易购买
上海市环境保护条例（2016修订）	2016.07.29	上海市人民代表大会常务委员会公告第43号	新建、改建、扩建排放重点污染物的建设项目，排污单位应当在环境影响评价阶段向市或者区环保部门申请或者通过排污权交易，取得重点污染物排放总量指标
宁波市大气污染防治条例	2016.06.08	宁波市人民代表大会常务委员会公告14届18号	本市按照有关规定开展重点大气污染物排污权交易
吉林省大气污染防治条例	2016.05.27	吉林省第十二届人民代表大会常务委员会公告第62号	第四十二条 在严格控制重点大气污染物排放总量的前提下，按照有利于总量减少的原则，根据国家有关规定，可以实行重点大气污染物排污权交易
浙江省大气污染防治条例（2016修订）	2016.05.27	浙江省人民代表大会常务委员会公告第41号	排污许可证载明的内容作为污染物排放总量控制、排污权交易、执法检查、排污收费等监督管理的依据
中国（天津）自由贸易试验区条例	2015.12.24	天津市人民代表大会常务委员会公告第38号	第四十三条 鼓励京津冀三地产权交易市场、技术交易市场、排污权交易市场和碳排放权交易市场在自贸试验区内开展合作，促进区域排污权指标有偿分配使用

（续表）

名称	发布时间	文号	相关法条
西宁市大气污染防治条例	2015.11.27		第十五条 企业事业单位或者其他生产经营者建设对大气环境有影响的项目,应当依法进行环境影响评价,通过排污权交易取得大气污染物排放指标
江苏省大气污染防治条例	2015.02.01	江苏省人民代表大会公告第2号	第十一条 本省在严格控制重点大气污染物排放总量、实行排放总量削减计划的前提下,按照有利于总量减少的原则,根据国家有关规定可以进行重点大气污染物排污权交易。新建、改建、扩建建设项目的新增重点大气污染物排放总量指标的不足部分,可以依照有关规定通过排污权交易取得
天津市大气污染防治条例(2015)	2015.01.30	天津市人民代表大会公告第8号	第三十二条 本市在严格控制重点大气污染物排放总量、实行排放总量削减计划的前提下,按照有利于总量减少的原则,可以进行大气污染物排污权交易
厦门经济特区生态文明建设条例	2014.11.06	厦门市人民代表大会常务委员会公告第18号	开展排污权交易,建立主要污染物排污权有偿使用及差别化排污收费制度
巢湖流域水污染防治条例(2014修订)	2014.07.21	安徽省人民代表大会常务委员会公告第19号	第四十二条 县级以上人民政府应当根据国家规定开展环境污染强制责任保险、排污权交易,落实污水处理、污泥无害化处理、垃圾收集处理等方面优惠政策,实施有利于环境保护的经济政策
北京市大气污染防治条例	2014.01.22	北京市人民代表大会公告第3号	第四十五条 本市在严格控制重点大气污染物排放总量、实行排放总量削减计划的前提下,按照有利于总量减少的原则,可以进行大气污染物排污权交易试点
珠海经济特区生态文明建设促进条例	2013.12.26	珠海市人民代表大会常务委员会公告(八届)第17号	第三十四条 逐步建立排污权交易制度

(续表)

名称	发布时间	文号	相关法条
陕西省大气污染防治条例	2013.11.29	陕西省人民代表大会常务委员会公告(12届)第7号	省人民政府建立统一的排污权交易公共平台,排污权交易应当通过交易公共平台进行交易。排污权交易具体办法由省环境保护行政主管部门会同财政等有关部门制定
湖北省构建促进中部地区崛起重要战略支点条例	2012.09.29	湖北省人民代表大会常务委员会公告第140号	实施排污许可、环境影响评价和排污权交易等制度,引导企业、社会节约资源、保护环境
新疆维吾尔自治区环境保护条例(2011修订)	2011.12.01	新疆维吾尔自治区十一届人民代表大会常务委员会公告第43号	第四十二条 鼓励在实行主要污染物排放总量控制的区域内推行排污权交易制度
陕西省循环经济促进条例	2011.07.22	陕西省人民代表大会常务委员会公告(11届)第46号	第二十二条 发展和改革、环境保护等行政主管部门应当为企业开展节能量交易、排污权交易提供公共服务
重庆市长江三峡水库库区及流域水污染防治条例	2011.07.29	重庆市人民代表大会常务委员会公告〔2011〕26号	第十三条 新建、改建、扩建工业建设项目,其新增重点水污染物排放权应当按照国家和本市规定通过排污权交易取得
浙江省曹娥江流域水环境保护条例	2010.11.25	浙江省人民代表大会常务委员会公告第60号	曹娥江流域水质和水量状况、企业超标排放和违法行为查处、重大水污染事故的调查处理、排污权交易及曹娥江流域水环境保护规划实施进展、有关主管部门和地区的水环境保护工作考核结果等信息,由绍兴市曹娥江保护管理机构或者其他有关主管部门,依据各自职责在门户网站或者通过其他公共媒体及时向社会公开,接受社会监督
安徽省环境保护条例	2010.08.23	安徽省人民代表大会常务委员会公告第24号	省人民政府环境保护行政主管部门会同有关部门在有条件的地区和单位实行排污权交易制度

(续表)

名称	发布时间	文号	相关法条
深圳经济特区环境保护条例（2009 修订）	2009.08.13	深圳市第四届人民代表大会常务委员会公告第110号	第三十八条　实行排污权交易制度
武汉城市圈资源节约型和环境友好型社会建设综合配套改革试验促进条例	2009.07.31		第十七条　以水环境生态治理修复、森林保护以及大气污染、农业面源污染防治为重点,建立规划环境影响评价、生态环境补偿、环境责任保险、排污权交易等制度,完善环境生态保护的体制机制,健全环境信息公开共享、环境监督执法联动的协同监管体系,实现环境保护与生态建设一体化,保障生态安全
宁波市环境污染防治规定	2007.06.13	宁波市第十三届人民代表大会常务委员会公告第1号	在控制排污总量的前提下,本市逐步推行排污权交易制度,具体办法由市人民政府规定

第三章　排污权交易机制的理论基础与法治实践

经济学家戴尔斯进一步发展了科斯的理论,将产权概念引入污染控制领域,首次提出排污权交易的概念,成为排污权交易的理论基础。1968年,戴尔斯在《污染、财产与价格》[1]一书中首次提出了排放权交易的设计,并在2002年该书再版时重申了这一制度的重要性。戴尔斯提出了权利人在符合法律规定的条件下向环境排放污染物的权利。如果允许这项权利在特定条件下进行交易,便成为可交易的排放权。政府作为环境资源的所有者代表,可以在一级市场上拍卖排放权,在二级市场上,污染者们则可以出售或转让这些"污染权"。[2] 蒙哥马利进一步证明在各种减排方式中,排放权交易的减排成本最低[3]。斯特恩指出从减排的动态激励来看,排放权机制的效率更高[4]。因此,不论是国际多边减排的规则还是各国减排立法(如美国《清洁能源和安全法案》及欧盟排放权交易计划),都认为建立排放权交易机制已成为促进低碳经济发展的核心手段。最早将"排污权交易"这一理论付诸实践的是美国。从20世纪70年代开始,美国环保局在大气污染源和水污染源方面尝试开展排污权交易,逐步建立例如以"气泡、抵消、银行和排放减少信用"为核心内容的排污权

---

[1] DALES J H. Pollution, Property and Prices[M]. Toronto: University of Toronto Press, 1968.

[2] 泰坦伯格. 排污权交易:污染控制政策的改革[M]. 崔卫国,范红延,译. 北京:生活·读书·新知三联书店,1992:23.

[3] MONTGOMERY D. Markets in Licenses and Efficient Pollution Control Programs[J]. Journal of Economic Theory, 1972(5):395-418.

[4] STERN N. The Economics of Climate Change: The Stern Review[M]. Cambridge: Cambridge University Press, 2006:23.

交易法律和政策体系。随后,排污权交易在其他国家也逐渐得到实践。例如,英国政府为了削减二氧化碳等温室气体的排放量,决定从2002年开始,在国内各企业间实行自由买卖的二氧化碳排放量交易制度。哥斯达黎加的《环境资源法》引入了生物多样性勘探权和可交易的再造林赋税优惠政策。①

排污权交易在我国的实践始于20世纪80年代中期。最初,我国在环境问题的应对上,致力于建立总量控制制度及排污许可制度,遵循的是行政命令型的环境质量道路。1989年,国家环境保护局率先开始在上海、杭州等18个城市进行大气排污许可证的试点工作。直到1991年,在一份由中国社会科学院研究人员提出的报告中,可销售的"排污权"概念第一次被引入国内。报告在当时认为,"上海、沈阳等城市,类似的交易将是可行的。"而随着市场体制在中国的发展,一些西方经济学家也开始建议,可交易的排污许可制度可能是中国有效的污染控制制度。② 自20世纪80年代中期以来,政府尝试在一些经济发展水平较高的省市推行污染控制政策改革,其中使用最多的便是以排污补偿或者排污权交易的方式来对消新增加的排污量。以上措施在上海、太原、本溪等市,已经取得了显著的成效。市场经济同时也是法治经济,排污权交易作为以市场机制为基础的环境治理机制,离不开法律的规制。

然而,我国的排污权交易虽然经过了近40年的发展,仍然面临着法律规制不健全的窘境。主要表现在以下几方面:排污权法律属性界定不清、排污权初始分配公平性和效率性缺失、排污权交易中政府职能界定不清、排污权交易监督机制不健全、排污权交易地方立法先行而中央立法缺位等问题。以上问题严重影响了我国排污权交易的开展,不利于环境资源的保护。因此,排污权交易法律规制的完善应及早提上日程。本书围绕排污权交易法律规制中存在的问题提出相应的对策,以对我国排污权交易的发展有所裨益。

---

① 蔡守秋,张建伟.论排污权交易的法律问题[J].河南大学学报(社会科学版),2003(09).
② 幸红.排污权交易及其法律规范[J].学术研究,2006(08):76-81.

第三章 排污权交易机制的理论基础与法治实践

第一节 排污权交易法律机制的理论基础

通过对福利经济学的污染者付费理论、制度经济学的产权分配理论、法律经济学的成本效率理论的分析可以得出结论：排污权交易法律机制依托的各项理论基础成为推动污染治理行动的最重要的经济手段。

一、国际政治学的环境容量博弈论

科斯定理指出，无论如何分配最初的权利，只要有关各方能达成一种协议或制度，都将实现有效率的结果。① 因此，在各国协商一致的基础上，通过法律制度建设可以实现协同的集体行动，进而通过集体权责确立国际法，成为解决气候变化为核心的环境问题的主要途径。② 从20世纪90年代开始，应对污染物排放面临集体行动困境，并困扰着全球的气候变化合作机制。③ 由于气候环境是世界各国分享的资源和共同的财产，世界各国必须在考虑代际公平、对资源的可持续利用、代内公平和环境与发展一体化的基础上，对各国的气候环境容量加以限制，因此如何划分和限制气候环境容量成为气候变化集体行动的核心议题。根据国际政治经济学的"加总法则"④，各国的贡献度和破坏力的总和决定了气候自愿公共物品的创设与发展，促使气候环境容量成为各国今后温室气体排放的合乎国际法的限制额度。联合国世界环境与发展委员会曾对环境容量作出定义：技术状况和社会组织对环境满足眼前和将来的需要的能力所施加的限制。⑤ 在国际政治的语境中，环境容量由供给、需求和环境结构稀缺性

---

① 曼昆. 经济学原理[M]. 梁小民, 梁砾, 译. 北京: 北京大学出版社, 1999: 217.
② KAPPEN T R. Bringing Transnational Relations Back in Non-State Actors, Domestic Structures and International Institutions[M]. Cambridge: Cambridge University Press, 1995: 11.
③ 于宏源. 国际环境合作中的集体行动逻辑[J]. 世界经济与政治, 2007(05): 43-50, 4.
④ KAUL I, GRUNBERG I, STERN M A. Global Public Goods: International Cooperation in the 21st Century[M]. Oxford: Oxford University Press, 1999: 48-56.
⑤ 世界环境与发展委员会. 我们共同的未来[M]. 王之佳, 等译. 长春: 吉林人民出版社, 1997: 19.

三个因素决定。① 发达国家把气候变化加剧的原因部分归咎于新兴发展中大国的碳排放的迅速增长,希望从环境容量入手限制发展中国家对稀缺气候资源的"无序竞争"②。有学者指出,全球治理正从"权力均衡"向"付费均衡"发展,发展中国家也必须为全球污染治理付出成本③。一些学者也认为与其让发展中国家"搭便车",应当通过环境容量约束发展中国家的发展。④ 其实,国际制度和集体行动是国际政治控制的工具⑤,国际政治视角下的国际气候合作已然成为气候环境容量的博弈场,亦从一个侧面说明了《公约》框架体系规则不完善甚至停滞的原因。

二、福利经济学外部性学说印证下的污染者付费论

福利经济学的核心理论是外部性理论,它是环境经济学建立的基础。⑥ 该理论一方面揭示了市场经济活动中一些低效率资源配置的原因,另一方面又为如何解决环境外部不经济性问题提供了解决思路。外部性理论又分为正外部性和负外部性论,其中正外部性又称为外部经济性。例如,当一人发明了一种效率很高的低碳技术,这一技术所带来的效益无偿被其他很多人所享用,但这些人却并未向发明人付款,这就是一种正外部性或外部经济性。⑦ 负外部性又称为外部不经济性。例如,企业将大量的温室气体排放到大气中是一种典型的负外部性或外部不经济性行为,排放到大气中的温室气体引起的温室效应对人类整体造成了负面影响,而企业却未将这些负面影响纳入市场交易的成本与价格之中。外部不经

---

① DIXON T H. Environment,Scarcity,and Violence[M]. Princeton:Princeton University Press,1999.
② DIXON T H, Environment,Scarcity,and Violence[M]. Princeton:Princeton University Press,1999.
③ 詹姆斯·N·罗西瑙. 没有政府的治理:世界政治中的秩序与变革[M]. 张胜军,刘小林,译. 北京:中央编译出版社,2001:8-13.
④ SANDS P. Greening International Law[M]. London:Routledge,1993:36.
⑤ FOOT R, MACFARLANE S N, MASTANDUNO M. US Hegemony and International Organizations:The United States and Multilateral Institutions[M]. Oxford:Oxford University Press,2003:51.
⑥ 王蓉. 中国环境法律制度的经济学分析[M]. 北京:法律出版社,2003:53.
⑦ 保罗·萨缪尔森,威廉·诺德豪斯. 微观经济学[M]. 17版. 萧琛,译. 北京:人民邮电出版社,2004:301.

济性将引发"公地的悲剧"①。当前,国际气候环境恶化的基本原因就是工业化生产行为在经济利润最大化目标的驱使下,不断迅速扩大着温室气体的排放,任由整体气候环境全部负担任意排放的后果。温室气体排放是关系整个人类的环境问题,因此一个有效率的国际经济体系必然要求尽可能地减少这种外部性,即把环境外部不经济性内部化。庇古教授提出应该由政府给外部不经济性确定一个合理的"负价格",据此征收"庇古税"。这种污染者付费的思路为我们解决温室气体排放问题提供了一个可以借鉴的思路。

三、制度经济学产权理念下的排放权分配法治论

温室气体排放权的制度经济学理论基础主要体现为以科斯为代表的现代产权理论。著名经济学家科斯于1960年发表了《社会成本问题》一文,提出利用市场和产权界定的方法来解决外部性问题。② 著名的科斯定理指出当交易成本为零,无论法律如何界定权力,通过自由交易的市场机制,资源会自发进行有效配置,产生有效率的结果(科斯第一定理)。但是,现实世界中的交易成本必然存在,因此,法律必须本着促使交易成本最小化的动机去配置权利,这样的法律才是最适当的法律(科斯第二定理)。③ 由科斯定理得出的重要推论是:④第一,法律应本着提高经济效率的目的,通过界定产权并建立产权交易市场,创设便捷高效的救济机制,尽可能减少交易成本。第二,在市场交易成本的刚性很强的领域,法律应将稀缺性的产权配置给效益最大的使用者,实现市场对于资源配置的有效性。因此,如果能对气候环境界定产权,就能保障温室气体不过度排放。然而国际气候环境是"公共物品",肆意排放的搭便车现象无法以明

---

① 英国学者哈丁(Hardin)在1968年即用"公地的悲剧"(Tragedy of the Commons)说明了环境的外部不经济性。哈丁认为,由于环境资源的稀缺性,使得人们有动机滥用环境资源,导致"公地"被开发成"荒地"的悲剧。HARDIN G. The Tragedy of the Commons[J]. Science, 1968: 1243-1248.

② COASE R. The Problem of Social Cost[J]. Journal of Law and Economics, 1960: 1-44.

③ 冯玉军. 法经济学范式[M]. 北京:清华大学出版社,2009:216.

④ 理查德·A. 波斯纳. 法律理论的前沿[M]. 武欣,凌斌,译. 北京:中国政法大学出版社,2003:6.

确的产权制度来规制。这就需要国际法以公权力进行界定和分配。如果能在全球范围内实施温室气体排放许可证交易制度,那么各国的初始排放权分配实际上就是国家温室气体产权结构的确定,那么,只要保障公平并不损害各国社会经济福利水平,就能实现减排的目标。综上,气候容量的稀缺性和基于公共产品的产权缺失会造成气候产品(排放权)的竞争性使用,进而导致过度排放的恶性循环,解决办法只能通过法律分配这些成为稀缺资源的排放权。① 正是基于上述理论,国际法在"配额"和"项目"两个领域为排污权交易规制了初步的产权制度。《联合国气候变化框架公约京都议定书》(以下简称《京都议定书》)下的分配数量单位(AAUs)和欧盟排放交易体系(EU ETS)下的欧盟配额(EUAs)就基于配额的交易,由买家在"排放贸易"体制下购买由管理者制定、分配或拍卖的减排配额;而《京都议定书》中清洁发展机制以及联合履行机制下分别产生核证减排量(CERs)和减排单位(ERUs)则是基于项目的交易,由买主向可证实减低温室气体排放的项目购买减排额。

四、法律经济学的稀缺与成本效益影响下的排污权交易效率论

著名的法律经济学家波斯纳认为,财富最大化不仅为权利和救济的理论提供了基础。法律的正义性必须以经济上的可行性、合理性为基础。环境问题主要是经济问题。因此,作为解决环境问题的经济手段之一的排污权交易制度,在研究其制度理性时,主要是从经济学的意义出发的。资源稀缺论是环境经济学中的一个重要理论。资源稀缺是经济学研究的出发点,美国著名经济学家萨缪尔森曾将经济学定义为:"研究的是社会如何利用稀缺资源生产有价值的产品,并将它分配给不同的个人。"同时,经济学还认为,只有稀缺资源才具有交换价值,才能够成为商品。环境是一种资源,不仅仅体现在作为生产的资源要素方面,它还具有对污染物质的净化能力,形成环境容量资源。

---

① World Bank. State and Trends of the Carbon Market 2008[R]. Washington, D. C.: World Bank, 2008.

任何一种资源表现出稀缺性,需要具备两个条件:一是这种资源是人类社会经济活动和发展所需要的,有经济利用价值;二是其物理可供量无论是天然的还是人造的,相对于需求来讲均是有限的。① 在生产力水平低下、人口较少时,土地、空气、水等曾被认为是取之不尽、用之不竭的"无偿资源"。正如在 20 世纪 70 年代前西方经济学基本理论所认定的那样:在外部世界中,有一些物品数量如此丰富,使用其一定数量于一个目的并不影响使用其他数量于其他目的。例如,我们呼吸的空气即是这样一种"自由取用"的物品。② 人类存在这种认识的原因在于:此种情况下,这些环境要素的多元价值可以同时体现,其容量资源非常丰富,环境的多元价值和容量资源既可以满足人们的生活需要又能满足人们的生产需要。工业革命以前,生活燃煤向大气排放废气和生活用水排入水体均没有造成大规模环境污染,所以在当时,空气和水尽管都有经济价值,但是资源可供量比较丰裕相对于当时的排放需求并不成为稀缺资源。然而,随着生产力的发展、人口的增加和人们环境保护意识的增强,环境资源多元价值之间发生矛盾(即环境资源的不同功能开始相互抵触)及环境资源稀缺性(即环境资源难以容纳人类排放的各种污染物)的特征逐渐显露。一方面,由于环境要素的多元价值难以同时体现而导致某种环境功能资源产生稀缺性。例如,一个湖泊如果要满足人们观赏湖泊风景的生活需要,就不能满足人们排污的生产需要;如果要满足某渔业养殖公司养鱼的需要就不能满足工矿企业排污的需要。于是人类的生产和生活活动对环境功能的需求开始产生竞争、对立、矛盾和冲突,即在一定时间和空间范围内,既要求同一环境要素满足人们的生产需要(即容纳、承载污染物),又要求同一环境要素满足人们生活的需要(即享受环境美),由此产生了环境资源多元价值的矛盾和某种环境功能的稀缺性。另一方面,环境净化功能难以满足人类生产和生活的污染物排放需要。尽管环境对人类排放的污染物具备一定的净化和调节能力,但是若人类排放的污染物数量超过了环境的容纳限度,环境就会遭到破坏,甚至向人类报复。"臭氧层空洞"

---

① 庄贵阳,陈迎.减缓气候变化的经济分析[M].北京:气象出版社,2003:21.
② 宋国君.排污权交易[M].北京:化学工业出版社,2004:15.

"酸雨问题""温室效应"等现象就是环境给人类敲起的警钟。由此可见，环境容量资源具有稀缺性。因此，要合理利用环境资源，就必须在充分尊重其稀缺性的基础上，将对环境资源的使用商品化，由市场对其进行合理的调节和配置。这种环境功能资源的稀缺和环境容量资源的稀缺性是进行排污权交易的前提，也为研究排污权属性、设计排污权制度等提供了重要的环境经济学的理论支撑。

科斯定理将法学与经济学联系起来，提出由于产权界定不同，社会资源配置的效果也不同，必须从社会资源最优配置的角度出发，通过交易费用的比较，确定法律上产权界定的最高标准。法律的正义性必须以经济上的可行性、合理性为基础。在资源稀缺的世界里，浪费资源是极不合理的，效益最大化成为制度安排的前提。在成本效益分析的基础上，市场主体都是理性的经济人，[①]他们会根据经济学原理来调整自己的市场行为。因此，法经济学的核心思想是效率，要求立法、司法和法律制度都要有利于资源配置的效益最大化，从而最有效地利用资源，使社会财富得到最大限度的增加。随着法经济学的兴起，成本和效益分析法在法律实践中尤其是环境保护领域得到了广泛应用。《京都议定书》的缔结，被誉为法经济学领域的一个标志性成果，法经济学的许多方法和理论在其中得到了应用。例如，《联合国气候变化框架公约》（以下简称《公约》）第3条第3款规定：各缔约方在考虑对气候变化的政策和措施时，应当讲求成本效益，确保以尽可能最低的费用获得全球效益。《公约》提到的成本效益原则的基准就是减排成本最小化，即依据"边际成本"的最小化采取相关对策。这里的成本不仅包括直接成本，还要考虑机会成本。机会成本的考量为政策法律的选择提供了比较分析的视角。对于不同的温室气体减排目标，必须比较各种方案的不同成本，针对单位温室气体排放的边际减排成本，按照机会成本大小的排列顺序来确定不同的法律政策，进而以总成本最小化的方式实现减排目标。[②]《京都议定书》确立的三个灵活机制就是法经济学的最佳应用，由于不同国家或地区之间存在较大的边际减排

[①] 冯玉军.法经济学范式[M].北京：清华大学出版社.2009：176.

[②] SCHWARZE R，NILES J O，LEVY E. Law and Economics of International Climate Change Policy[M]. Alphen aan den Rijn：Kluwer Academic Publishers，2001：104.

成本的差异,使之通过国际合作可以带来额外的剩余,这是市场化减排机制在法经济学下的基本原理。①

五、生态哲学语境下的生态平衡理论

生态平衡理论是生态哲学理论的重要组成部分。生态哲学是以生态及生态系统为对象的哲学反思。这里的"生态",包括人类生存与发展不能离开的自然生态环境和社会生存环境,是其二者的统一体;而"生态系统"包括"人—自然"系统和"人—社会"系统,是其两个系统的关联巨系统。② 生态哲学思想源远流长,但作为学科形态出现却是现代的事情。生态哲学是伴随着生态问题的日益全球化和生态学研究领域的日益拓展化而逐步建立和发展起来的。起初,美国地理学家巴罗斯在1922年首次提出"人类生态学"概念,认为人们应该研究人类的生态,研究人类对自然环境的适应,进而论述人与自然和生物环境的相互影响。生态哲学家弗·迪卡雷斯把人类自然界相互作用的演变作为统一课题来研究,找到了生态学的真正归宿。现代系统生态学家奥德姆认为生态哲学是"人与环境整体性的科学""是自然科学与社会科学的桥梁",它"使生态学领域出现革命"。③ 康芒纳则提出以下四个生态学的规律:事物皆相互连接、物质不灭皆并入循环、自然最熟悉自己、不能无偿获得一物。④ 生态哲学既是对现实生态问题的深层次哲学思考,可为人与自然、人与社会的优化发展提供一般思路和方法论。生态本体论探究以人为核心的生态系统的生成、发展和变化的规律,具体包含:人与自然以及人与社会的同一性;生态时空与社会时空运动、变化和发展的规律及辩证关系;生态(人与自然及其关系)平衡的性质及"生态"与"人态"平衡的实质。正如我国著名的生态哲学家余谋昌所论"生态哲学,或生态学世界观,是运用生态学的基本观点和方法观察现实事物和理解现实世界的理论……人与自然关系是

---

① OWEN A D, HANLEY N. The Economics of Cliamte Change[M]. London: Routledge, 2006:80-82.
② 包庆德.生态哲学的研究对象与性质[J].内蒙古社会科学,1998(02):6-9.
③ E·P.奥德姆.生态学基础[M].孙濡泳,等译.北京:人民教育出版社,1981:序言.
④ 叶平,韩刚森.生态哲学理论的建构及其意义——兼评余谋昌著《生态学哲学》[J].学习与探索,1993(02):139-142,69.

生态哲学的基本问题"。这一解释涵盖了生态哲学最核心内容,指出了生态哲学的主要研究视域。随着社会经济的发展,人类不断遭遇环境问题的制约。迫于这种制约,学者们从不同的视角对环境问题进行反思。从生态哲学来看,环境问题反映的是"人与自然关系"的紧张,是人与自然矛盾冲突的必然结果。

  生态平衡是指生态系统的结构和功能上的动态平衡。生态系统之所以能够保持动态的平衡,关键在于生态系统具有自动调节能力。生态系统的自动调节能力有大有小。生态系统自动调节能力的大小,有赖于生态系统内部生物的多少以及食物链、食物网、能量流动和物质循环的复杂程度。一个生态系统的自动调节能力无论多强,也总是有一定的限度,如果外来干扰超过了这个限度,生态平衡就会遭到破坏。作为生态哲学理论重要组成部分的生态平衡理论被科学研究的实践证明:自然资源的环境要素通过物理的、化学的和生物的过程,对污染物进行扩散、分解、吸收、降解,使污染物浓度降低或转化成无害。然而,当污染物超过一定的限度,污染负荷超过环境的容纳能力,那么自然生态系统将会受到不利影响,形成环境污染,并通过生态破坏、环境容纳功能下降、人类健康受损、自然美学价值降低等多种形式表现出来。环境是一种特殊的资产,不仅为人类提供维持生存的生命保障系统,而且其中的大气、水、土壤等环境因子也是重要的生产要素。生态平衡理论正是依据科学研究的结果,从物质流动的角度出发,认为能量与物质既不能被创造也不能被消灭,因此客观地描述了包括能量转换、物质加工、最终消费和残余物处理"四位一体"的完整的经济系统。生产和消费行为从环境中获取能源与材料,过程的残余物又返回到包括水、大气、土壤、生物区的不同环境受体中。这就意味着,从环境流入经济系统的大量物质或者在经济系统中积累起来,或者以废弃物的形式返回到环境中。当过多的废弃物进入环境而超过环境的容纳能力时,就会造成环境问题,降低环境的功能。如果所有的排污权人在某个时点或时间段集中使用排污权,从数量上而言,所排放的污染物很可能会超过当地的环境容量,带来巨大的环境破坏。环境一旦受到破坏,与一般工业设备的修复不同,它往往需要相当漫长的时间。在环境修复的时间段内,排污权容量一般会缩小,平时正常的排污权行使也会不同程度地受到限制。

生态哲学中生态平衡理论告诉我们,排污权是必要的、客观的、符合自然规律的,是人与自然、人与社会共生共存必然产生的一种现象。但是排污权的设定必须是科学的且符合客观规律,不是不受限制且随意的,要保持人与自然的平衡,人与社会的平衡。因此在我们思考排污权的性质、设计排污权的各种法律制度的时候,必须遵循生态哲学中的生态平衡理论。

六、可持续发展理论

生态需要排污,平衡需要制约,可持续发展不仅仅是平衡的问题,而是在平衡的基础上,能够促进经济的发展,实现人与自然、社会三者的更好的平衡,在平衡的基础上实现最大的发展和达到最优的效果。

1987年,可持续发展的概念是由挪威前首相、世界环境与发展委员会主席布伦特朗夫人在其报告《我们共同的未来》中提到的。1992年,人类的可持续发展计划在《21世纪议程》中正式得到通过。至此,可持续发展成为全球性的行为准则,并促进环保思想的全球性转变和发展。通过最近30年的发展,可持续发展已经从人类对自然负有何种责任的哲学思考,演化为国家和地方政府、环境保护团体呼吁人类更多地关心环境问题的具体行动,这不仅反映了人类对自身之前所走过的发展道路模式的怀疑和摈弃,也反映了人类对今后选择何种发展道路和发展目标的憧憬和向往。① 1994年,中国政府首次将《21世纪议程》定义为本国发展计划的行为准则,并开始实施可持续发展战略。

可持续发展是一个综合的、动态的概念和一种史无前例的发展模式,究竟何为可持续发展,从《21世纪议程》和各国政府作出的承诺看,"既满足当代人的需要,又不损害对后代人满足其自身需要的能力构成危害的发展"是一个相对被广泛接受的可持续发展的概念。可持续发展包含三方面的内容:可持续发展的前提是发展,其目的是增进人类的福利,改善人类的生活质量;要实现发展以满足需要,但同时应当维系生态系统的完

---

① 桑东莉.可持续发展与中国自然资源物权制度之变革[D].武汉:武汉大学,2005.

整性而限制某些行为,不至于当代人类的发展而危害满足后代人类发展所需要的物质基础;要求经济发展必须与生态的可持续发展有机地结合起来。可持续发展是建立在资源的可持续利用和良好的生态环境基础之上的,一个持续的社会体制的结构,应是自然资源和生命系统能够持续维持的结构。可持续发展提倡要用健康的方式去追求物质,确保人类与自然的和谐发展为核心,不要将破坏生态作为其取得成果的手段,而应通过和谐自然的方式取得。保护环境的终极目标是使发展更加持续、长久和健康,抛弃单纯以提高投资、增加消费、牺牲环境为代价来实现发展的传统经济发展模式,而应以减少对有限的地球资源和环境承载力的破坏,更多地用与环境承载能力达到有机协调的方式来发展经济,走可持续发展的道路。可持续发展是在不超出地球生态系统承载力的情况下,改善人类生活质量的一种发展模式,日益严重的环境问题足以证明当前的发展模式尚未真正走上可持续发展的轨道。

面对日益严重的环境污染和环境破坏,各国也在积极研究新型的污染治理制度,试图应对复杂局面,达到保护环境的目的。20 世纪 80 年代以来,排污权交易作为一种具有市场机制的新型环境保护制度受到了多个国家的青睐。随着我国社会主义市场经济的不断发展,环境问题日益严重,进一步发展排污权交易制度,对改善我国环境局面有着重要的积极影响;要处理好经济发展和环境保护的关系,就离不开可持续的排污权交易。在交易市场中,如果污染源数量增加,对许可的需求量也会逐渐增加。如果发放的许可量不变,价格就会上涨,治理成本也会随之上升,但排污量不变。在命令控制的方式下,如果排放标准对污染源的增加没有约束,新污染源的出现将会导致该地区污染物排放总量的增加,继而造成环境质量的恶化。为阻止环境质量继续恶化,管理部门应该积极采取行动,限制新污染源的数量或者提高现行的污染源排放标准。排污权交易制度有很大的灵活性,可以使参与各方乃至整个社会都受益。只要能满足既定的环境标准,污染源就可以进入这一地区,满足其经济增长的需要。环境管理部门不再被视为经济增长的阻力,也不需要决定如何给每个现有的污染主体分配治理责任。有了排污权交易后,一方面,政府可以通过排污权的市场买卖,对环境保护中出现的问题及时作出反应;另一方面,一些认为现有的环境质量或环境标准偏低的社会团体或个人,也可以通过购买排污权而不排污的办法,对这种状况主动进行改进。

可持续发展理论为我们设定排污权制度、分析排污权法律属性提供了一种理论价值方向。根据可持续发展理论的要求设计排污权交易制度和排污权的属性,排污权交易制度必须以可持续发展理论为目标,不损害可持续发展,不能背离可持续发展的轨道。因此,可持续发展理论是排污权制度设计的最基本的渊源。

七、经济学的外部性、科斯定理与公地悲剧理论

"外部性"问题是排污权交易产生的原因。外部性又称为溢出效应、外部影响、外差效应或外部效应,是指一个人或一群人的行动和决策使另一个人或一群人受损或受益的情况。外部性是普遍存在的。排污企业在生产过程中向周围环境排放废水、废气等污染物等都属于外部性。根据外部性产生原因,可以区分出消费外部性(如吸烟)和生产外部性(如排污)。排污行为就是一种典型的生产外部性和负外部性。排污权交易是为解决环境负外部性这一问题而出现的。具言之,通过市场机制进行排污权的交易从而使外部问题内部化,以达到保护环境的目的。自环境问题的外部性概念提出后,众多经济学家开始寻求经济手段解决外部性问题的研究。由于研究角度不同,所形成的研究成果不尽相同,目前解决环境问题负外部性的环境经济手段主要分为庇古手段和科斯手段,其中庇古手段最具代表性的成果是排污收费制度。1920年,经济学家庇古在《福利经济学》中提出,可以采取对污染者征税或收费办法来解决负外部性问题,税收标准应等于污染的外部成本,从而使企业成本等于社会成本。欧美各国实践表明,这种政策并不是非常有效的。因为制定有效庇古税的信息负担相当大,以至于无法计算出有效的庇古税数额。庇古税的缺陷促使人们不断寻求新的治理方法以减少排污行为所致外部性。① 科斯手段最具代表性的成果是排污权交易制度。科斯定理通过明确产权,降低市场交易成本从而消除外部性,在此基础上,美国经济学家戴尔斯于

---

① 王清军.排污权初始分配的法律调控[D].武汉:武汉大学,2011:1.

20世纪70年代提出了"排污权交易"这一概念。①

  从经济分析的角度看,环境问题主要是一个经济问题。在西方经济学研究领域中,经济活动的外部性理论是用以解释环境问题形成的基本理论。根据传统经济学的相关理论,在市场机制充分发挥的环境下,如果能够保障市场内信息充分,那么每一个理性人将能够通过市场调节实现自身的利益最大化,通过这种利益最大化,逐步实现各种资源配置的最优化。企业的环境保护活动(如采用防治环境污染的技术等)在很大程度上是由企业的经济利益或利润决定的。②

  1890年,马歇尔在其著作《经济学原理》中明确了外部性的概念,阐释了"外部经济"的概念。随着研究的不断深入,外部性的含义不断发展。然而,目前仍然没有形成一个统一的定论。在经济学领域,关于外部性的定义,比较权威的观点是:当某一经济主体,其生产经营决策通过非价格手段影响到其他经济主体,并且后者不能加以控制时,那么对于产生影响的经济主体而言,其经济具有外部性特征。庇古在其《福利经济学》一书中,进一步阐释并完善了外部性理论。针对外部性,庇古提出了外部经济以及外部不经济的概念,下面对这两个概念做一简单的介绍。外部经济是指某个主体的经济活动对他人或社会产生了积极的影响,而享受这个积极影响的受益者无需支付相应的费用。例如,养蜂人的直接经济效益是生产蜂蜜,而蜜蜂的活动却给果农带来好处。外部不经济,是指某个主体的经济活动对他人、对社会和环境造成了不利影响,但是此主体却并不用承担。从这种意义上来说,外部不经济在环境方面的表现,就是环境资源的利用者使用了资源,但在市场交易的过程中,并没有付出相应的对价。例如,生物化工厂的直接经济效益是化工产品,但在生产过程中会产生许多废气、废水、废渣等污染物,这些污染物对环境造成了污染,但在化工产品的价格中却没有将这些污染造成的损失计入市场交易的成本中。从排污权交易制度层面来说,就是污染排放者向环境中排放了污染物,污染物的排放造成了环境质量的下降,对公众的生活产生了不良影响。但

---

  ① 郑州大学环境政策规划评价研究中心.排污权交易与总量预算管理制度关系研究报告[J].人民黄河,2016,38(04).
  ② 黄桂琴.论排污权交易制度[J].河北学刊,2003(03):202-204.

是,这种影响仅由公众单方面承担,排污者却并不承担任何责任,不用付出任何的费用。根据外部性理论,在污染治理的过程中,如果出现了外部不经济的情形,即排污者向环境中排放污染物,公众承担污染的不利影响,而排污者却不承担责任时,要求政府能够对排污者进行收费或征税,最好的方式是税收的标准能够等同于污染的外部成本,以便于保证企业的资金运转和后续发展。

外部性理论应用在污染控制领域,就要求我们能够通过一些方法和手段来消除外部经济,或者实现外部效应的内部化。当出现外部经济效应时,则通过补贴的方式来进行外部成本的内部化。这种补贴也就是后来著名的庇古税。外部性理论构成了现代排污收费制度的基础,同时也是排污权交易制度的重要理论基础。排污权交易促使企业外部不经济性内部化,并有效配置环境容量资源,实施达到有效治理环境目的的机制和措施,这对促进经济发展、保证人类可持续发展具有重大意义。科斯定理是在外部性理论提出后,学界在探索如何将外部性问题内部化的过程中为大多数学者所认可和采纳的一种以环境产权理论解决外部不经济性内部化问题的理论。科斯定理实质上发展了外部性经济理论,科斯定理也被称作外部性理论历史发展中的第三块里程碑。

1960年,罗纳德·科斯在芝加哥大学《法与经济学杂志》上发表的《社会成本问题》一文中运用交易成本理论分析了法律制度对资源配置的影响,提出了著名的科斯定理。科斯定理强调了市场在资源优化配置中的作用,深化了经济自由主义理念,它主要包括三项内容:若交易成本为零,无论法律对权利如何界定,只要交易自由,资源都可以通过市场机制得到有效配置,换言之,当交易成本为零时,法律权利的任何分配都能产生有效率的结果,此为科斯第一定理;但现实世界中,交易成本总是大于零,由此又推出科斯第二定理;在交易成本为正的情况下,不同的法律权利界定会带来不同效率的资源配置。因此,能使交易成本最小化的法律是最适当的法律。① 第一个推论是,法律在注重提高经济效率的意义上,应当尽可能地减少交易成本,如通过清晰地界定产权,通过使产权随时可以交易,以及通过为违

---

① 彭本利,李爱年.论排污权交易的理论基础[J].商业时代,2013(08):104-106.

约创设方便和有效的救济来减少交易成本。第二个推论是,在法律即使尽了最大努力而市场交易成本仍旧很高的领域,法律应当通过将产权配置给对他来说价值最大的使用者,来模拟市场对于资源的分配。

从经济学或经济人的观点看,促使外部不经济性内部化和形成稀缺资源有两个基本途径:一是对市场实行政府干预,即通过政府实施有关政策、法规和其他管理措施来解决外部不经济性问题,以使某种资源成为稀缺性资源,而在污染物排放总量不变的情况下,环境容量资源成了一种日益稀缺的经济资源;二是明确环境资源的所有权或财产权,即通过明确所有权或环境资源权、资源物权来解决外部不经济性的问题,来使某种资源成为稀缺资源。前者为管理学派的观点,认为只要加强和改善政府对市场的干预和管理,就可以有效地解决外部不经济性问题;这里的干预和管理包括制定和实施有关计划、政策、法规和措施等政府行为;这种理论主要强调通过或依靠政府行为或公行为来解决外部不经济性问题。后者主要理论是以科斯定理为核心的产权经济学。对外部不经济性问题的解决,科斯定理不同于庇古理论。庇古理论认为,外部不经济性无法通过市场来解决,需要政府介入以克服"市场失灵",如通过政府实施税收的方式,将污染成本增加到产品的价格中去,实现外部成本内部化。由于政府的干预也是具有成本的,即禁止污染也会产生社会成本。因此科斯提出了"非干预主义"方案:认为政府干预行为是非理性的,完全可以通过市场机制来解决外部性内化问题。[1] 科斯定理推论出,在交易成本高昂时,采用一种替代性的经济组织形式可能以更低的成本达到同样的结果,从而使效益增加,企业就是这样一种更有效率的经济组织形式。但是科斯并没有简单在市场、企业与政府之间进行取舍,而是重视政府在特定交易发生的制度环境中的作用。科斯定理认为只要明确产权和依法保障产权,可以在无需政府行政干涉的情况下,通过产权方、侵权方或围绕产权的有关各方的讨价还价来实现没有社会成本的环境优化管理。排污权交易制度就是通过明确排污权的产权属性、通过市场机制实现环境容量资源的优化配置,调动了排污企业治理污染的积极性,同时,通过政府的制

---

[1] 彭本利,李爱年.论排污权交易的理论基础[J].商业时代,2013(08):104-106.

度安排减少了交易的成本,从而实现外部不经济性的最优解决。

"公有地的悲剧",又译为"公地的悲剧""公有性的悲剧"。著名的经济学家加雷特·哈丁在其发表的《公地的悲剧》一文中,阐释了悲剧的成因。哈丁认为每个人对公共资源所存在的私心和无止境的掠夺,这些都将导致公地的悲剧。公有地的悲剧说明,公有的环境资源的自由利用,会促使人们(主要是"经济人")尽可能地将公有资源变成个人或某些团体的财富,最终使全体成员的长远利益遭到损害甚至毁灭。因此,有些学者将经济活动的外部性称为"公有地的悲剧"的现代版。如果外部性可以对社会上的大部分人能产生影响,而该影响不具有竞争性和排他性,那么这种外部经济事实上是一种公共物品。① 举例来说,水、空气等环境资源作为一种公共性资源,它的外部性能够对所有人产生影响,并且不具有排他性,这就使得环境资源具有了公共物品性。而环境容量作为环境资源的一种,自然也应具备这一特殊性质。在不作限定的情形下,一个排污者对于环境容量资源的使用,不会对其他排污者对环境容量资源的使用产生影响,即不会影响其他排污者行使排污权。换句话说,如果排污量不超过环境容量时,使用环境容量资源所需要的边际成本较低或者为零,但是,如果不加以控制,排污量超过了环境容量,环境质量状况会急剧下降,而使用环境容量资源的边际成本会无限变大,可持续发展将不可能实现。因此,环境容量的公共物品性可能会导致对其利用超标,排污总量不断上升。举个例子来说明,大气环境向所有排放大气污染物的企业开放,该大气环境是公有的,向大气环境排放大气污染物的企业是私有的(包括个人或团体)。现实的自然法则是大气环境对大气污染物的承载力或自净力是有限的;现实的市场法则是每个企业都力求使自己的眼前利益最大化。从企业情况来看,企业会尽可能地增加自己的生产量即排污量,也将获得由此带来的全部收入。从大气环境情况看,每增加一些排污量都会给环境带来某种损害,但是这一损害由生活在大气环境中的全体公众分担。由于向公有的环境排放污染物是自由且免费的,作为"经济人"的企业,他

---

① 斯考特·卡兰,珍妮特·托马斯.环境经济学与环境管理[M].李建民,姚从容,译.北京:清华大学出版社,2006:63.

们只考虑如何扩大自己的生产量即排污量以增加自己的收入,完全不考虑此行为对整个环境的污染。也就是说,企业从增加排污量获得利益即内部经济性,而将其扩大排污量的外部不经济性留给其他公众。结果,在大气环境中的污染物种类越来越多,大气环境的污染和退化现象越来越厉害,最终导致大气环境质量恶化,无法满足人们生活和生产的需要,最终人们被迫撤离该地方或投入大量资金专门治理大气污染,从而酿成公有环境污染的悲剧。

为了抑制公有环境污染悲剧的发生,人类必须找出解决问题的办法,排污权的提出及排污权交易的设计正以此为前提。因为,排污权能够在不同的排污者之间形成交易,其交易的方式可以与普通商品一样进行自由买卖。排污者通过改进技术等所获得的节余排污指标可以用于其扩大再生产或者有偿转让,从而有利于环境资源利用效率的提高和环境质量的改善,实现环境污染问题内部化。王金楠教授认为面对"公用权悲剧",世界各国政府对此多是将公共财产资源转化为公有财产资源,建立一整套的资源分配和使用制度来保障实施。① 因此,排污权交易制度就是避免人类无限制地使用环境容量资源,逐步改变环境资源的公共物品性,避免出现环境和资源枯竭问题的重要举措,也是促进改革、增进社会良性循环和保证人类可持续性发展的有效途径。也正是基于此,本书认为哈丁的"公有地的悲剧"理论是排污权产生的理论基础之一。

综上分析,生态平衡理论、可持续发展理论、资源稀缺论、外部性理论、科斯定理、"公有地的悲剧"理论等是本书在分析排污权法律属性、设计排污权交易制度以及在研究排污权其他问题方面应该遵循的理论。

第二节 排污权交易机制的法治实践

目前,排污权交易机制的实践大多基于"碳交易市场是有效的"这一假设。对于排污权交易法律机制有效性的研究主要有两种观点。一种观

---

① 王金南.环境经济学:理论、方法、政策[M].北京:清华大学出版社,1994:101.

点认为有效性在于市场机制能够产生可以精确反映温室气体边际减排成本的市场价格。在有效市场中,配额的均衡价格与边际减排成本相等,因此交易双方根据碳配额价格变化的信号或方向确定交易活动①。执此观点者往往质疑当前排污权交易市场的有效性和流动性,认为排污权交易市场信息无法通过价格信号在市场参与者间进行传播。② 另一种观点认为排污权交易机制的有效性在于能够有效减排。③ 这些理论都需要国内外的法律实践加以验证其有效性。

一、排污权交易的起源与国际法发展进程

排污权交易是当前受到各国关注的环境经济政策之一,早在20世纪70年代由美国提出。在控制污染问题上,排污权交易制度自问世以来就得到很多国家和地区的青睐,已成为污染治理领域重要的市场化解决方案,通过这种交易的方式,达到降低排放量的目的。排污权交易首先被美国国家环保局用于大气污染源及河流污染源管理,而后欧盟、澳大利亚、英国、新西兰等国家和地区相继开展了排污权交易政策的实践。

(一)第一阶段:20世纪70年代—20世纪90年代初

在国际法上设立一种包含所有权的排放机制非常困难,但在国内法上确立这一制度却是容易和有效的。这一时期排污权的外国法渊源主要以美国为代表,排污权交易多应用在大气和水领域。美国排污权交易的发展过程始于20世纪70年代中期,以1990年通过的《清洁空气法》修正案并实施《酸雨计划》为标志,这一时期的排污权交易机制则体现了更多的市场调节灵活性,美国排污权交易机制主要关注应对气候变化所采取的应对措施,包括应对碳减排所设立的多个碳排放交易市场以及相应规则的制定。此时期典型的排污权交易机制包括由东北部10个州签订的

---

① CHESNEY M, TASCHINI L. The Endogenous Price Dynamics of the Emission Allowances: An Application to CO_2 Option Pricing[J]. Applied MaGhemaGical Finance, 2012, 19(5): 447.

② JOYEUX R, MILUNOVICH G. Testing Market Efficiency in the EU Carbon Futures Market[J]. Applied Financial Economics, 2010, 20(10): 803.

③ 王璟珉,窦晓铭,季芮虹. 碳排放权交易机制对全球气候治理有效性研究——低碳经济学术前沿进展[J]. 山东大学学报(哲学社会科学版), 2019(02): 175.

区域温室气体减排行动、由西部 5 个州参加的西部气候计划和由美国的 7 个州和加拿大的 2 个省参加的中西部气候变化行动等。①

1979 年 12 月,为了实现《清洁空气法》规定的空气质量目标,美国国家环保局(EPA)开始在二氧化硫控制项目中推行排放权交易,以后逐步扩展到水污染、汽油铅污染、机动车污染等控制项目中。② 1976 年,美国开始实施排污权许可证交易制度,1979 年试点执行"气泡政策",1986 年 EPA 扩大了气泡政策的应用范围。1986 年 12 月 4 日,美国正式颁布《排污权交易最终报告书》,全面阐述了排污权交易政策的内容。在 1990 年的《清洁空气法》修正案中,EPA 又将排污权交易扩展到二氧化硫排放总量控制领域,并获得了巨大的经济效益和社会效益。美国的排污权交易政策主要包括补偿政策、气泡政策、净得政策和排污银行等政策。贯穿这四项政策的一个重要因素就是"减排信用",它是这些政策实施中处理事务的媒介。减排信用一旦认证以后,即可以在市场进行交易,"减排信用"在美国成为排放权交易的货币。《排污交易政策总结报告书》系统地总结了美国以往的排污权交易政策理论与实践,全面阐述了排污权交易制度的一般原理,并制定了排污权交易的具体实施细则。此外,该份报告书还阐述了二氧化硫和氮氧化物以及颗粒物等标准污染物的减排信用交易。美国各州可以根据自身不同情况建立自己的"排污权交易系统",在这个系统中,相同性质的排污单位之间以及同一地区中的各排污单位之间可以进行排污消减信用交易。交易的对象是"排污消减信用",银行负责减排信用的存储和流通。但 EPA 同时声称此项政策只是对现有管控政策的一种改革,并不能代替之。

美国排污权交易的实践历程中,主要有四个计划,即大气污染排污权交易计划、铅淘汰计划、减少臭氧层消耗物质计划和酸雨计划(二氧化硫交易计划)等。其中酸雨计划是美国迄今为止实施规模最大、影响最大、最成功的排污权交易项目。为了达到有效防止酸雨的目的,美国在

---

① 王强,姜瑞,曾红云,苏丹.中国污染物排污权交易发展及问题探析[J].环境科学与管理,2014,39(06):77-81.

② 国家环境保护局.中国排放大气污染物许可证制度[M].北京:化学工业出版社,1996:34.

1990年通过的《清洁空气法》修正案中提出了"酸雨计划",并在该部法案中系统地阐述了排污权交易制度。美国是世界上第一个确定二氧化硫的排污权交易制度并写入《清洁空气法》的国家。该法不仅规定了排污份额的相关内容,也划定了排污权份额的享有主体,交场程序、份额追踪系统,以及法律禁止的行为。在美国,空气层面排污权交易是以各地区对于空气的清洁标准,制定未来一段时间内减少排放的目标,明确在一定时期内,该区域的相似排污主体的排污总量。在总量既定的基础上,交易主体通过拍卖的方式获得自己的份额。美国政府通过一系列的政策建立了完善的排污权交易体系,有了完善的制度架构,并在立法层面将排污权交易制度法律化。因此,美国的排污权交易开展得较为顺利,成果明显,环境效益和经济效益不断提高。

从美国排污权交易的实践来看,以下要素直接影响排污权交易机制的成败:第一,当污染物的区域性特征不够明显时,使用排污权交易机制最为适宜;第二,为了确保排污权交易机制的参加者对该机制抱有信心,排污权许可证必须具有稳定的法律地位,同时排污权交易机制应当保持足够长的时期,如可以允许储蓄制度来确保灵活性,但是它可能导致之后的污染排放超过年度排污预算额;第三,排污权的初始分配问题一方面应当关注公平,另一方面必须考虑政治可行性,如按照"祖父原则"进行分配在政治上比较可行,但是这一方法对之前努力减排的企业进行了一定的惩罚;第四,必须对排污进行及时监督,及时跟踪排污者并对违反规定者进行惩罚,不过过高的监督成本会抵消排污权制度本身的好处;第五,排污权市场只有规模较大,且排污者减低污染成本时,排污权市场才能成功,一个成熟的排污权市场通常包括期货公司、经纪公司和拍卖公司等市场主体;第六,成功使用排污权交易市场需要一个制度学习过程,需要不断进行项目试验,可以考虑在现行的规制框架下使用基于信用的交易机制。①

(二)第二阶段:20世纪90年代—21世纪初

随着环境问题的日益全球化、区域化和国家化,通过经济手段解决环境

---

① 魏圣香,王慧.美国排污权交易机制的得失及其镜鉴[J].中国地质大学学报(社会科学版),2013,13(06):35.

问题已不仅局限于一个国家之内,排污权交易作为一种环境经济手段,在多边环境合作中得到了广泛的应用。这一阶段,联合国召开气候大会,颁布了几部重要的国际法文件,主要有《联合国气候框架条约》《京都议定书》《巴厘岛路线图》等。这一时期的英国、澳大利亚、新西兰和欧盟也相继制定了适合本国或本区域实际的重要的排污权交易计划和相配套的法律文件。

为控制温室气体排放、遏制全球变暖,1992年5月22日,联合国政府间谈判委员会就气候变化问题达成《联合国气候变化框架公约》。该公约于1992年6月4日在巴西里约热内卢举行的联合国环发大会(全球首脑会议)上通过,1994年3月21日正式生效,目前共有190余个缔约方。从1995年开始每年举行一次《联合国气候变化框架公约》缔约方大会,简称"联合国气候变化大会"。《联合国气候变化框架公约》的目标是减少温室气体排放,减少人类活动对气候系统的危害,减缓气候变化,增强生态系统对气候变化的适应性,确保粮食生产和经济可持续发展。"共同但有区别的责任"原则是《联合国气候变化框架公约》的核心原则,即发达国家率先减排,并向发展中国家提供资金技术支持。发展中国家在得到发达国家资金技术的支持下,采取措施减缓或适应气候变化。这一原则在历次气候大会上均为决议的形成提供依据。

《联合国气候变化框架公约》是世界上第一个为全面控制二氧化碳等温室气体排放,以应对全球气候变暖给人类经济和社会带来不利影响的国际公约,也是国际社会在应对全球气候变化问题上进行国际合作的一个基本框架,具有权威性、普遍性和全面性。该公约确立了将大气中的温室气体稳定在一定的浓度范围内,防止气候受到威胁,影响地球环境和人类的生存发展的内容,奠定了全球全面控制温室气体的排放、有效应对气候变化开展国际合作的国际法基础。但因《联合国气候框架公约》仅仅对附件一缔约方率先削减温室气体排放的义务作出原则性的规定,因此它存在诸如适用范围有限、法律约束力不足、可操作性不强等局限性,其有效的实施还需要落实到更为具体的协议中。因此,在一定意义上,《联合国气候框架公约》有流于形式之嫌。① 作为一个负责任的发展中国家,自

---

① 陈冠伶. 国际碳交易法律问题研究[D]. 重庆:西南政法大学,2012:7-8.

1992年联合国环境与发展大会以后,中国政府率先组织制定了《中国21世纪议程——中国21世纪人口、环境与发展白皮书》,并从国情出发采取了一系列政策措施,为减缓全球气候变化做出了积极的贡献。

为抑制全球变暖,1997年在日本京都举行的《联合国气候变化框架公约》缔约方第三次大会上,通过了旨在对限制发达国家温室气体排放量具有法律约束力的《京都议定书》,它对减排温室气体的种类、主要发达国家的减排时间和额度等作出了具体规定。《京都议定书》首次为发达国家设立强制减排目标,是人类历史上首个具有法律约束力的减排文件。《京都议定书》是《联合国气候变化框架公约》的补充,它与《联合国气候变化框架公约》的最主要区别是,《联合国气候变化框架公约》鼓励发达国家减排,而《京都议定书》强制要求发达国家减排,具有法律约束力。

为了帮助发达国家完成减排任务,《京都议定书》建立了三个实现减排的灵活合作机制,主要包括国际排放贸易(IET)合作机制、联合履约机制(JI)、清洁发展机制(CDM)。机制的核心在于,发达国家可以通过这三种机制在本国以外取得减排指标,用来抵消本国的减排压力,从而以较低成本来实现全球总体减排目标。国家排放贸易(ET)是指发达国家将其超额完成的减排义务指标,以贸易方式直接转让给另外一个未能完成减排义务的发达国家。联合履约机制(JI)是指发达国家之间通过项目的合作,转让其实现的减排单位(EUR);国家排放贸易和联合履行是在发达国家之间进行的合作。清洁发展机制(CDM)是指发达国家提供资金和技术,与发展中国家开展项目合作,实现经核证的减排量(CER),大幅度降低其在国内实现减排所需的费用。三种机制中,清洁发展机制(CDM)是主要的一种机制,CDM通过制度设计出一种发展中国家与发达国家在减控温室气体领域通过合作实现双赢的新模式。与在本国通过改造企业排放设施相比,发达国家更倾向通过合作完成减排任务。对于发展中国家而言,这种合作可以在获得部分资金时又引入先进的环保技术。可见,《京都议定书》三种机制的实质是排污权交易制度,是排污权交易在国际多边环境合作的具体应用。

为了促进各国完成温室气体减排目标,《京都议定书》允许采取以下四种减排方式:第一,两个发达国家之间可以进行排放额度买卖的"排放权交易",即难以完成削减任务的国家,可以花钱从超额完成任务的国家买进超出的额度。第二,以"净排放量"计算温室气体排放量,即从本国实际排放量中扣除森林所吸收的二氧化碳的数量。第三,可以采用绿色开发机制,促使发达国家和发展中国家共同减排温室气体。第四,可以采用"集团方式",即欧盟内部的许多国家可视为一个整体,采取有的国家削减、有的国家增加的方法,在总体上完成减排任务。

此外,《京都议定书》还为38个工业化国家(其中包括11个中东欧国家)规定了具有法律约束力的限排义务,限排的目标覆盖6种主要的温室气体:二氧化碳、甲烷、氧化亚氮、氢氟碳化物、全氟化碳及六氟化硫[①]。在2008年至2012年的《京都议定书》第一承诺期内,发达国家的温室气体排放量应在1990年的基础上平均减少5.2%。不过,不同国家有所不同,欧盟削减8%、美国削减7%、日本削减6%、加拿大削减6%、东欧各国削减5%~8%。新西兰、俄罗斯和乌克兰则不必削减,可将排放量稳定在1990年水平上。议定书同时允许爱尔兰、澳大利亚和挪威的排放量分别比1990年增加10%、8%、1%。《京都议定书》需要在占全球温室气体排放量55%的至少55个国家批准之后90天才具有国际法效力。2003年3月,欧盟环境部长会议批准了《京都议定书》。6月,日本政府也批准了《京都议定书》。至此,批准议定书的国家和地区已超过55个,但批准国家的温室气体排放量仅为全球温室气体排放总量的36%,尚不足以使《京都议定书》生效。2004年11月18日,俄罗斯常驻联合国代表向联合国正式递交了俄加入《京都议定书》的文件,为该议定书正式生效铺平了道路。2005年2月16日《京都议定书》在全球生效。美国曾于1998年11月签署了《京都议定书》,但2001年3月,布什政府以"减少温室气体排放将会影响美国经济发展"和"发展中国家也应该承担减排和限排温室气体的义务"为借口,宣布拒绝执行《京都议定书》。《京都议定书》虽然也明确了各国对温室气体控制和减少应承担责任,如对发达国家的特定污染物排放量作出总量控制、定量限制的规定,对发展中国家没有做出指标性减排要求,只提出在适当情况下、可能范围内才制定国家或区域规划来改进排放目标和模式。

---

① 参见《京都议定书》附件 A。

大量的实践表明,排污权交易在美国、英国等国实施后,已取得了明显的经济效益和社会效益。这一阶段,英国政府设立温室气体排放贸易计划,计划五年内斥资 2.15 亿英镑支持和鼓励该计划的实施,该计划是英国于 2000 年制定的气候变化计划重要组成部分,由英国政府和企业界牵头的"排放贸易小组"合作制定,是涵盖整个经济领域的温室气体排放贸易制度。21 世纪初,英国就将碳排放交易制度应用于各企业之中。政府通过奖惩制度来鼓励和管理企业的二氧化碳排放。企业自愿参加交易,政府对他们进行统一注册,允许企业之间开展二氧化碳的排放量交易。通过建立这样一个市场交易机制,政府对二氧化碳的排放量进行市场最优配置,不仅能够减少区域内的碳排放总量,也能够适应各个排污主体对于排污量、排污时间、排污地点的不同要求。该计划的实施将使英国到 2010 年每年减少 200 万吨碳排放,温室气体排放水平在 1990 年水平的基础上减少 23%。①

这一阶段,出现了目前世界上最早的强制性温室气体交易计划之一,也是唯一一个仍在成功发挥作用的地方政府计划——澳大利亚新南威尔士州的温室气体削减计划。该计划启动于 2003 年的第一天,是澳大利亚一个具有特色的强制性电力行业的温室气体排放交易制度,比欧盟排放交易体系还早了将近两年。新南威尔士减排计划是以《电力供应法案》和《电力供应通则》这两部法律的修正案形式建立起来的。《电力供应法案》修正案将新南威尔士减排计划的目标定为减少新南威尔士州因电力消费产生的二氧化碳等温室气体的排放,并赋予独立价格监管仲裁庭监管职权,对该州的电力零售商和其他相关具有减排义务的主体进行监管。《电力供应通则》性质上属于行政规章,对新计划如何运行做出了具体的规定。另外,《新南威尔士减排计划》也主要针对电力行业,用来减少同电力生产和使用有关的温室气体排放,发展和鼓励抵扣温室气体排放的活动。新南威尔士州政府宣布将该计划延长至 2020 年。作为一个地区性的减排计划,其对于碳排放总量确定方式、碳排放权人资格确定方式、权利的

---

① 蔡守秋,张建伟. 论排污权交易的法律问题[J]. 河南大学学报(社会科学版),2003(05):98-102.

初始分配及移转等方面均有一定特色,对我国碳排放权交易制度的建立提供了有益的参考。

2009年11月,新西兰通过《应对气候变化修正案》,此法案是新西兰减排交易计划的重要依据。该法案规范的6种2015年前新西兰国家的温室气体,适用范围包括能源、交通等行业。同时,法案还规定了配额的固定价格,固定价格的期限为2010—2012年,因此这段时期内有效市场尚未形成,但该法案具有非常积极的意义,它使得新西兰成为第一个采用欧洲碳排放交易体系(EU-ETS)的非欧洲国家,为新西兰未来碳交易市场的发展奠定了基础。

《京都议定书》要求从2008年到2012年,欧盟二氧化碳等6种温室气体年平均排放量要比1990年的排放量低8%。为了帮助其成员国履行减排承诺,获取运用总量交易机制减排温室气体的经验,欧盟制定了排放交易体系,并于2005年初试运行,2008年初开始正式运行。欧洲碳排放交易体系(EU-ETS)是世界上最大的碳排放交易市场,通过对企业强制规定碳排放量,为全球减少碳排放量做出巨大贡献。欧盟排放交易机制也即在欧盟成员国之间进行减排量交易的制度,是目前世界上最具代表性的碳排放交易制度,交易的信用额成为欧盟指标。该制度是在借鉴丹麦和英国排放交易机制的基础上发展起来的,其法律依据是欧盟与国际环境委员会于2003年7月2日达成的《欧盟温室气体排放交易指令》(The Directive on Emission Trading in EU),并于10月13日被欧盟委员会开始采用。这是世界上第一个具有公法约束力的强制减排立法。欧盟排放量交易制度以直接排放温室气体的二氧化碳为交易对象,明确规定各对象设施可以排放二氧化碳的限额度。该制度规定了三个实施阶段,在前两个阶段内,欧盟相关机构为了减轻企业的负担,根据各个企业过去的排放量情况无偿为各个企业分配排放量,而在第三阶段,将采取竞标的方式有偿地分配排放量。初期实施的排放量分配主要是根据2004年欧盟委员会制定的《欧洲排放量交易初期分配指南》进行的。在实际进行排放量的分配时,各国政府的有关机构与产业之间展开了极为艰难的交涉。欧盟的气候变化能源一揽子法案在排放量的分配方式上从无偿分配转化为原则上竞标的方式,以便追求制度的公平性和效率性。

美国布什政府在节能减排应对气候变化方面,通过了两个重要的能源法案:《2005年能源政策法》和《2007年能源独立安全保障法》。这一时期美国节能减排有两个主要特点:一是将能源重点放在确保美国长期的能源安全上;二是极力推崇所谓的"市场指向政策",排斥欧盟所推崇的并实施的"指令性管制政策"。由于美国的"双轨制"政体,美国的地方政府对碳排放交易市场的探索做出了更大的贡献。2006年,美国东北部十个州联手创设了以发电站为对象的减排量交易制度,加利福尼亚州制定和发布了《地球变暖对策法》,美国联邦议会开始对大幅度削减温室气体的减排量交易制度的相关法案开展积极的讨论。2006年加利福尼亚州通过了《加利福尼亚州全球变暖解决方案法》,成为第一个从法律上约束自己实现一系列减排目标的州,规定到2020年将温室气体排放量减少到1990年的排放水平。排放配额的分配以成本最小化、总的经济效益最大化为原则,并在分配配额时,对提前采取减排措施的企业予以适当考虑。市场咨询委员会建议配额的分配采用混合方式:最初的配额采取免费分配的方式,并预留一部分进行拍卖,拍卖的比例应当随着时间的增长逐渐增加。该法案的细节还处于逐步完善的过程之中。

2007年在印度尼西亚巴厘岛举行的《框架公约》缔约方第13次会议上,通过了"巴厘岛路线图",建立以《京都议定书》特设工作组和《公约》长期合作特设工作组为主的双轨谈判机制。一方面签署《京都议定书》的发达国家应承诺2012年以后的大幅量化减排指标,另一方面发展中国家和未签署《京都议定书》的发达国家应采取应对气候变化的举措。该路线图为在2009年年底之前全体缔约方达成减缓全球变暖的新协议,明确了讨论的议题,并制定了时间表,以接替将于2012年到期的《京都议定书》。由于拒绝签署《京都议定书》,美国如何履行发达国家应尽义务一直存在疑问。"巴厘岛路线图"首次将美国拉到旨在减缓全球变暖的未来新协议的谈判席上,明确要求所有国家都必须履行可测量、可报告、可核实的温室气体减排义务,这是一个突破性的进展。"巴厘岛路线图"是各方妥协的结果,虽然没有达成实质的协议,也没确立明确的减排目标,但其有助于建立新的国际温室气体减排机制,国际社会对此寄予厚望。"巴厘岛路线图"是达成减缓全球变暖新协议的良好开端,具有里程碑意义。

（三）第三阶段：2008—2012 年(《京都议定书》第一承诺期)

2009 年 4 月欧洲议会通过了新修订的指令，这一机制具体涉及许可与配额、实施范围、监测、汇报和核实、国家注册、履约等。接下来，在欧盟内部，成员国详细地制定国家分配计划，按照成员国为实施欧盟立法体系的要求，欧盟 ETS 计划分期进行。2005 年到 2007 年间，建立一些对排放影响重大的部门，这些部门包括但不限于经济部门。2008 年到 2012 年，这个期限与《京都议定书》的计入期是一致的。但是，因为欧盟 ETS 与《京都议定书》是两个不相关联的机制，前者是基于指令形成，后者基于国际协议。ETS 指令的各成员国在获得欧洲委员会批准的前提下可以将 ETS 拓展至其他温室气体类别和其他关涉部门。在 2009 年，《哥本哈根气候变化综合协议》在欧洲委员会及欧洲理事会及其他几个欧盟重要的理事会的反复磋商中达成。比较《京都议定书》，《哥本哈根气候变化综合协议》提出了新的发展理念即将减排与经济复苏相结合，低碳经济和可持续发展更被强调。

2009 年，奥巴马政府期间美国通过了《绿色能源法》，主张实施二氧化碳总量管制与排放权交易的制度，并从 2012 年起的 10 年中将该制度的实施所产生的 1.5 亿美元的收益转而投资低碳技术的创新。而目前的芝加哥交易所自称是"世界第一个和北美洲唯一的自愿性、法律约束的、以制度为基础的温室气体和减排交易体系"。[①] 该交易所采取的是成员制定"上限并交易"的模式。成员们自愿加入和签订具有法律效力的减排政策。与《京都议定书》一样，芝加哥交易所交易着 6 种温室气体并折合 1 吨二氧化碳当量的单位。交易单位称"碳金融工具"，代表 100 吨二氧化碳当量。交易所的碳金融工具可以是减排成员按照其排放基准线通交易所设定的减排目标而签发的"指标性碳信用额"，或是合格的减排项目所产生的"抵扣性碳信用额"。这种市场的碳信用也经常被称作"经核查(或自愿)的减排"。市场也通常简称"碳抵消"市场。在确定碳定价政策方面的一个重要内容是立即取消联邦政府对石油和天然气行业的所有补贴，目前这些补贴每年至少是 60 亿美元。

---

① 蔡林海.低碳经济大格局[M].北京:经济科学出版社,2009:120.

2009年12月3日,《联合国气候变化框架公约》的缔约方在丹麦首都哥本哈根召开了第十五次缔约方大会,同时召开的还有议定书第五次缔约方会议。经过不断的修改,会议最终达成了《哥本哈根协议》,以取代即将到期的《京都议定书》。《哥本哈根协议》内容简明扼要,主要成就在于坚持了公约及京都议定书确立的"共同但有区别的责任"原则,对于发达国家履行强制减排义务以及发展中国家主动采取减缓温室气体排放等行动做出了安排,主要成果是这次会议上发达国家和基础四国间最终达成的一些具体的共识:发达国家接受了"2050年前减排80%"的框架约定,发展中国家同意了控制温室气体排放量,比通常标准低15%～30%,通过采用新能源减少温室气体排放。随着全球气候的不断变化,在恶劣气候影响下,天气状况糟糕,因此导致灾害频发,这都预示着减少污染排放必然是今后环境保护的趋势。这份协议虽然不具有法律效力,但是仍会有实质性的影响力:发展中国家已经做出重大的让步,原来只是不承担减排义务,现在是应当自主采取减排措施。

2010年11月29日,《联合国气候变化框架公约》的缔约方在墨西哥的坎昆举行第十六次缔约方会议,达成《坎昆协议》,并希望通过《京都议定书》第六次缔约方会议的谈判,落实哥本哈根会议所达成的协议,并再一次将哥本哈根会议中形成的《哥本哈根议定书》法律化,成为对缔约国有法律约束力的国际条约。

2011年11月28日,《联合国气候变化框架公约》的缔约方在南非的德班举行第十七次缔约方会议,探讨全球减排协议的未来。德班会议的一个主要议程是落实2010年墨西哥《坎昆协议》的成果,启动"绿色气候基金"。在《坎昆协议》中,发达国家承诺,将在2020年前每年拨款1 000亿美元,资助受全球气温上升最直接影响的发展中国家,帮助它们应对气候变化带来的挑战。

2011年12月12日,加拿大环境部长彼得·肯特宣布,加拿大正式退出《京都议定书》。这一决定使加拿大成为德班联合国气候变化大会后第一个退出《京都议定书》的国家。

2012年11月26日,在卡塔尔多哈举行的《框架公约》缔约方第18次会议通过了《京都议定书》第二承诺期修正案,为相关发达国家设定了

2013 年至 2020 年的温室气体量化减排指标。有非政府组织指出,虽然《京都议定书》这一法律框架得以保全,但是第二承诺期的减排雄心不足、环境漏洞突出,导致减排效力大打折扣;发展中国家关切的气候资金等重要问题也并未得到妥善解决;各国间互信受损,未来的气候谈判前景将更加严峻。目前,欧盟、澳大利亚等宣布加入第二承诺期,日本、加拿大等宣布不加入第二承诺期。

在过去 19 次气候变化框架公约谈判中,最为显著的成果是达成了确定发达国家量化减排的《京都议定书》。但《京都议定书》第一承诺期已于 2012 年底到期,2013 年到 2020 年为《京都议定书》第二承诺期。

(四)第四阶段:2013—2016 年(《京都议定书》第二承诺期)

这一阶段,以华沙气候大会的召开为开端。2013 年在波兰首都华沙举行第十九次缔约方大会暨《京都议定书》第九次缔约方会议是《京都议定书》第二承诺期开始之后召开的第一次公约缔约方大会。此次会议上,由国家发改委、财政部、农业部等 9 部门历时两年多联合编制完成的中国《国家适应气候变化战略》正式对外发布。这是中国第一部专门针对适应气候变化的战略规划。在 2020 年《京都议定书》第二承诺期结束后,全球气候新协议将继续确定全球各方如何分担应对气候变化的责任。2013 年在华沙举行的《框架公约》缔约方第 19 次大会上将为新协议的谈判奠定基础,2014 年在秘鲁利马举行的《框架公约》缔约方第 20 次大会上进入实质性谈判,并于 2015 年在法国巴黎举行的《框架公约》缔约方第 21 次大会上达成新的《巴黎协议》,有关排放权交易的规则重新得到确认。

(五)第五阶段:2017 年以来的停滞阶段

碳排放权交易机制仍然是减少温室气体排放的核心市场机制。一方面《巴黎协定》并没有禁止市场化的减排手段,只是规定缔约方可以采取符合温室气体排放和气候适应型的路径实现减排承诺;另一方面,在全球范围内,建立碳减排交易机制的国家或地区数量不断上升。尤其是中国 2017 年底碳排放交易市场的全面建立,改变了国际碳排放交易的市场格局。① 国

---

① 倪甜,李亮.碳排放权交易机制与 WTO 规则的冲突与协调[J].兰州财经大学学报,2019,35(03):117.

际减排规则已从京都机制下的自上而下的模式转型为巴黎机制下"自下而上"的模式。未来应对气候变化的国际法的发展将在责任转型、大国共治、软法治理等层面深刻影响并推动全球集体减排行动的一致性展开。①2017年美国退出《巴黎协定》，多边应对气候变化的国际法实践陷于停滞。以清洁发展机制为代表的国际碳排放权交易也开始萎缩。当前，全球碳政策目标由有效减排向自主参与转变。韩国碳交易停滞、美国宣布退出巴黎协定等消息也释放出排污权交易机制减排效果欠佳的信号。② 按照《巴黎协定》第6条第2款和第6条第4款的规定，国际法继承并发展了《京都议定书》的国际碳交易机制，并为碳交易的全球协同提供了新的制度框架。在此框架下，国际碳交易有两种具体形态，即以国际转让减缓成果为客体的国家主体之间的交易和以碳配额或碳信用为客体的以非国家行为体为主要参与者的交易。然而，从碳市场的实践来看，因实质性的技术障碍、道德困境和政治阻碍的存在，碳交易全球协同的实现仍有较大的不确定性。如欲通过国际碳市场的全球协同实现相对统一的全球碳价格，未来应进一步强化《巴黎协定》下国际气候制度的顶层设计，建立专门的碳交易全球监督管理机构，探索发行具有全球通兑功能的碳金融产品，通过全球性注册登记管理系统或平台实现对各国碳配额或碳信用的通兑和交易。③

二、排污权交易法律机制的国内法治化进程

（一）排污权交易法律机制在我国的实践探索

中国的排污权交易实践探索开始于20世纪80年代末，我国在一些污染较重的重工业城市和特大城市开展了排污总量控制、排污许可及排污权交易的试点工作。1987年，上海市闵行区钢铁十厂和塘湾电镀厂之间达成协议，成为我国企业之间水污染排污权有偿交易的首例。1991年国家环保总局在全国16个城市（天津、吉林、重庆、上海、广州、沈阳、太

---

① 李威.从《京都议定书》到《巴黎协定》：气候国际法的改革与发展[J].上海对外经贸大学学报,2016,23(05):62.
② 王璟珉,窦晓铭,季芮虹.碳排放权交易机制对全球气候治理有效性研究——低碳经济学术前沿进展[J].山东大学学报（哲学社会科学版）,2019(02):175.
③ 王云鹏.论《巴黎协定》下碳交易的全球协同[J].国际法研究,2022(03):91.

原、贵阳、柳州、宜昌、徐州、常州、包头、牡丹江、开远、平顶山)进行大气污染许可证的试点工作,其中,化学需氧量排污权交易率先成功地在上海市闵行区进行。此后,又于1994年在其中六个城市(包头、柳州、太原、开远、贵阳、平顶山)进行大气排污交易的试点工作,并取得了一些经验。"十五"期间,由浓度控制逐渐转向总量控制转变是国家环保政策的总趋势,二氧化硫排污权交易成功地在江苏省南通市等地进行。

从1997年开始,我国环保研究机构和美国的环境协会开始合作,进行以总量控制为前提的排污权交易可行性的研究,确定了中美合作研究项目并逐渐进入案例研究阶段,江苏南通和辽宁本溪两市被列为该项目的试点城市,用来探索在总量控制下进行排污权交易的可行性。其中,南通试点的重点是寻求在现行环境保护法规的基础上,进行排污权交易的管理和运作程序;本溪试点的重点则是探索建立一部总量控制和排污权交易的地方性法规①。

"十五"期间,国家环境保护政策的总趋势由浓度控制逐渐转向总量控制。2002年,江苏率先制定了《江苏省二氧化硫排污权交易管理暂行办法》,开始在全省电力行业进行二氧化硫排污权交易试点工作。2002年3月,国家环保总局选择在河南、江苏、山东、山西四省和上海、天津、柳州三市及中国华能电力总公司,开展排污总量控制及排污权交易的"4+3+1"的试点工作,总共涉及131个城市(包括县级市)、727家企业。从2003年7月起,江苏太仓港环保发电有限公司以每年170万元的价格,跨市向南京的下关发电厂购买1700吨的二氧化硫排污权。这是我国首次异地成功完成的二氧化硫排污权交易。2005年,国务院发布《关于落实科学发展观加强环境保护的决定》,提出实施污染物总量控制制度,推行排污权许可证制度,进行排污权交易试点工作,这是在国家层面规范性法律文件首次提出排污权交易制度。

"十一五"期间,湖南、江苏、陕西、浙江、天津、湖北、内蒙古、山西、重庆及河北10个省(自治区、直辖市)被列为国家排污权有偿使用和交易试点省市。在此期间节能减排成为国民经济和社会发展的一项重要约束性

---

① 曹明德.排污权交易制度探析[J].法律科学(西北政法学院学报),2004(04):104.

指标,总量控制得到了全面加强,这为排污权交易实施范围的扩大创造了有利的条件。2006年,财政部和原环保总局共同开展排污权有偿取得和交易的调研工作;2007年,粤港两地二氧化硫排污权交易进入了快速发展新阶段;2007年,湖北武汉开展了首笔二氧化硫排污权交易;2008年8月,北京环境交易所和上海环境能源交易所同时成立;2008年9月,天津排污交易所成立,该所是财政部和环保部共同批准的污染物排放权交易综合试点地。

2011年年底,国务院印发的《国家环境保护"十二五"规划》明确指出,要健全排污权有偿取得和使用制度,发展排污权交易市场,即排污权的有偿使用和交易工作将成为"十二五"总量控制思想下重要的环境经济政策探索领域[1]。截至2012年年底,省级范围的排污交易试点共确定了11个。河南省是由国家发改委、财政部和环保部三部门联合审批的最后一个排污权有偿使用和交易的试点省。[2] 2014年8月6日,国务院办公厅下发《关于进一步推进排污权有偿使用和交易试点工作的指导意见》,首次在国家层面对排污权交易的一些政策问题进行明确。上述规定的发布对于进一步规范和完善排污权有偿使用和交易试点工作,积极通过市场化手段降低污染治理成本,提升污染治理水平,具有重要意义,也是国家推进生态文明制度建设的内容之一。2014年11月,江苏省南通市下发了《南通市排污权有偿使用和交易管理办法(试行)》。根据上述规定,自2015年1月1日起,年排放化学需氧量大于5吨或氨氮大于0.5吨的印染、化工(含农药、染料)、医药、发酵、酿造等行业新(改、扩)建项目实施排污权交易。其他新(改、扩)建项目排污权交易及现有单位排污权有偿使用自2016年1月1日起实施。上述规定明确,在区域排污总量控制的前提下,按照排污许可证管理规定有总量控制要求的工业排污单位,在排放化学需氧量、氨氮、二氧化硫及氮氧化物四类主要污染物时,要依法取得排污权指标,并按规定缴纳排污权有偿使用费。排污权有偿使用费和交易收入应主要用于污染减排工程建设、污染源治理、生态环境保护等

---

[1] 陈湘静,刘秀凤. 排污权交易挠到痒处了吗?[N]. 中国环境报,2012-02-06(006).
[2] 吴健,马中,王潇. 我国排污权交易若干问题的思考与展望[J]. 环境保护,2014,42(18):24-27.

方面。

（二）排污权交易法律机制在我国的发展特点

1. 排污权交易大多以试点的方式展开

排污权的相关制度作为一个外来性理论,在解决我国经济发展与环境保护两难的问题上越来越发挥出举足轻重的作用。但从该制度引入我国至现在,其发展主要经历了起步尝试、试点探索和试点深化三个阶段。从早期排污权在我国的实践探索中可以看到,我国的排污权交易的实践还都主要发生在个别地区、仅仅停留在试点阶段,且大多数交易只是城市一级的试点,不得不承认这是由我国的环境管理体制所决定的。按照我国环境管理体制的要求,对于新的政策及制度的推行,国家级的环境管理主管部门都主张首先在地方开展试点,以从中发现问题并汲取经验,然后再推向全国,所以排污权交易并未在全国大范围展开。

2. 排污权交易以大气污染和水污染领域为主

从我国现有的地方排污权交易试点的实践中不难看出,我国的排污权交易主要集中在大气污染和水污染领域。其原因在于:首先,大气污染和水污染对我国环境的影响较为严重,是我国目前污染治理的重点和难点;其次,在借鉴国外成熟经验的基础上,这两类污染物的排污权交易试点工作能更好地展开;第三,大气和水的排污权交易客观上操作性强。中华人民共和国第十三届全国人民代表大会常务委员会第十七次会议于2020年4月29日修订通过的《中华人民共和国固体废物污染环境防治法》并未规定固体废弃物治理的排污权交易。当然,大气污染和水污染的排污交易的实践经验也能为其他种类污染物的排污权交易打下基础。

3. 排污权交易实践基本由行政主管部门主导

排污权交易应该以市场调节为主,政府在创造市场交易条件和弥补市场失灵等方面发挥积极作用,从而保证对其进行有效调控。但是,实践中开展的排污权交易试点大都不是基于自己的成本和利润确定价格,且交易过程大多在行政主管部门的干预下进行,如审查立项受政府偏好影响,交易价格受环保部门提出的指导价影响,中介机构和社会公众参与不够等。同时地方排污主体多出于考虑自身利益和未来的发展空间,主动进行交易的积极性不高,都是在当地环保部门和政府的协调下完成的,带有很强的行政干预色彩,市场的价格杠杆和竞争机制还没有发挥其应有作用。有学者在评议《大气污染防治法》修订草案时指出,风险社会的存在,也使得社会机制成为大气环境公共治理中不可或缺的一种新型治理手段。通读修订草案可以发现,其中仍然呈现的是以政府为主体、以污染企业为规制对象的单一化的威权体制特征,统治方式仍以行政规制为主,而市场激励、社会保障机制明显不足。①

4. 建立排污权交易平台

随着排污权交易制度背后的经济利益被发现,以及政府在这方面的关注和重视逐步加大,一些旨在对排污权交易进行商业化运作的商业资本开始与各地政府协调配合、沟通,共同构建排污权交易的平台。有些地方政府甚至采取适度分权或者依法授权的方式,允许一些组织或团体接手政府主导的排污权初始分配等工作。另一方面,排污权交易标的物的范围也有所扩大,由国家总量减排确立的主要污染物扩展到了一些具有环境权益的产品。如 2008 年 5 月设立的天津排污权交易所,其交易标的物除了涉及二氧化硫和化学需氧量等传统污染物外,还涉及温室气体排放权等其他可量化、标准化的交易产品。以水污染排放权交易为例,我国水污染排放权交易始于 1987 年上海黄浦江上游水源保护区和淮水源保护区的交易实践,2002 年浙江嘉兴开始水污染排放权有偿取得和交易试点,并于 2007 年成立首个排污权交易中心,此后一些省市开始成立排污权交易中心。2014 年国务院印发了《关于进一步推进排污权有偿使用和交易试点工作的指导意见》,要求到 2017 年底基本建立排污权有偿使用和交易制度。目前,江苏、湖南等多省市已将企业新增的排污权纳入了交易系统。上海、武汉等地已建成众多的要素交易平台,如武汉有光谷产权交易中心和碳排放交易中心,其中碳排放交易中心在全国来说交投最活跃,两地具备完善的交易制度体系、现代化信息和网络交易系统,对于建立长江流域水权排污权交易平台具有引领作用。中国水权交易所已运行多年,交易量较大,可为流域交易平台建立提供借鉴作用。② 各试点地排

---

① 魏胜强. 生态文明视域下的污染防治法研究[J]. 扬州大学学报(人文社会科学版),2019,23(01):20.

② 董晓伟. 长江流域水权排污权交易平台建设初探[J]. 长江技术经济,2019,3(01):23.

污权交易平台的建立,使目前的排污权交易探索向前迈进了一大步。

(三) 我国排污权交易法律机制下的交易秩序与规则

1. 排污权交易的区域范围

排污权交易的地理区域范围是由排污权交易所要解决的环境问题决定的。在排污权交易界定的范围内,应确保参与排污权交易的排污企业群体足够多且存在着边际污染削减费用的差异,能够推动排污权交易市场的形成。此外,在实施过程中,应当避免在一个广泛的、不加限制的范围内进行交易,从而避免在某些热点地区排污过于集中而超出当地的环境质量控制目标。我国实施排污权交易的地理区域范围大致可按水环境和大气环境分两种类型界定,即水环境按各水系流域,大气环境按各省、自治区、直辖市行政区划加以界定。排污权交易和碳排放交易在区域范围领域存在协同推进的意义。排污权交易和碳排放权交易是绿色交易市场建设的重要手段,是健全现代环境治理体系市场化机制的必然要求,是推动建立健全生态产品价值实现机制的关键路径。排污权和碳排放权的交易制度在一定程度上具有管控范围交叉性、减排协同性及管理相似性的特点,二者的协同,将会极大地提高环境管理效能、降低实施成本、减少污染物排放。未来可以从监管协同、重点区域协同两方面按照分阶段、分层次推进的思路,在此基础上完善相关法规体系、启动重点区域排污权交易试点、开展环境权益交易相关平台整合前期调研、开展碳排放权交易和排污权交易环境协同效益评估。①

2. 排污权交易的污染物

排污权交易的污染物,从污染物性质角度看,主要是均匀混合吸收性污染物,即这些污染物对环境的影响只与污染物的排放量有关。从管理成本来看,适合交易的污染物应当是污染物排放影响非常清楚,监测容易且数据可靠的。从交易市场来看,适合排放权交易的污染物必须是普遍的,即污染物排放是大量的,有足够多的污染源可以参与交易。从对环境的影响看,应是对环境危害大的、国家重点控制的主要污染物列入总量控

---

① 蒋春来,黄津颖,王晓婷. 协同推进排污权交易与碳排放权交易思路研究[J]. 环境保护,2022,50(13):38.

制计划。因此,我国排污权交易的污染物可以先限定于废水中的化学需氧量和废气中的二氧化硫,取得一定效果后,再增加交易的污染物品种。

3. 排污权交易的参与主体

排污权交易范围确定的原则是既能使某一流域或地区的污染负荷得到有效控制,切实改善区域环境质量,又能使参加者数量控制在一个有限的范围内,避免大量增加管理费用和交易费用。具体来说,在确定的实施交易的地理区域范围内,涉及的县级以上重点控制污染源单位均应参加。鼓励排放列为排污权交易污染物的其他污染源单位自愿参加。

4. 排污权初始分配

在确定了各排污单位的排污总量配额后,需要对初始排污权进行分配。建立公平、公正和有效率的初始排污权分配方式,将直接影响排污权交易制度的效率。根据环境容量和环境质量标准要求,确定不同流域或区域的不同污染物的总量控制指标。然后将确定的总量控制指标分配到交易区域内的各个污染源。总量分配的主要原则是:一是新污染源和老污染源要区别对待;二是要和各地区的污染物总量控制规划结合起来;三是分配要兼顾技术、社会、政治和经济发展等各种因素,体现科学性、合理性、公平性和可操作性。

具体来说,分配方式有以下三种。

(1) 无偿分配,即将确定的各排污单位的排污量及排污权无偿分配给各企业。以排放现状为基础进行污染物排放总量的分配,以各排放源目前污染物的实际排放量为基础,按照一定的比例分配允许排放的配额。这种方式使各排污企业在起点上都没有经受损失。无偿分配应该是现阶段我国排污许可证初始分配的主要渠道。这种方法考虑了历史的状况,具有较强的可操作性。采取这种分配方法会使生产落后和治理水平差的企业从中占到了便宜,对技术先进、治理进度快的企业不利,有鼓励落后之嫌。

(2) 按照产出进行分配。此方式有二类计量方法:一是根据污染源能源或原材料消耗确定排放限额,优点是给予了污染源更多的污染物削减方法选择,如可以选择安装污染治理设施,也可以改变生产工艺、燃料构成等;二是根据排污者的产出确定污染物排放限额,即每个排污者的排放配额取决于排污者的产出。这种方式兼顾了企业的生产和污染治理情况,从环境保护的角度来看,相对较为公平。

（3）采用拍卖方式分配。对新的污染源可采取拍卖的方式分配配额,即环保行政主管部门储备部分排污许可证用来拍卖,以保证新建企业能获得相应的排污许可证。这种方式的好处是可以提供排污许可证的市场价格。

5. 排污权交易法律机制的程序

排污许可证的交易是全部交易制度的核心环节,交易可重新分配排污许可证。在初期,交易是在各级环保行政主管部门的严格管理下进行的,交易活动也必须在环保部门备案。交易的方式可设计为三种类型:一是交易出让方通过自身污染物排放的削减,取得净富余排污指标用于交易;二是交易受让方帮助交易出让方削减其污染物排放量,如提供资金、技术、设备、场地等,从而获得可供交易的富余排污指标;三是两个或多个排污单位共同出资建造污染物集中处理设施,削减污染物排放后的富余指标用于交易,收益由出资者按比例分享。具体转让方式可以有三种:一是老企业将现有的排污指标有偿转让给新建企业;二是富余的排污指标有偿转让给排污指标不够用的单位;三是停掉部分经济效益差、工艺落后、污染严重的企业,让出部分排污指标给经济效益好、工艺先进、污染轻的企业。

6. 排污权交易的审核和监督

我国要实施排污权交易制度,需要环保行政主管部门必须在排污权交易中发挥监督和审核作用。具体来说,各地环保行政主管部门现阶段可委托各级环境监察机构来具体实施,主要包括:①制订管理办法,对排污权交易进行宏观调控与约束,为交易活动提供指南。②确认交易权,鉴定审核交易标的。在交易活动之前,经调查监测,确认交易出让方富裕排污指标的真实性。③指导交易参与者确定交易指标价格或价格幅度。④确认交易双方交易协议的有效性,确认双方交易转让的污染物种类、排放量、排放去向以及有关技术要求。⑤督促双方在交易完成后及时办理排污许可证变更手续,明确各方责任。⑥排污交易量的核查。⑦对排污交易工作进行整体评估、统计、总结、完善交易管理体制。①

---

① 李晓绩.排污权交易制度研究[D].长春:吉林大学,2009:117.

实践证明,排污权交易制度不但适应中国现阶段经济发展和环境保护的双重要求,而且能弥补现行行政命令控制手段、排污许可证制度以及排污收费制度的缺陷,有利于充分发挥政府和排污单位在治理污染方面的作用,有利于公众参与环境保护,带来环境保护和污染治理的新经济效益。

第三节 排污权交易机制的法治化目标

排污权交易的法治化目标首先是总量控制机制的法治化,其次是总量预算机制对排污权交易法律机制的保障,再次则是排污权交易与总量预算管理制度协同作用机制。

一、总量控制机制与排污权交易的法治化

从可持续发展的角度看,污染物排放总量控制的最终目标是实现环境容量控制。为持续改善环境质量,实现环境功能目标,我国加大污染减排力度,以促进总量控制向环境容量控制的转变。国内各省区基于自身情况都在贯彻落实这节能减排和碳达峰与碳中和目标。以河南省为例,2011年9月28日,国务院出台了《关于支持河南省加快建设中原经济区的指导意见》。国家将河南省列为排污权交易的试点省,支持探索建立排污权有偿使用和交易机制。随着中原经济区建设的全面展开,河南省社会经济发展受资源环境的约束更加突出。为破解资源环境约束,实现环境资源的高效利用,促进污染减排,提高总量控制和污染减排的科学性、预见性和及时性,河南省于2011年在全国率先启动了总量预算指标管理工作。

(一) 总量控制与排污权交易制度的关系

排污权交易是一种市场经济手段,排污权交易制度存在的前提是总量控制制度,通过促进区域存量削减、约束新增排放量,促进区域污染减排。与排污权交易制度关联最为紧密的是总量控制。面对新常态,必须贯彻落实"使市场在资源配置中起决定性作用和更好发挥政府作用"顶层

设计要求,以构建与环境质量挂钩的总量控制模式为核心,淡化全国一刀切的总量管理和减排模式,鼓励各地建立具有地方特色的总量管理体系,深化排污权交易制度改革,破解经济发展需求与环境资源压力之间的矛盾。①

1. 总量控制对排污权交易制度建设的理论意义

有学者指出,总量控制与排污权交易的经济学意义主要表现在总量控制通过限定环境容量的使用上限,明确容量资源的稀缺性,为环境容量的有效利用奠定基础。总量控制把允许排放的污染物总量分配到各个污染源,用以明确排污单位对容量资源的产权,为利用市场手段再配置容量资源提供了产权制度基础。排污权交易允许交易容量资源使用权,实现容量资源使用权的重新分配,从而使社会以最低的成本实现排放削减,同时可以满足由于经济发展对容量资源新的需求。在排污权交易体系下,只需要根据环境目标确定可供使用的容量资源总量,利用市场供求关系就可以直接获得环境容量的动态价。② 也有学者指出,通过对排污权交易产生的原因和作用进行分析和探讨,指出在市场经济条件下,经济手段中最具代表性的排污权交易制度在我国环境管理中发挥了重要作用,排污权交易将成为实施总量控制的主要手段,实施总量控制下的排污权交易将是我国环境政策的重大变革。③ 我国环境管理中的浓度控制向总量控制的转变过程是必要的,分析总量控制与排污权交易和排污权交易市场建设的关系,总量控制是排污权交易的基础,排污权交易制度与总量控制工作具有互补作用。④ 通过对我国排污权交易试点工作中排污权交易制度的作用进行总结分析,排污权交易制度在现阶段较多的被定义为促进污染物总量控制目标实现的辅助性手段,但在"十二五"期间,排污权交易将与总量控制政策相结合,成为控制建设项目总量指标的重要手段之

---

① 任艳红,周树勋.基于总量控制的排污权交易机制改革思路研究[J].环境科学与管理,2016,41(03):21.
② 马中.论总量控制与排污权交易[J].中国环境科学,2002,22(01):89-92.
③ 刘红侠,何士龙,吴晓霞,等.试论排污权交易在环境管理中的作用[J].能源环境保护,2003,17(02):3-5.
④ 朱锡平,陈英.浓度控制、总量控制与排污权交易[J].财经政法资讯,2007,23(6):12.

一。① 有环保行政工作者指出,对于排污权交易制度而言,科学的总量管控体系构建可以有效保证制度的推行,同时根据当前相关环保法规标准,再结合当下生态文明及环保工作落实特点,应当进一步建立以融量管控、排污允许、总量鼓舞、监督执行等方式整合的一体的排污总量管控体系。②

从经济学的角度说,总量控制明确了环境容量资源的有限性和稀缺性,决定了环境容量资源的价值;同时总量控制把允许排放的污染物总量分配到污染源,明确各排污单位对容量资源的产权,为市场手段再配置提供了基础,因此,总量控制是排污权交易的前提。排污权交易是总量控制的一种经济手段,通过排污权交易,实现排污权的重新分配,可使社会以最低的成本实现排放削减,理论上只要根据环境目标确定允许排放的污染物总量,利用市场供求关系就可以形成排污指标的动态价格,因此排污权交易是总量控制的一种经济手段。国内学者对于总量控制与排污权交易制度的关系研究发现,排污权交易制度的开展需要以总量控制工作为基本前提,同时随着我国社会经济的发展,探索以市场化的环境管理手段解决环境问题也是发展的必然趋势。

2. 我国排污总量控制机制建设实践

污染物总量控制正式作为我国环保的一项重大举措,始于1996年。最早的探索和实践源于20世纪70年代末松花江生化耗氧量总量控制标准的制定。污染物总量控制是为将某一控制区域(如行政区、流域、环境功能区等)作为一个完整的系统,采取措施将排入这一区域内的污染物总量控制在一定数量内,以满足该区域的环境质量要求。③ 总量控制根据所要实现的环境质量目标,将所辖地域或空间当作一个整体进行研究并确定一定时间内该区域可容纳的污染物总量,采取适当措施使排入这一区域内各类污染源污染物总量不超过可容纳污染物总量,以保证环境质量目标的实现。④ 实行总量控制是直接与环境容量挂钩的一种污染物治理

---

① 叶维丽,吴悦颖,张晓楠."十二五"污染物总量控制下的排污权交易[J].环境经济,2012(08):36.
② 潘福明.基于总量控制的排污权交易机制改革思路研究[J].低碳世界,2017(21):3.
③ 温永梅.水污染总量控制管理信息系统研究[D].南京:南京理工大学,2008:2.
④ 赵绘宇,赵晶晶.污染物总量控制的法律演进及趋势[J].上海交通大学学报(哲学社会科学版),2009,17(01):28.

方法。环境容量的概念最早是由比利时数学家、生物学家弗胡思特于1938年根据马尔萨斯的人口论提出的。弗胡思特认为生物种群在环境中可以利用的食物量有一个最大值,动植物的增加相应也有一个极限,这个极限数值在生态学中被定义为环境容量。①

我国在污染物总量控制上经历了"理论探索—初步实践—体系逐渐完善"的过程,也体现了从"浓度控制—总量控制—总量、质量双约束控制"的过程。"六五"到"八五"期间处于环境总量控制工作的理论探索研究和初步实践阶段。"九五"和"十五"期间是总量控制工作体系逐渐完善的阶段,这期间水污染物总量核定、分配、监控技术体系已基本构建完善,1996年颁布的《水污染防治法》、2000年3月实施的《水污染防治法实施细则》均对水污染总量管理进行了规定。国家"十五"环境保护计划中,确定了主要污染物排放总量控制指标。"十一五"期间,我国污染物总量控制工作得以深化,开展了全国范围内化学需氧量、二氧化硫两种主要污染物的总量控制工作,计划到2010年,全国主要污染物排放总量比2005年减少10%。为了保障总量控制目标的执行,原国家环保总局代表国务院与31个省市区政府陆续签订了"十一五"化学需氧量总量削减目标责任书。为进一步保护现有环境质量,在全国范围内第一次开展了环境容量核定工作。"十二五"期间,国家又增加了氨氮和氮氧化物两种主要污染物总量控制。为实现污染物总量控制指标,深入开展结构减排、工程减排、监管减排等一系列的措施。"十三五"期间实施总量控制约束性、质量改善约束性模式,即"双约束"模式,使环境质量得到改善,与全面小康相适应的水平。根据规划安排,"十四五"期间实施质量改善约束性、总量控制指导性模式。计划到"十五五"期间,化学需氧量、氨氮、二氧化硫、氮氧化合物等主要污染物排放总量得到全面控制。

污染物总量控制制度的核心内容包括污染物总量控制标准的确定、污染物总量的分配和污染物总量的监督管理三部分。容量总量控制是依据区域环境容量来确定污染物排放总量控制指标。由我国污染物总量控

---

① 杨锐.风景区环境容量初探——建立风景区环境容量概念体系[J].城市规划汇刊,1996(06):12.

制制度发展的过程可以看出,污染物总量控制的最终目标即为实现环境容量总量控制。在"十五五"时期,有望对主要污染物排放总量实施全面控制,以环境质量改善作为主要约束性模式,此时将有希望实现容量总量控制。① 明确了总量控制之后,就是污染物总量分配问题了。污染物总量分配是指将污染物按照总量控制目标要求,根据一定的分配原则,分配到分配对象。按照分配对象的不同,又有不同层次之分,如国家污染物总量分配、区域污染物总量分配、行业污染物总量分配等。② 污染物总量分配方法可粗略归为几类:等比例分配方法、基于排放绩效的总量分配方法、基于污染物削减费用最小化的总量分配方法、基于公平性考虑的分配方法、基于层次分析法的污染物排放总量分配、基于多分配要素考虑的污染物总量分配方法。污染物排放总量控制制度的实施能否达到预期效果,很大程度上取决于环境监督管理的有效开展。污染物总量的监督管理主要包括地方人民政府和环保部门的监管、社会公众的监管、企业的自我约束等。

3. 总量控制机制与排污权交易机制的合力

首先,总量控制机制与排污权交易机制的合力体现在促进污染物减排工作和改善环境质量。排污权交易制度以总量控制工作为前提,并通过排污指标的有效流动,促进区域有效完成污染减排任务;总量预算管理制度的核心理念是在控制排放量的基础上,通过促进污染减排,约束区域新增排放量,迫使区域转变经济发展方式,挖掘区域减排潜力;两种制度均能有效地促进污染减排工作。本研究开展排污权交易制度与总量预算管理制度并行研究,主要针对两种制度并行可能产生的逆向作用点进行深入研究,保证两种制度并行的协调性,进一步促进污染减排工作开展,实现环境容量资源的优化配置,逐步改善环境质量。

其次,总量控制机制与排污权交易机制的合力体现在促进两种制度发挥合力作用。排污权交易制度是环境管理的一种市场经济手段,总量预算管理是环境管理的一种行政手段,市场经济手段的市场调控性、作用

---

① 王金南,田仁生,吴舜泽,董战峰."十二五"时期污染物排放总量控制路线图分析[J]. 中国人口·资源与环境,2010,20(08):70-74.
② 董战峰. 国家水污染物排放总量分配方法研究[D]. 南京:南京大学,2010.

自发性和行政手段的权威性、作用直接性,共同决定了两种制度协调并行的必要性,两者均建立在总量控制制度基础上,具有协调并行、相互融合的良好基础。对于排污权交易制度与总量管理制度关系的研究,可以促进排污权交易制度与总量管理制度发挥最大的合力作用。有学者指出,所谓制度均衡,就是人们对既定制度安排和制度结构的一种满足状态或满意状态,因而无意中也无力改变现行制度。当出现制度冲突的时候,就会有制度变迁的动力,即会产生制度的替代、转换和交易,在这一过程中,制度结构会逐渐趋于均衡,制度之间也会逐步融合。① 排污权交易与总量预算管理制度在共同存在和发展中,也应经历"制度冲突—制度融合—制度平衡"这一逐渐发展的过程。

(二)总量控制机制下排污权交易法律机制的运行

1. 排污权的定义及内涵

排污权即为了解决企业乱排乱放,控制排污总量,由政府主管部门制定标准并分配给排污企业排放污染物的权利,也被称为可交易的排污权、可交易的许可证。② 排污权是权利人依法享有的对环境容量资源进行使用、收益的权利。在未经法律形式确认之前,它并不是一个严格意义上的法律概念。作为一种以环境容量资源为客体,并以对环境容量资源的使用、收益为内容的权利,称之为环境容量资源使用权更为合适,但排污权这一说法已成为被国内外学者普遍接受并引用的一个专有词汇。2014年8月6日《国务院办公厅关于进一步推进排污权有偿使用和交易试点工作的指导意见》规定:排污权是指排污单位经核定、允许其排放污染物的种类和数量。排污权作为对环境容量资源的一种使用权利,虽然我国的宪法、环境保护法和物权法都没有对环境容量资源使用权或排污权的所有制属性作出解释或安排,但环境容量作为一种自然资源,与水资源、森林、矿产等自然资源一样,对社会经济发展具有重大的意义,应由国家代表人民行使所有权。环境容量资源的所有权只能属于国家,其他主体只能行使对环境容量资源的使用、收益、转让等权利。由于环境容量资源的特殊

---

① 张曙光.排污权交易:国内环保制度的重大创新[J].中国质量万里行,2002(02):50-51.
② 朱凡.中国二氧化硫排污权交易制度创新研究[D].长春:吉林大学,2021:17.

性,排污权的取得和处分应受到国家公权力的监督。排污权的准物权属性使得对环境容量资源的转让具有了合法性,也为环境容量资源的市场化配置提供了依据。

排污权交易则是在法律许可的范围内,在一定区域内,在污染物实际排放量不超过允许排放总量的前提下,内部各排污单位间通过交易的方式调剂排污指标,从而达到减少总排污量和削减总成本、实现控制排放量、保护环境的目的。排污权交易是在实施排污许可证管理及污染物排放总量控制的前提下,激励企业通过技术进步和污染治理节约污染排放指标,这种指标作为环境容量资源、有价资源或储存起来以备企业扩大生产规模之需,或在企业之间进行有偿转让。新建污染源或缺少污染排放指标的老污染源,则可以由排污权交易市场有偿向污染排放指标有节余的企业购买。①

2. 排污权交易制度的构架

在排污权交易制度的构建层面,根据我国国情,排污权交易制度的构建应该主要包括排污权的分配、排污权的交易、排污权交易的限制三个方面的内容。其中,排污权的分配即为初始分配,排污权交易即为排污企业之间自由交易,排污权交易限制是指为保证区域环境质量对跨区域排污权交易的限制。② 对于排污权交易制度的研究,有学者指出我国水污染物排污权有偿使用和交易政策框架包括排污权有偿使用技术路线,排污权交易技术路线,排污交易的利益相关方、排污交易指标与范围。③ 排污权交易制度的设计应当主要包括确定环境产权、确定排污总量、分配总量配额、建立排污权交易的竞争性、确定交易范围、对排污权交易市场的监管等。④ 排污权交易制度所涉及的环节包括总量控制目标的确定、排污权初始分配、排污权价格确定、环保产业体系的完善、排污削减信用及筹集体

---

① 曹明德. 排污权交易制度探析[J]. 法律科学(西北政法学院学报),2004(04):101-102.
② 朱清. 论排污权交易制度的构建[C]. 环境法治与建设和谐社会——2007年全国环境资源法学研讨会(年会)论文集(第四册). [出版者不详],2007:328.
③ 李云生,吴悦颖,叶维丽,等. 我国水污染物排放权有偿使用和交易政策框架[J]. 环境经济,2009(04):24.
④ 胡民. 中国构建和实施排污权交易制度研究[D]. 重庆:西南财经大学,2008.

系、交易市场的完善等。① 排污权交易制度的设计应包括排污权交易制度的基本原则、排污权的初始分配、交易规则(交易主客体、交易对象、交易地域、交易方式、交易程序、监测设计、违规罚则等)、交易绩效评价体系等。② 一个完整的排污权交易制度应包括总量控制目标、排污许可、分配机制、市场定义、市场运作、监督与实施、分配与政治性问题、与现行法律及制度的整合等八项要素。

3. 排污权交易制度的功能

排污权交易制度具有优化资源配置、消除环境问题的外部性、调动多种手段参与污染治理、降低社会平均治理费用等功能。第一,环境问题产生的根源是环境资源作为一种生产要素未界定其产权,致使环境资源的价格不能正确反映环境资源的稀缺程度。排污权交易制度通过对排污权的合理定价、有偿使用和初始分配,明晰排污指标的使用主体,界定排污权的权利边界,使环境资源使用权由产权不明晰向产权明晰转变。③ 第二,消除环境问题的外部性。消除环境问题外部性的方法是明确产权的基础上,降低交易成本。排污权交易制度通过把排污权分成若干份,分给各个排污单位,通过明确产权的方式,解决环境问题的外部性。第三,调动多种手段参与污染治理。排污权交易赋予市场主体污染治理手段选择的自主决策权,允许市场主体调动多种手段参与污染治理活动,使其区别于其他环境管理手段。第四,降低社会平均治理成本。如果治理费用低于排污权市场价格时,排污单位则会倾向于通过治理污染而将富余的排污指标在排污权交易市场出售。通过排污指标的有效流动,达到降低社会平均治理费用的目的。④

(三)总量控制视角下排污权交易制度的法律问题

在总量控制视角下,国内学者大多认为狭义上的排污权交易仅指排污企业之间的交易,广义上的排污权交易可以包括排污权有偿使用和排

---

① 黄晟.排污权交易制度研究[D].青岛:中国海洋大学,2010.
② 陈红飞.排污权交易制度研究[D].杭州:浙江大学,2002.
③ 刘朝,田恬,龙舟.排污权交易制度在社会可持续发展中的功能与价值[J].科学管理研究,2009,27(04):62.
④ 李寿德.排污权交易市场秩序的特征、功能与制度安排[J].上海交通大学学报(哲学社会科学版),2006(02):50.

污权交易两个层次。根据排污权交易在我国的试行现状以及河南省推行排污权有偿使用的情况,在对排污权交易制度特征阐述的时候也将排污权交易分为排污权有偿使用和排污权交易。

1. 排污权有偿使用和排污权交易的不同法律特征

首先,排污权有偿使用是经济手段结合行政手段。根据我国环境管理手段的分类,排污权有偿使用是通过对排污企业收取有偿使用费的方式约束排污单位排污量,从而达到改善环境质量的目的,其属于环境管理的经济手段。根据我国试点省市排污权有偿使用工作的推行情况,排污权有偿使用工作又具备一定的强制性和权威性,所以本质上排污权有偿使用是一种经济手段结合行政手段的管理手段。其次,需在使用中注重公平性。初始分配的公平性关乎排污权有偿使用工作是否顺利推行。在实践中,必须建立起统一的分配方式、分配范围,制定合理的有偿使用价格,才能使企业消除抵触情绪,自觉缴纳有偿使用费。

排污权交易的法律特征与排污权有偿使用的法律性质不同,排污权交易是一种民事法律行为。排污权交易市场体系一般包括交易主体、交易客体、管理者。其中交易主体和客体是排污权交易的主要法律行为方,其决定了排污权交易的法律性质是一种民事行为,这也是排污权交易与环境管理行政手段的重要区别之一。排污权交易遵循民事交易行为的基本准则,即自愿、协商、公平、有偿原则。

2. 排污权交易制度涉及的理论和实践层面的法律问题

(1) 排污权交易的法律性质有争议。基于法律的确认,目前普遍认为排污权是一种法律创设的权利。有学者指出排污权是有关部门即环境保护监督管理部门所授予的一种行政许可。因为排污权是指排污者在环境保护监督管理部门分配的额度内,并在确保该权利的形式不会损害其他公众环境权益的前提下,依法享有的向环境排放污染物的权利。[①] 还有学者认为排污权即排放污染物的权利,是一种以相关权利主体为核心的权利,是派生于环境权的一种权利,是指权利主体按照自己所拥有的排污

---

① 蒋亚娟.关于设立排污权的立法探究[J].生态经济,2001(12):77-78.

指标向环境排放污染物的权利。① 还有学者认为,排污权是指在法律规定的范围内,相关权利人在已申请获得排污许可的条件下,由环境保护监督管理部门进行监管,排放环境污染物的权利,即合法进行的对污染物的排放权。②

但是有学者指出,排污权的客体是污染物,是有害物,严格说来,任何人都不能对排污享有权利。排污权不是有益的,而有副(负)作用,具有负能量、负效应。只是由于各种原因,目前还无法完全避免排污,不得已,排污权以排污许可证形式予以确认。但并不等于说,排污合乎权利的性质和要求,就有权利依据,就是一种权利。③ 也有观点认为,对于"富余排污权",不应进行交易,因为交易并没有减少国家核定的污染物排放总量,而应由政府直接回购,将回购款作为对减排单位的奖励,回购后的"剩余排污权"不再使用,这样才能减少国家核定的污染物排放总量。如何准确核定排污权并回购剩余排污权,这才是国务院有关部门要研究制定鼓励排污权交易的财税等扶持政策。④

排污权交易的法律性质的争议直接影响法治化进程,有关理论研究的观点可以有争鸣,目前我国法律建设在排污权交易层面已经开始了法治下的实践,有关权利与否的争议意义不大。但是在实践中积极研究实践成效并继续以理论研究加以研判,则是排污权交易法治化进程的应有之义。

(2) 排污权交易的法治化不完善。从国家层面来看,现行的《大气污染防治法》《水污染防治法》等虽已提到了污染物总量控制制度及排污许可证制度,但至今还缺乏《排污总量控制条例》或《排污总量控制办法》。2021年3月1日我国实施《排污许可管理条例》并未提及许可排放量的可交易性,也没有涉及排污许可与排污权交易衔接的规定。⑤ 我国排污权交易目前缺乏专门性立法,没有统一的标准规范排污权交易流程。地方也陆续开展了近20年的排污权交易试点,但依然没有国家层面上的排污权

---

① 陈凌. 排污权理论及其立法思考[J]. 干部学院学报,2002(02):90-91.
② 蔡玉. 排污权交易制度的法律问题研究[J]. 法制与社会,2014(30):42.
③ 李霞,狄琼,楼晓. 排污权用益物权性质的探讨[J]. 生态经济,2006(06):31-33.
④ 邱本,白冰. 排污权不是权利——评《国务院办公厅关于进一步推进排污权有偿使用和交易试点工作的指导意见》[J]. 温州大学学报(社会科学版),2015,28(01):39-43.
⑤ 刘宁,汪劲.《排污许可管理条例》的特点、挑战与应对[J]. 环境保护,2021(09):13.

交易法律法规。2014年8月,国务院办公厅印发了《关于进一步推进排污权有偿使用和交易试点工作的指导意见》,为我国进一步开展排污权提出了具体的要求,明确了时间进度,有利于排污权交易制度发挥市场机制,推进环境保护和污染物减排。即便如此,我国排污权交易的法律法规依据仍不充分,有待进一步的完善。另外,排污权分配方法尚不完善。虽然目前已经有了一些排污权分配的理论研究结果,但是缺乏与我国实际相符合的分配理论和实践。初始分配没有充分考虑不同地域环境容量、经济发展水平、不同排污者的污染治理能力等。对于初始排污权的排放总量的确定,缺乏技术标准及规范的支持,允许分配的污染物的总量目标的确定还欠科学性与合理性。

3. 排污权交易制度的"市场失灵"

首先,排污权交易的启动,是否存在富余的排污许可指标。是否存在富余的排污许可指标与交易主体是否对减少污染进行设备、技术上的投入等因素有着非常密切的关系,只有当交易主体主动减少污染物的排放时,才能够出现剩余的排污许可指标。同时,只有在直接排污成本大于购买排污权所需支出费用的情况下,企业的购买欲望才会被激发出来,如果企业直接治理污染的成本较高,而购买排污权的成本较低,那么为了节约成本投入,排污者会选择购买排污权的方式进行排污行为,从而造成排污权交易市场上没有可用来交易的剩余排污指标。此外,环境容量作为一种稀缺资源,随着社会的发展,其稀缺性将更为凸显,有些有富余排污指标的企业宁愿将多余指标留待未来扩大生产时使用也不愿意选择将指标卖出,甚至有的企业会恶意收购排污指标形成垄断,长期下去,排污权交易的主体和交易市场便不存在,排污权交易制度也将形同虚设。

其次,单一的排污权交易制度下,排污企业之间不能有效地获取彼此的供求意向,主要污染物的市场交易动态、交易价格水平、交易价格的浮动变化轨迹等信息不能得到有效的反映,造成市场信息不对称的现象。现代制度经济学家G. 霍奇逊说过,一个纯粹的市场体系是行不通的,一个市场系统必定渗透着国家的规章条例和干预。① 所以在排污权交易制

---

① 马奎. 论西方政府干预经济理论的演变[J]. 经济评论,2001(03).

度推行的过程中,需要政府有效干预,这种干预不能是大范围强力度的直接干预,而是通过一定的方式,遵循一定的原则并在合理的限度内使政府的干预卓有成效的一种行为。对于排污权交易制度可能出现的"市场失灵",政府部门应当推进排污权交易制度的法制化,出台完善的排污权交易规则制度,保证排污权交易的顺利推行。对于可能出现的交易市场低迷的状况,建议通过引入排污权交易市场进入与退出机制,提升排污企业的交易热情,杜绝囤积指标的现象发生。政府应当积极推进排污权交易的大众传播和平台建设,消除信息不对称所引起的误导,推进排污权交易市场的活跃。

二、总量预算机制对排污权交易法律机制的保障

排污收费、污染减排均是我国较为行之有效的环境行政管理手段。[①]我国环境保护的实践证明,环境行政管理权的行使,改变了对于解决环境问题倚重于司法控制的末端控制模式,建立了以预防为主和全过程控制的新型控制模式,并使之成为环境管理的有效手段[②]。"十一五"末期,各试点省份实施了总量预算管理制度。总量指标预算管理,是指政府或其环境保护行政主管部门在特定时期为满足经济社会发展需求和实现总量控制目标,对总量指标进行量化管理的行为。总量预算管理制度是一种行政管理手段,由省人民政府制定相应的标准。省环境保护主管部门负责分配每年度各行政区的控制排放量、污染减排量和预支增量,强制各行政区完成年度环保任务,以此来实现既定的环境保护要求。总量预算管理制度是借鉴财政预算管理的概念,对主要污染物排放总量实行预算管理,在削减污染物排放存量同时,控制污染物新增排放量,达到逐步削减污染物排放总量,最终使其满足环境容量限值,改善环境质量的目的。[③]

(一) 总量预算管理制度是总量控制制度的拓展与延伸

总量预算管理制度起源及设计思路主要是以促进污染物总量减排为

---

① 黎晓东.我国环境行政管理体制的若干问题[D].武汉:华中科技大学,2007.
② 陈兆开.论环境行政非强制性管理手段[D].南京:河海大学,2004.
③ 章显,于鲁冀,梁亦欣,等.基于可持续发展的主要污染物总量指标预算管理体系初探[J].生态经济,2012(05):32-38.

核心,通过控制新增排放量,达到增产不增污的目的,促进污染物总量减排目标的实现,从而促进污染物总量控制目标的实现。由此来看总量预算管理制度是总量控制制度的拓展和延伸。在总量预算管理制度设计中,主要污染物排放总量预算指标包括控制排放量、总减排量和预支增量。控制排放量是一定时期内区域不得突破的污染物排放总量,其等同于区域总量控制目标。总减排量是区域一定时期内需削减的污染物排放存量和增量,是区域一定时期内必须完成的污染减排任务量。预支增量是一定时期内可用于发展的污染物新增排放量,是根据区域的环境容量使用情况所测算的,其主要目的是通过促进存量削减、控制新增排放量,实现污染减排。

(二)法定的预算指标管理

以试点省份河南省为例,为充分发挥市场在配置环境资源中的作用,反映环境资源的稀缺性和有偿性,促进环境资源优化配置,2014年7月14日河南省人民政府印发了《河南省主要污染物排污权有偿使用和交易管理暂行办法》,于同年10月1日实施。同时,《河南省主要污染物排放总量预算管理办法》《实施细则》等对总量预算管理制度的作用条件进行了解析。法定的预算指标管理成效显著。首先是分级管理。预支增量指标试行分级审核管理。控制排放量和总减排量实行省、市两级预算,省、市、县三级管理;预支增量实行省级预算,省、市两级管理,即省环保厅负责核准火电、钢铁、造纸、印染、化工等行业和国家审批建设项目的主要污染物排放量,市环保局负责除省环保厅核准外建设项目的主要污染物排放量,县环保局负责建设项目主要污染物排放量的初始审查。未经核定主要污染物排放量的建设项目,不得批复环境影响评价文件;没有预支增量的地方,原则上不再核定建设项目的主要污染物排放量。其次是使用管理。经济社会发展所需排污总量,在保障社会发展的生活源和经济发展的电力行业需求的基础上,从各地年度预支增量指标中支出。预支增量可以跨年度结转或扣减。各地当年剩余的预支增量,可以结转到下年度使用。再次是核查管理。预算指标核查管理包括控制排放量管理、总减排量管理、预支增量管理,三个指标的管理相互关联,控制排放量和总减排量由省政府分配至各市人民政府,污染物排放总量超过控制排放量限值或者完不成上年度减排任务的区域,不能支取当年度的预支增量指标。最后是网上动态管理。建立严格的总量预算指标动态管理体系,设立全省统一联网的预支增量管理平台,实行建设项目主要污染物排放量网上申请、核定和备案制度。所有建设项目通过省环保厅门户网站申请、办公内网核定。对于没有预支增量指标的地区,网络系统拒绝建设项目污染物排放量的核定,杜绝人为因素的干扰。

(三)排污权交易与总量预算管理制度关联性

排污权交易制度主要包括允许排放量确定、排污权初始分配、排污权交易、排污许可管理、监督管理等重要构成要素,总量预算管理制度主要包括预算指标分配、预算指标管理(控制排放量、总减排量、预支增量)两个重要构成要素。从河南省实施的排污权有偿使用和交易制度、总量预算管理制度在执行中发挥作用的主要依据看,排污权交易制度主要依据《河南省减少污染物排放条例》、污染物总量控制要求和环境质量要求、排污许可证分级管理、建设项目环评分级管理、自动监控和监督性监测数据等开展相应工作;而总量预算管理制度主要依据污染物总量减排约束性指标要求、国民经济社会发展宏观预期数据、环境容量系数、排污许可管理、总量减排核算细则、建设项目分级审核等开展工作。其中,在污染物总量控制要求、排污许可管理、建设项目分级管理上,两种制度的作用条件具有一致性。总体来说,排污权交易制度作为一种市场经济手段,其具有市场经济手段的一般功能;总量预算管理制度作为一种行政管理手段,其具有行政管理手段的一般功能,两种制度在总量控制作用方面、污染减排方面存在相互耦合的关联性。排污权交易制度能够提高区域排污企业污染减排积极性,在一定程度上促进污染减排;总量预算管理制度的主要作用是实现区域污染减排,所以两种制度基于污染减排方面是相互耦合的,在政策选择上可以同时适用。

三、排污权交易与总量预算管理制度协同作用机制

(一)市场经济手段与行政管理手段的逆向作用

理论上,在容量总量控制阶段,区域污染物排放总量总体控制在相应环境容量之下,区域排污单位无须承担刚性的削减任务,此时排污企业经

过管理、工程减排所腾出的富余排污指标,出于利益最大化的考虑,更愿意投入排污权交易以获取利益。若区域内排污企业所腾出的富余排污指标均投入排污交易市场,此时区域内总减排量为零,根据总量预算收支平衡原理,其预支增量也便无法作为建设项目排污指标来源。由此可见,在容量总量控制阶段,总量预算管理制度的总减排量和预支增量均丧失了相应的作用,在作用方式上等价于总量控制,此时如何在容量总量控制阶段,发挥总量预算管理制度的宏观调控作用,也是两种制度并行的矛盾点。同时,在排污权交易制度全面推行的阶段,市场经济手段自身的缺陷性,容易造成"市场失灵"、囤积排污指标哄抬市场价格等破坏市场秩序的现象的发生,如何科学合理地与行政管理手段相衔接,保障排污权交易市场的有效运作,也是两种制度并行需解决的问题之一。

(二) 市场经济手段与行政管理手段的融合

随着总量预算管理制度的有效推进,区域内污染物排放总量持续削减,直至处于区域相应环境容量以下,此时区域理论上达到了容量总量控制的需求。在容量总量控制阶段,依据社会经济与环境资源的协调发展,求得在一定环境质量下的社会经济利益最大化,在环境质量控制目标不变的情况下,区域可以维持现有的污染物排放水平,无须开展污染减排工作,此时区域内各排污单位不需要进行相应的污染减排工作,依据排污许可限额定量、定浓度的排污即可。在此阶段,将会产生以下两种问题:一是区域无须承担污染减排任务,则区域每年度的总减排量为零,根据总量预算收支平衡体系,此时预支增量无相应的计算方法,也无法进行分配,总量预算管理制度的主要核心理念不能得以有效发挥。二是排污权交易制度作为一种市场经济手段,其运转主要依靠市场机制,由于市场机制所固有且无法通过其自身克服的缺陷等一系列因素的出现,往往会导致排污权交易制度无法完全弥补环境经济外部性,在环境问题上出现"市场失灵"。

(三) 容量总量控制下总量预算管理制度作用

总量预算管理制度作为一种行政管理手段,根据总量预算管理制度解析,其通过行政命令的方式,将污染减排任务下达至各区域行政单位,强制性实现环境保护目标。相关研究表明,政府的干预不是万能的,对政府的依赖性越大,就越容易导致"政府失灵"情形的出现。① "政府失灵"一方面表现为政府的无效干预,即宏观调控的范围和力度不足或者方式选择不适当,不能够弥补"市场失灵"。② 另一方面的表现则是政府的过度干预,即政府干预的范围和力度,超过了弥补"市场失灵"和维持市场机制正常运行的合理需求,反而抑制了市场机制作用的发挥。③ 由此可见,在目标总量控制阶段,总量预算管理制度将污染减排任务具体到各排污单位的行为属于过度干预,抑制了排污权交易市场属性的发挥。而在容量总量控制阶段,一定的环境质量目标下,区域无须开展刚性污染减排工作,按照现有的总量预算管理制度的实施细则,区域总减排量即为零,预支增量相应计算公式不能成立,总量预算管理制度不能体现其设置的核心理念。而总量预算管理制度属于总量控制,是总量控制工作的延续和拓展,在此阶段总量预算管理制度等价于容量总量控制工作,明确区域污染物排放总量的上限,依然是开展排污权交易制度的基础和前提。

(四)排污权交易下的政府宏观调控行为

相关研究指出,排污权交易是当前备受各国关注的一种环境经济政策,是环境管理的发展方向。通过赋予环境容量资源价值,确定产权,并允许产权自由转让的方式,有效配置环境容量资源,降低污染控制的社会成本,是实施总量控制的有效方法。④ 我们认为,在容量总量控制阶段,应当大力推行排污权交易制度,促进排污权交易制度的法制化、建立完善的排污权交易市场即交易规则、建立完善的排污权交易后监管机制。

(五)排污权交易与总量预算管理制度协同

通过对排污权有偿使用和交易制度、总量预算管理制度、总量控制制度的分析,排污权有偿使用和交易制度与总量预算管理制度具有并行的良好基础,总体上两者应是并行、融合的关系。总量控制制度是排污权有

---

① 张旭昆.制度系统的关联性[J].浙江社会科学,2004(03):79-81.
② 杜莉梅.市场经济下的政府有效干预研究[D].南京:南京师范大学,2012.
③ 杨朝霞.论我国环境行政管理体制的弊端与改革[J].昆明理工大学学报(社会科学版),2007,29(05):1-8.
④ 徐士春.市场型环境政策工具对碳减排的影响机理及其优化研究[D].徐州:中国矿业大学,2012;李晓绩.排污权交易制度研究[D].长春:吉林大学,2009;李云燕.论循环经济发展中市场机制与政府行为的耦合效应[J].经济与管理研究,2008(04):70-74.

偿使用和交易制度的前提,而总量预算管理制度是总量控制制度的延伸和扩展,两种制度能够相互作用,有效弥补排污权交易的不足、共同促进环境资源的优化配置,逐步改善环境质量,决定了两种制度并行的必要性。在目标总量控制阶段,两种制度可以融合发挥作用。一是开展排污权有偿使用和交易时,应明确分配给企业的允许排放的污染物总量,同时预留一部分可灵活调配的污染物总量,确保总量控制目标的实现与有效控制;同时跨区域开展排污权交易时,区域新增污染物排放量不得突破区域的预支增量;年度污染物排放量与通过跨区域交易获取的排放量(包括新建项目和现有项目)不得突破区域的控制排放量。二是对新建项目进行排污权有偿使用阶段,污染物减排任务可由具有减排潜力的现有企业通过结构、工程、管理减排措施来完成;区域内除新建项目新增排污指标外还需完成的存量减排任务,由政府部门通过结构减排、工程减排、管理减排来实现,对于实施工程减排措施的企业,建议在进行污染减排任务分担时,对企业给予政策优惠或者补贴。三是在目标总量控制阶段,实施排污权有偿使用初期(即仅对新建项目进行排污权有偿使用),预支增量仍可按照现有制度规定执行,新建项目排污指标从预支增量中支取,年度污染减排任务完成才能获取下一年度的预支增量指标;在对企业进行确权之后,所有企业进行排污权有偿使用和交易时,因污染物减排量归企业所有,预支增量将不具有可支配的实际存在的量,也不能作为排污权交易的指标来源,而应是一个宏观约束量。预支增量作为建设项目排污指标约束量,由环境保护主管部门统计汇总年度建设项目中排污权交易市场购买的排污指标数量,确保其不突破区域预支增量范围,维持污染物排放总量的可控性,保证污染减排目标的实现。四是在目标总量控制阶段,排污权交易的指标来源应从以下几个方面考虑:①对企业进行确权时预留的排污指标。②因企业采取各种减排措施腾出的排污指标。③因企业生产方式转变而腾出的排污指标。总量预算指标中的控制目标量、预支增量均作为宏观约束区域的量,而不应作为排污权交易的量,仅有减排量可作为排污权交易的来源。

第四章　排污权交易法律机制的法律权属与法律关系

排污权交易最初是一个经济学术语,明确其法律权属具有重要意义。学术界对"排污权"法律性质的研究基本上是从权利的路径出发的,代表性的观点有行政许可性权利说、环境权说,也有物权说下的准物权说、用益物权说,还有无形财产权说、功能性权利说等。[①] 国内外对排污权的法律性质及权属问题已经进行了较为深入的研究,并且提出了有建设性的观点。确定排污权交易制度的权利性质,才能在排污权交易法治化的进程中保证法律实施的效率和效力。

第一节　排污权交易对象的法律权属

排污权法律的性质难以界定,主要是因为它属于公法和私法的交叉领域,具有双重权利属性,表现为权利的公益性和私益性。事实上,随着公法私法化和私法公法化的现象出现,"政府管制下的市民社会,民法上的私权利不再是权利主体可以自由行使的私权,政府公权的行使也不完全在所有场合下都是公权力"。研究当代财产权的公私法性质定位成为当代财产权体系构建过程中不可回避的重要问题,但事实上这种超越公、私法体系的定位具有相当大难度,这种难度在日新月异的现代生活中更加凸显,法学界对排污权属性的研究正以此为背景。如何界定排污权的

---

① 巩海平,周雪莹."排污权"权利属性的辨析[J].西部法学评论,2019(06):37.

法律性质,是我国进行排污权交易的基础和关键。本章从法理的角度对排污权的法律性质进行概括和总结,最终将其定义为一种具有复杂性和特殊性的物权。

一、排污权交易对象法律权属的理论学说

从法律关系论的角度看,排污权本身就是排污权交易的对象,能够进行市场化交易的对象一定是合法的法律关系的客体。排污权因为其特殊性,有必要在法律上确定其法律性质,进而才能在法律体系和法律关系内判断其合法性。行政许可性权利说认为行政许可确认了排污单位在许可限度内排污的行为,即赋予企业一定行为的权利。[①] 环境权说认为环境权是一种丰富的人权,包括很多权利,公民和企业法人对环境的使用权和依法排污权就是建立在环境权这种"属权利"基础上的"子权利"。无形财产说认为排污权是一种被创造出的权利,目的是污染防治,这种权利能够带来财产性收益,且交易的对象为虚拟的无形财富。功能性权利说是基于对传统财产权的权利内容扩展的新型财产权提出的,功能性权利说认为应在排污主体和政府之间的行政隶属关系中审视排污权的性质,排污权是财产权中"非基础性权利"的功能性权利。准物权说认为"排污权"是因其以权利人对环境容量的使用和收益为权利的内容,而不以担保债权的实现为目的,故排污权属于他物权;又因其与一般的用益物权在权利对象、行使方式、权利效力等方面存在着明显不同,所以学者们一般将其定性为准物权。用益物权说认为排污权是一种环境容量使用权,是权利人依法对环境容量资源占有、使用和收益,且无相对的义务人的权利。[②]

(一) 物权说

1. 排污权是用益物权

作为物权体系的重要组成部分,用益物权是指非所有人对他人之物所享有的占有、使用、收益的排他性的权利。有学者认为,排污权作为一

---

① 史玉成.环境法的法权结构理论[M].北京:商务印书馆,2018:209.
② 吕忠梅.论环境使用权交易制度[J].政法论坛,2000(04):126-135.

种新型用益物权在法律上仍然是可行的。首先,无体物可以成为物权客体,并具有支配性、特定性和独立性。物权的客体主要是无体物,但并不局限于有体物,只要能够被人类所控制和支配都可以为法律上的物。环境容量作为一个整体,是动态的、抽象的和难以确定的。但是,随着科学技术的发展,人类能够量化确定特定区域的环境容量总量,进而根据实际情况对该区域总量进行科学分配为不同的份额。份额的获得是由排污单位向行政主管部门申请领取排污许可证,排污许可证明确标示出了排污单位可以支配的排污指标,实际上,排污许可证就是通过物权凭证的方式予以公示,从而具有独立性和具体性。因此,排污权(环境容量使用权)其内容是具体的并具有一定的支配性、特定性和排他性,即排污权权利人(环境容量使用权人)可以根据自己的意志使用和收益其拥有的环境容量份额,其他任何人负有不得侵害和干涉的义务。其次,拓展用益物权体系。从罗马法到现代民法,用益物权的类型是在不断发展、变化的,并非一成不变,因为用益物权以对物的使用和收益为中心,而人们对于特定物的使用和收益是被当时的科学技术发展水平所决定的。历史上由于技术条件限制,人们根本就不知道环境容量,随着科学技术的进步和环境保护意识的提升,环境容量的经济价值和生态价值日益彰显,排污权(环境容量使用权)制度也就应运而生,它符合用益物权的基本特征,并在社会生活中大量存在,自应以用益物权的法律机制对该项权利加以定位和规范。

  从另一方面来说,一国物权法中的用益物权体系,从根本上说,取决于该国的社会经济体制,并为该国的经济发展服务。在我国市场经济的条件下,如何实现对环境容量的高效充分利用,发挥其在国民经济发展中的重要作用,是摆在我们面前的一个重要课题。而用益物权制度就是解决这一问题的最合理的途径,通过设立环境容量使用权(排污权),以实现对环境容量科学、高效的利用,推动我国可持续发展。因此,将环境容量使用权(排污权)确立为一种用益物权,在很大意义上是我国当前社会经济发展的必然产物。我国《民法典》物权编已经确认海域使用权、探矿权、采矿权、取水权等都归属于用益物权法域,这也说明我国用益物权体系具有相当的开放性,排污权进入用益物权体系,获得法律的承认具有现实可行性。①

排污权实际上就是环境容量使用权,它的实质正是通过对环境自净能力的使用而实现应得利益的一种权利形态,因此,它是用益物权在环境保护领域的自然延伸,具备了用益物权特有的基本属性。

首先是具备用益性。用益性是指以他人所有之物进行使用并获得相关收益的属性。传统上,由于民法物权理论强调所有权的完全性、绝对性而大大限制了物的充分利用和价值的完全实现,用益物权因此应运而生,以弥补绝对所有权不能做到"物尽其用"的缺陷。所以用益物权确定的法权状态或法律关系就以用益权人的具体使用、收益行为为内容,否则不能实现物上价值成为共识。具体到环境容量使用权,市场主体向管理部门(初次分配)或其他主体(市场交易)支付对价后,就取得了特定环境容量的使用、收益权。作为权利主体,企业可以据此对之进行使用——在总量控制目标下,遵循污染物排放标准进行正常的废弃物排放,以履行生产过程中必需的程序,使得生产链条环环相扣、完整有序,并因此获得相应的收益——商业利润,用益物权充分实现物上价值的根本意图得到了全面体现。

其次是具备占有性。由于用益物权以实现物上价值为内在规定,所以权利人对物的实际管领、占有、支配就成为必须。如果主体对物不能实施一定的控制和管理,利用也就成为无源之水、无本之木,失去了基本的前提。但是,随着社会生活的剧烈变动以及相应技术手段创新,对占有的外延必须持开放的心态作动态理解。新经济背景下对物的占有,不仅仅是传统意义上具有物理属性的直接控制、支配,更多是一种观念上的抽象式占有,是一种"法律拟制"②。环境容量使用权的占有性正是法律拟制技术的一种体现。一定范围的环境系统,没有固定的集合形状,很难谈得上对之进行类似于农场主对耕地、房主对建筑物实施的物理意义上的直接支配,但企业对其占有是通过迂回的途径间接表现出来的:作为环境容量使用权凭证的排污许可证及其上载明的排污额度反映了企业对环境容

---

① 王育红,李融.排污权的法律性质[J].法律适用,2012(12).
② 梅因.古代法[M].沈景一,译,北京:商务印书馆,1984:15.

量的占有及使用程度。这种法律拟制技术的巧妙运用,使得不具备传统财产形态的环境容量以用益物权客体的身份进入企业生产要素体系成为可能。

再次是具备排他性。作为一种排他物权,用益物权的排他性往往被忽略。物权理论认为,用益物权是建立在他人所有之物上的一种限制物权,其行使和获益势必要受制于所有权人的意志和利益。但是,这并不妨碍用益物权成为一种独立的权利形态,也不足以否认其具有法律意义上的排他效力。正如有的学者指出的那样,被视为不完全物权的用益物权仍然是具有一定独立性的物权形态,一物之上,势难同时成立两个现实占有,用益物权当然具有排他性。排他性意味着所有权人不能同时将附着于同一标的物之上的同类使用、收益权能让渡给不同主体,也表明所有权人不能没有法律依据肆意对之干预限制,这对于确保用益物权人合理预期、维护正常流转秩序是十分必要的。

另外,独立性也是环境容量使用权的内中应有之义。一旦市场主体获得了一定环境容量的使用权(不论是初次分配或市场交易所得),只要其依循总量控制指标和相应的污染物排放标准,那么对该资源不管是采用排污式的直接使用方式还是交易式的间接使用方式都应视为企业经营自主权的行使,政府管理部门不能随意变动、削减、划拨企业已经获得的作为生产要素的排污指标,更不能借管理之名而对企业间的使用及交易任意设置障碍,横加干涉。否则,通过制度创新促使经营者节约使用环境容量的努力就难以收到预期效果。当然,环境容量毕竟是一种关涉国家和社会重大利益的特殊形态,其使用、收益必须遵循自然规律,受到一些额外限制。管理部门基于环境安全和社会公益对企业的环境容量使用权进行调整、重配,或对其行使进行监督,就不能视为对其独立性的非法干预。但这必须以遵循法律规定、履行法定程序为前提。[①]

因此,排污权应属于一种用益物权。《民法典》第 323 条将动产纳入用益物权的客体范围,预留了通过特别法设立动产用益物权类型的空间。《民法典》明确了探矿权、采矿权、海域使用权、取水权、捕捞、使用水域、滩

---

① 吴元元,李晓华.环境容量使用权的法理分析[J].重庆环境科学,2003(12):120.

涂从事养殖的权利的用益物权属性。虽然《民法典》没有明确排污权的用益物权的属性,但是与取水权等权利一样,排污权属于对国家环境资源所有权之上建立的定限物权。大气环境容量属于可以制度化的"物"和国有资产。因此,排污权是基于其转让行为对国家环境容量资源的占有、收益与使用。根据《民法典》第326条、第327条,国家在排污权人的配额和权利范围内,不得干涉使用者,要保护和补偿权利人的利益。同时,用益权人应遵守合理利用和保护环境的规定。[①]

2. 排污权是准物权

作为环境容量使用权的排污权,是权利人依法享有的对基于环境自净能力而产生的环境容量进行使用、收益的权利。[②] 由于排污权是以环境容量这一特殊物质作为客体而形成的权利,因此其在性质上又有别于典型物权。排污权所栖身的某些物质载体在法律上虽被归属于"动产"之列,如水、大气等,但排污权自身却属于不动产权益。因它以权利人对环境容量的使用和收益为权利内容,而不以担保债权的实现为目的,故排污权属于他物权;又因它与一般的用益物权在权利对象、行使方式、权利效力等诸方面存在着明显的不同,所以学者们一般将其定性为准物权。[③] 准物权不是属性相同的单一权利的称谓,而是一组性质有别的权利的总称,它由矿业权、水权、渔业权和狩猎权等组成[④]。也有学者认为权利抵押权和权利质权也包含在准物权的范围之中。

准物权是指以物之外的其他财产为客体的具有支配性、绝对性和排他性因而类似于物权的民事财产权。有学者认为,排污权也可称为环境容量使用权,是权利人依法享有的对基于环境自净能力而产生的环境容量进行使用、收益的权利。由于排污权是以环境容量这一特殊物质作为客体而形成的权利,因此其在性质上又有别于典型物权。排污权所栖身的某些物质载体在法律上虽被归属于"动产"之列,如水、大气等,但排污权自身却属于不动产权益。因它以权利人对环境容量的使用和收益为权

---

① 倪受彬.碳排放权权利属性论——兼谈中国碳市场交易规则的完善[J].政治与法律,2022(02):8.
② 邓海峰.环境容量的准物权化及其权利构成[J].中国法学,2005(04):59.
③ 崔建远.准物权研究[M].北京:法律出版社,2003:24-28.
④ 崔建远.准物权研究[M].北京:法律出版社,2003:20.

利内容,而不以担保债权的实现为目的,故排污权属于他物权;又因它与一般的用益物权在权利对象、行使方式、权利效力等诸方面存在着明显的不同,所以一般将其定性为准物权。①

在现代法治进程中,准物权制度是现代社会中土地利用关系走向多元化趋势的必然结果。在传统大陆法系民法中,土地的归属和利用关系主要是通过土地所有权及其用益物权制度架构来进行规制的。在此种模式下,与土地相关的自然资源被视为土地的附属物,有关自然资源的利用、转让等法权关系也比照不动产物权规则来处理,以确保其时刻依附于土地之上的法律秩序能得以维系。但在当代的社会条件下,这种已显僵化的立法模式遭到了前所未有的挑战。一方面,矿产资源、水、渔业和森林等附属于土地的资源的开发和利用行为已具有了独立的价值,并逐渐开始脱离土地所有人的效力范围;另一方面,基于对自然资源的开发和利用形成的权利也不再是单纯的民法上的不动产用益物权,而有渐次形成具有相对独立性的新权利体系的趋势。不同的价值追求加之各异的权利体系使准物权制度开始寻求对传统不动产物权制度的超越,而排污权的出现则进一步加剧了这种超越的深度和广度。②

有学者认为,排污权本身所承载的环境保护历史使命及其客体即环境容量所具有的经济价值与生态价值的双重属性,决定了它较之典型物权具有一定的特殊性,应归属于准物权体系。③准物权所涉及的对象为自然资源乃至自然环境。它不是属性相同的单一权利的称谓,而是一组性质有别的权利总称,它由矿业权、取水权、渔业权和狩猎权等组成。准物权制度已在我国法律体系中开始了立法实践,核心的准物权类型已上升到法定权利的层面,《民法典》"物权编"已将几类核心的准物权规定在用益物权之中。排污权具备较为鲜明的物权个性:排污权针对具有公共性的环境资源而设立;权利客体即环境容量不具有严格意义上的特定性;权利内容及物权效力呈现出特殊性;环保部门的行政许可赋予其公权性质,作为交易的标的本身又体现私权性质等。由此可见,具有物权基因的排

---

① 崔建远.准物权研究[M].2版.北京:法律出版社,2012:18.
② 邓海峰.环境容量的准物权化及其权利构成[J].中国法学,2005(04):59-66.
③ 刘萍.论作为准物权的排污权[D].重庆:西南政法大学,2014:19.

污权又有其鲜明个性,使之无法被包含在典型物权中,在物权体系中应归属于准物权。①

(二) 非物权说

1. 排污权是环境权

有学者认为,排污权是环境权的一项重要内容。环境容量作为排污权客体欠缺科学性,利用物权母权与他物权关系原理否认了排污权的客体为环境容量说,主张以环境资源为排污权客体,排污权是环境资源所有权的权能之一,环境容量只是排污权的限制条件,是设定排污权的合理性前提。② 事实上,法律确认的排污权是指单位和个人在正常的生产和生活过程中向环境排放必须和适量污染物的权利,不能把排污权片面地理解为向环境任意排放污染物或污染环境的权利。有学者认为,单位和个人的环境权,是指单位和个人有享用适宜环境资源的权利,同时也有保护环境资源的义务。适宜的环境资源是单位和个人维持其生存发展的、不可或缺的基本条件,环境具有一定的容纳和净化污染物的自净能力,这种自净能力对单位和个人来说是一种资源(称为环境容量资源);向环境排放必须(即符合生产和生活规律)和适量的(即不超过环境容量的)污染物不但不会污染破坏环境,而且是合理利用环境容量的合理行为,只有向环境排放过量的(即超过环境容量的)污染物才会引起环境污染问题。既然在现行条件下,单位和个人为了生产和生活还必须排污,并且这种排污已经获得政府的许可,那么这种获得许可的排污就理所当然地成为单位和个人的权利。因此,单位和个人合理利用环境容量的排污权应该得到法律的确认和保护。③

也有学者认为,环境权是环境法律关系的主体享有适于健康和良好生活环境以及合理利用环境资源的基本权利,也就是说环境权的内容包括享受环境和使用环境这两个方面,排污权主要体现了主体在法律规定范围内合理使用环境资源的权利。事实上,环境权具有丰富的权利内容,

---

① 王传良,段燕华.试析排污权的准物权属性[J].西安建筑科技大学学报(社会科学版),2011,30(05):19-24.
② 杨俊嫦.排污权的法律透析[J].法制与社会,2007(06):219-220.
③ 蔡守秋,张建伟.论排污权交易的法律问题[J].河南大学学报(社会科学版),2003(05):98-102.

其权利项包括生存权、自然资源永久主权、发展权、环境资源使用权等项权利,排污权就是建立在环境权基础上的"种权利"或"子权利"。排污权是建立在环境容量使用权的基础之上的,环境容量使用权的实质就是排污权,而这种环境容量使用权作为对生态性环境资源的利用已具有物质属性,可以成为物权的客体。民法规定,物权的客体主要是经过劳动加工后具有价值和使用价值的有体财产,也包括某些有体和无体的自然财产,如自然资源等。因此,"环境容量"也可以作为一种无体物而成为一种物权客体,也正如"土地使用权"是一种物权客体一样。①

2. 排污权是行政许可性权利

有学者认为,排污权不等于环境容量使用权。排污权是实施排污行为的权利,环境容量使用权是利用环境容量资源的权利,二者的权利客体不同。在环境容量已经耗竭的区域、流域,排污单位仍然可以依据排污许可行使排污权,而不可能行使权利客体已不存在的环境容量使用权。环境容量使用权不构成物权或准物权。环境容量是物的功能,而不是物。排污许可本质上是控制排污的事前手段,且是一种附带义务的许可,排污者只能在一定期限内按照许可证记载的排放标准和排放总量实施排污行为。也就是说,排放总量指标恰恰是对排污权的限制,而不是排污权本身。结合目前我国环境保护的严峻形势、排污权交易制度的设计初衷和排污权的环境法域归属,分配给企业的排污指标更应被认为是在政府的严格监管之下的、为保障公民适宜环境权的、对企业排污行为进行限制的一种环境义务,在相关的制度安排和理论研究中更应体现其义务性质。在我国早期的排污交易实践中,并未明确提出和采用"排污权"的概念,而是使用"排污指标""排放配额""可交易的许可证"等概念,这样的概念更能准确揭示排污权只是基于行政许可的有限授权、排污权交易只是为了更经济地实现减排目标而作出的一项制度性安排的本质。将排污权交易想当然地视作"物的交易",进而认为排污权是物权、准物权等财产权,有望文生义之嫌。②

---

① 何延军,李霞.论排污权的法律属性[J].西安交通大学学报(社会科学版),2003(03):77-80.
② 温汝俊,陈刚才,李剑.论排污权的法律属性[J].四川环境,2012,31(06):143-146.

3. 排污权是无形财产权

有学者认为,将环境容量认定为排污权客体的主张并不局限于物权说,环境容量亦无法成为排污权客体。首先,环境容量不具有特定性和独立性;其次,以环境容量作为排污权客体,将与环境权客体重合,但二者互相排斥。环境兼具财产价值和生态功能价值,但环境权的唯一客体是环境生态功能,环境的财产价值属于财产权范畴,而非环境权,因环境权与财产权属于同一位阶的权利,它们的客体不能重叠。环境容量基于环境自净能力确定,是对环境污染所能承受的合理容量,即环境生态功能,因此,环境容量属于环境权客体。排污权作为赋予权利主体排放污染物的权利,与设立环境权的目的背道而驰,环境权的目的是规制污染行为,而非赋予污染的权利。① 若以环境容量为排污权客体,将会导致两个目的截然相反的权利并存于同一客体之上,这显然违背法律逻辑。

二、排污权交易对象法律权属的认定

(一) 排污权是一项法律权利

综观人类的权利发展史,我们不难发现权利的形式和内容会随着时代的变迁而发生相应的变化,权利和法律制度的内容及其关系也随之变化和发展。我们通常把权利划分为自然权利、法律权利和现实权利三种,目的在于从理论上说明权利发展的内在逻辑与规律,即权利的发展经历了自然权利法律化,并不断地使法律权利实享化的过程。其中,最重要的环节就是法律权利在权利发展中所起到的承上启下的作用。没有法律上制度性权利的发展进步,是无法实现从应有的权利向现实权利的转化。因此,在现实的政治社会中,法律制度是自然权利向现实权利转化的中介和纽带,法律制度发展必然带来现实权利的不断进步。② 每一种权利的存在和产生都离不开同时代的物质文明、政治文明、社会文明和生态文明,排污权正是当前生态文明建设背景下人们对人与自然关系进行法律思考的结果。我们重视排污权的研究,就是要通过法律的手段保护权利主体

---

① 邹雄.环境侵权法疑难问题研究[M].厦门:厦门大学出版社,2010:5-9.
② 尹奎杰.权利发展与法律发展的关系论略[J].河北法学,2010,28(10):2-8.

对环境享有的正当利益,规范排污主体的行为,从而达到保护环境的目的。我们认为,无论是在理论上还是在实践中,排污权理应是一种法律权利。

在理论上,虽然没有一个明确的定义来说明权利到底是什么,①但是在法学理论界大多数学者认为权利的核心要素是利益,且都强调利益的正当性。"权利"一词由英文单词"right"翻译而来。该单词在英文中的本义是指正当、合法、合理、合乎道德,例如我们平时所说的人格权、财产权、生存权等。权利是一个范围较为广泛的体系,法律权利只是权利体系中的一部分。在一项权利成为法律权利之前,其本身就是以一种社会权利(如道德权利)而存在,所以法律权利实际就是一种"原权利"的派生权利。任何一项权利的背后都隐藏着权利主体的利益追求,没有利益,也就无所谓权利。利益本身并不等于权利,纯粹的利益也构不成权利,只有正当的利益才能构成权利。② 如果把排污权作为一种原权利,其本身的社会公认性使其具有正当性;将其作为一种法律权利看待,排污权的主体、客体已满足权利的形式要求,排污权自身的正当性使其满足了权利的实质要求;从形式和实质来看,排污权都是一种法律上的权利。

在实践中,部分发达国家以排污权为基础而进行的交易及相关制度建设已经达到较高水平,国内部分省市对此也进行了尝试并取得了一定的成果,这就在实践层面证明了排污权的合理性、正当性。就我国当前的环境法律而言,在一定程度上默认了排污权这一权利。综上所述,无论是在理论上还是在实践中,排污都应该是排污主体为了生产需要、企业发展所必须具备的一项权利。

(二)排污权属于物权

目前,国内学者对排污权的法律属性研究,主要从环境法和民商法两个部门法入手,分别从环境权和物权的角度对排污权进行研究和论证。

环境权主张者从生态环境立法的目的出发,以现有环境立法为依据,认为环境权是环境法律关系的主体享有适于健康、良好生活环境以及合

---

① 范进学.权利概念论[J].中国法学,2003(02):13-20.
② 汪太贤.论法律权利的构造[J].政治与法律,1999(05):12-16.

理利用环境资源的基本权利。排污权主要体现了主体在法律规定范围内合理使用环境资源的权利。该观点主张者认为我国《宪法》第 26 条之规定、《环境保护法》第 1 条之规定以及《民法通则》第 83 条的规定等,体现了维护人民良好生活环境的精神。因此认为环境权具有丰富的权利内容,其权利项包括生存权、自然资源永久主权、发展权、环境资源使用权等"子权利"或"种权利",排污权就是建立在环境权基础上的"种权利"或"子权利"。①

物权主张者基于排污权所蕴含的财产性利益,把排污权归类于民法学上财产权下的用益物权。他们主要遵循传统的物权法理论,通过对物权、用益物权的构成要件及相关属性进行分析,将排污权与传统的用益物权进行比较,指出排污权是一种新型的用益物权。排污权具有作为权利的一般属性,是一种基于所有权或物权而衍生的权利。排污权的客体是环境容量,环境容量具有民法中物的特性,是属于国家所有的具有公共物品特性的物。排污权虽无法直接占有一定的物理空间,但排污者可以依照国家政府的许可,以一定排污标准、排污容量向大气、河流中排放污染物,这种行为可以认定为实际上对国家所有的环境容量的占有。这种占有是一种特殊形式上的占有。② 环境容量的效用性在一定程度上可以价值量化,从而成为无形财产。环境容量使用权的收益权能则通过排污权的转让表现出来,排污权有偿转让后,出卖者的经济利益增加,从而实现了环境容量使用权的收益权能。③

有些物权主张者反对把排污权认定为用益物权,而是把其归类于准物权。他们认为准物权不是属性相同的单一权利的称谓,而是一组性质有别的权利的总称。准物权由矿业权、水权、渔业权和狩猎权等组成。准物权与用益物权的区别主要有:准物权由行政许可而取得,而用益物权由所有权权能分离所得;准物权的客体具有不确定性,用益物权的客体为确定的不动产;准物权上负有较多的公法上的义务,用益物权则无太多的

---

① 何延军,李霞. 论排污权的法律属性[J]. 西安交通大学学报(社会科学版),2003(03):77-80.
② 李霞,狄琼,楼晓. 排污权用益物权性质的探讨[J]. 生态经济,2006(06):31-33.
③ 蒙志敏. 排污权交易法律问题研究[D]. 兰州:兰州大学,2006.

公法上的义务；准物权一般不能自由转让，但用益物权可依法自由转让；准物权一般不以对物的占有为必要，但是用益物权的行使却以对物的占有为必要。① 据此他们认为排污权应该属于准物权。

以上这些具有代表性的观点，分别从不同的角度对排污权的法律属性进行了界定，其中从民法的角度对排污权进行定性的研究占多数，主要有用益物权说、准物权说、财产权说。参照我国民法学界对物权的研究情况和排污权自身的特殊性，本书认为把排污权定义为一种具有复杂性和特殊性的物权更为合理。

排污权与物权的一致性，主要体现为二者客体在实质上具有一致性。民法上的物权是对财产的直接支配并获得利益的财产权利的概括和抽象。② 从此定义我们可以看出，物权具有对财产享有直接支配权的意思，物权是对能够获得利益的财产权利的概括和抽象。这里的物是指独立于人体之外、能够被人支配的，而且能满足人类一定生活需要的有体物。事实上，随着社会的发展，民法中物权中"物"的范围在不断地扩大，这表现为许多无形物被不断地纳入"物"的范围。如今大多数的大陆法系国家的民法典根植于几千年前的罗马法，而原始的罗马法将物的概念限定为一切具有可支配性、有用性、财产性。自罗马法以来，各国民法对于物的概念性规定仍没有脱离其应具有财产价值的限制。③ 从法理的角度分析，财产可以分为有形财产和无形财产，其中无形财产的范围在不断扩大。时至今日，我们不仅注重物权中"物"的经济价值，还要注重"物"的其他价值，如"物"的生态价值。排污权的客体虽然是无形物，但在一定范围内利用一定的技术可以对其总量进行相对准确的测量，在此基础上进行的初始分配，使其成为权利主体可以自由支配的物。排污权本身所具有的其他物权属性，如财产性、排他性都在排污权客体的基础上得以体现。

（三）排污权是一项具有复杂性和特殊性的物权

为了适应时代发展的需要，物权的种类与内容应当予以适当地完善和扩充。如德国民法学者赖泽所言："民法所以采物权法定主义，其目的

---

① 胡田野.准物权与用益物权的区别及其立法模式选择[J].学术论坛，2005(03)：94-98.
② 尹田.物权法[M].北京：北京大学出版社，2013：3.
③ 周楠.罗马法原论[M].北京：商务印书馆，1994：298.

非在于僵化物权,而旨在以类型之强制限制当事人的私法自治,避免当事人任意创设具有对世效力的新的法律关系,借以维持物权关系的明确与安定,但此并不排除于必要时,得依补充立法或法官造法之方式创设的物权,因法律必须与时俱进,始能适应社会之需要。"[1]这说明物权的类型限制和内容限制是可以随社会的需要而变化的,并不一定必须遵循传统而停滞不前。

众所周知,物权法定是物权法的基本原则,如果僵化适用,那么物权法也必然固化而滞后于社会。物权类型基于人类生活的需要而产生,也必将随着经济社会发展的需要,产生新的物权类型。如果我们严格地按照物权法定原则来界定排污权的性质,必将导致其与社会实际生活发生脱节。"事实上,物权法定与物权自由并非截然对立,二者之间还存在一个中间地带,即物权法定缓和。没有物权法定缓和,物权法定原则就是僵化的、死板的,无法适应社会发展需要"。[2] 排污权只是众多新型权利中的一种,缺乏制度规范背景下类似的权利应该采用无权法定缓和。我们应该明白,它对于新型无权的界定仅具有指导作用,对权利的物权属性界定缺乏实际操作性。因此,排污权的出现与物权在实质上的一致还不足以将排污权直接定义为物权,鉴于排污权与物权在形式和实质上的某些差异,我们认为将其定义为一种具有复杂性和特殊性的物权比较合适。无论理论法学界对排污权进行怎样的定性,都无法回避排污权本身具有公、私双重属性这一问题,也正是基于对这样一个关键问题的认识和分析,本书认同将排污权定义为一种具有复杂性和特殊性的物权。

第二节 排污权交易法律关系的特征

一、排污权交易对象的自身复杂性

排污权是现代社会工业化进程和科技发展的新生事物,它来源于西

---

[1] 王泽鉴.民法学说与判例研究[M].北京:中国政法大学出版社,1998.
[2] 杨立新.后让与担保:一个正在形成的习惯法担保物权[J].中国法学,2013(03):74-84.

方经济学家用经济手段解决环境问题的实践,当初这一概念并不是法律上的专业术语,但是随着与之相关的排污权交易制度在世界范围内的展开和盛行,排污权也随之受到社会各界越来越多的关注,因其客体所含有的财产性利益与排污行为人在排污权交易制度中的权利、义务有着密切的联系,而逐渐被法学领域所讨论。目前,在我国法学理论研究层面,大部分学者将排污权的研究重点放在其法律属性的界定和排污权交易制度两项内容上,而对排污权本身的研究少之又少。在环境治理的实践中,我国还没有法律对排污权的性质作出明确的规定,国内部分省市围绕排污权所进行的交易及其制度建设也仅处于尝试阶段,且主要依据法律效力偏低的地方性法规。在权利爆发的时代背景下,排污权作为一种新型权利,实践中其制度的不完善和理论研究的不足源于其自身的复杂性,该权利主体及其排污行为的多样性、该权利客体的争议性、该权利法律属性的不确定性是排污权复杂性的表现。

二、多角度视域下的排污权概念

无论在法学理论上还是在治理环境的实践中,我们都不得不承认这样一个事实:排污权是排污权交易制度的基础,对排污权本身的研究就成为排污权初始分配、交易的逻辑起点。在当前我国法律没有明文规定的情况下,对排污权的研究具有重要的价值。有学者将排污权定义为:根据某一区域的环境容量的大小,来确定该区域一定时间内的排污总量,排污者按照其以许可证形式取得的排放量对外排污的权利。[①] 有学者尝试着从法律规范的角度对排污权下定义,认为排污权是规定或隐含在环境保护法律规范中、实现于环保法律调整所形成的社会关系中的、排污主体(主要指企事业单位)根据环境保护监督管理部门分配的额度,在正常生产活动中利用环境容量资源的吸收容纳能力排放污染物、从而通过生产的顺利进行而间接获得经济利益的一种权利。[②] 也有学者将排污权理

[①] 沈满洪,钱水苗,冯元群,等.排污权交易机制研究[M].北京:中国环境科学出版社,2009:4.

[②] 胡春冬.排污权交易的基本理论问题研究[D].长沙:湖南师范大学,2004.

解为排污者在其正常生产、生活过程中,向环境中排放适量污染物的权利。①

还有一些学者分别从不同的角度对排污权这一基本概念进行了类似界定,在此不再一一举例说明。通过对以上的几个概念的了解,读者并不能对排污权的内涵和外延有一个清晰的认识。这一问题既是当前相关法律制度的不足所造成的,也是排污权主体的争议性、客体的不确定性及其权利的复杂属性所引起的。

三、排污权交易主体的争议性

权利主体,简单地说就是权利的拥有者和行使者,对于权利主体而言,更为重要的是体现为权利的行使者这一角色。② 从实证的角度来说,权利主体是指基于国家法律赋予的得以享受某种利益的人,权利主体包括自然人、法人和其他组织。实际上,这些自然人、法人和其他组织也只有在享有了国家法律赋予其某种权利或利益的时候,才成为法律上的权利主体,同时权利主体也是权利的享有者和执行者。没有权利主体的存在,权利就无存在的意义和价值。排污权权利主体的确定是初始排污权分配和排污权交易的前提。如何在现有污染源之间,以及现有污染源与将来污染源之间,对有限的环境容量资源进行合理、公正地分配,即如何在立法上明确排污权的法定权利主体范围和主体资格以及对排污权现实权利主体的选择原则和标准,直接关系到"排污权交易"制度实施的成败,是能否实现减排增效、不断提升区域环境质量的基础性环节。

关于排污权的权利主体范围问题,学术界存在不同的看法。原国家环保总局环境规划院认为排污权属于国家所有,国家将排污权出让给企业。还有学者认为,排污权的主体不仅包括企业,也应该包括生活排污者。③ 关于排污权的主体这一问题的最大争议,在于国家是否应该属于这一权利的主体。

---

① 蔡守秋.论排污权交易的法律问题[C]//.适应市场机制的环境法制建设问题研究——2002年中国环境资源法学研讨会论文集(上册).[出版者不详],2002:10.
② 胡玉鸿.法律主体的基本形态[J].法治研究,2012(10):10-16.
③ 刘鹏崇."排污权"权利主体论[J].内蒙古环境科学,2009,21(06):1-6.

从理论上来分析,排污权的权利主体具有广泛性,应该包括自然人、法人和其他组织,即基于环境资源属于全民所有,任何自然人、法人和组织在生活、生产过程中都享有向外界排放污染物的权利,这是从广义上对该权利主体进行概括。就此而言,排污权主体不包括国家。从实际情况来看,并不是每一个自然人、法人和其他组织都能成为法律上的排污权权利主体,有些情况下理论上的权利主体在现实生活中并不能产生法律上的效果;而且当前国内外对排污权的研究,主要以排污权交易制度为导向,在此现实状况与背景之下,自然人、法人和其他组织对排污权的有效行使离不开国家这一重要主体的参与,且扮演着重要的角色;就此而言,国家应被纳入排污权的主体范围。

之所以把国家机关纳入排污权权利主体的范围,是基于排污权具有公法的性质和排污权客体的特殊性来考察的。公法的价值功能在于保证社会、个体自治的实现,而私法的价值功能在于实现个体自治。国家被纳入排污权的主体范围,主要基于以下几点考虑。

首先,公权力对排污权的介入,从根本上说是为了使排污行为人能够在企业生产经营过程中更好地享有排污权,以便给其带来更大的利益。排污权的取得需要经过国家行政部门的许可,行政部门须严格审查排污权申请主体的资质。这既是国家行政部门的权利,也是其不可推卸的义务。与水资源、矿产资源等一样,环境容量属于有限的公共自然资源。我国《行政许可法》第十二条第(二)项规定了涉及有限自然资源开发利用、公共资源配置以及直接关系公共利益的特定行业的市场准入,需要赋予特定权利的行政许可。排污行为人对排污权的享有是基于其对环境容量的使用、收益,不管是过去还是将来,环境容量都无疑是一种宝贵的自然资源,它也属于全民所有的公共资源。因此,排污权符合我国《行政许可法》的规定。

其次,关于排污权的客体,环境容量这一重要术语占据着重要的地位,理论上大部分学者已将环境容量作为排污权的客体,实践中也是如此,至于这样界定是否科学合理,在此不再论证。环境容量的特殊性源于该实物的稀缺性,如果没有国家行政部门这一公权力的介入,任凭排污行为人对环境容量滥用,不久的将来必将上演现代版的"公有地的悲剧"。

此外,从资源分布来看,环境容量的分布具有地区差异性;不同地域的环境单元对污染物的容纳量也具有不规则性,即环境容量也具有地带性变化。① 环境容量的这一特性,需要依靠国家强制力在各地进行科学合理的分配,从而确定排污行为人的排污标准。

就以上两种理由而言,国家这一主体在排污权的行使过程中,扮演着不可取代的引导和调节作用,在此基础上将国家纳入排污权的主体范围具有一定的合理性。与此相反,有一部分学者认为排污权的主体无论如何都不可能包括国家,他们认为国家和政府只享有管理权,开发利用环境容量资源的收益应该全民共享,并且以国内部分省市排污权交易的实践为例,证明排污权的主体只能是企业等生产经营的单位和个人。② 从当前国内的排污权交易实践来看,国家作为排污权的主体确实没有得到体现。排污权权利主体在理论和实践上的差别,是排污权研究过程中的一个难题,这无疑是排污权法律属性界定复杂性的一个原因。

四、排污权交易客体的不确定性

目前,法学理论界关于排污权客体的争论主要有两种观点:一种观点把环境资源当作排污权的客体,另外一种观点认为排污权的客体是环境容量。

把环境资源当作客体的学者认为,把排污权的客体认定为环境容量欠缺科学性,而以环境资源作为排污权的客体,即把排污权作为环境资源所有权的一项权能更恰当,否则会对现有的权利体系造成极大的混乱。环境容量只是对排污权的一种限制,是其合理性存在的前提。排污权实际上所对应的客体仍然是环境资源,环境资源是一种概括性的说法,具体到每项排污权的时候,对应一种具体的资源。例如,水体排污权,其对应的环境资源为水体。把排污权的客体还原为环境资源,并不会对排污权的定性造成根本性的冲击,相反,环境容量应该成为排污权概念的核心内容。③

---

① 邓海峰.排污权:一种基于私法语境下的解读[M].北京:北京大学出版社,2008:66.
② 刘鹏崇."排污权"权利主体论[J].内蒙古环境科学,2009,21(06):1-6.
③ 杨俊嫦.排污权的法律透析[J].法制与社会,2007(06):220.

另外一种观点把环境容量作为排污权的客体。环境容量是指在人类生存和自然生态不致受害的前提下,某一环境所能容纳的污染物的最大负荷量。一般而言,自然界对外界侵入物(污染物)具有某种能使之无害的净化能力。自然界的这种净化能力是有一定限度的。污染物侵入在一定的限度内,这种功能得以正常发挥,并能被人们循环永续利用,但超过一定的限度后,这种功能就会急剧地受到损害,甚至被彻底破坏。这里所说的"限度"就是环境容量。环境容量,又称为环境的承受力、承载力、耐力等,是从生态学发展起来的概念,是一种法律意义上的无形物。随着社会的发展和科技的进步,特定地区内的不同自然资源的环境容量是可以成为确定的量,从而使排污权的法律属性研究更加清晰。环境容量是一种有限有益的特殊资源,不仅表现为生态价值,还表现为经济价值和精神价值。环境法强调维护其生态价值,民法多对其经济价值进行维护。邓海峰教授在其研究和作品中认为环境容量是排污权的客体。他分别从自然科学的角度和排污权立法技术要求的角度对环境容量进行分析。在自然科学领域,环境容量有狭义和广义之分,狭义的环境容量常指自然界固有的污染净化能力,而广义的环境容量则还包括基于人类有意识的积极活动而使环境容量扩大的部分,如植树造林、污水处理等。环境容量的存在具有整体性和相对独立性、有限的储量使其具有稀缺性、环境容量遭受侵害不易被及时发现,具有时间上的滞后性、环境容量的分布具有地区的差异性;以水环境容量的确定方法为例,证明了环境容量可以成为法律上权利客体的可能性。从立法技术的角度来分析,环境容量在相当程度上能够满足物权客体的相关特征,这一点主要通过三个方面可以论证:第一,环境容量具有可感知性,能够被人们所感受到;第二,环境容量在特定条件下具有相对可支配性;第三,环境容量的具体数值可以被精确地测算出来。邓教授从以上两个层面来证明环境容量作为排污权客体的合理性。①

以上两种观点分别从不同的角度对排污权的客体进行界定,每一种观点都言之有理。就一项权利而言,客体承载着权利和义务,任何一种没

---

① 邓海峰.排污权:一种基于私法语境下的解读[M].北京:北京大学出版社,2008:64-80.

有客体的权利都是毫无意义的;在排污权客体无法确定的情况下界定其法律属性是一个复杂的难题。此外,无论是把环境资源还是把环境容量作为排污权的客体,都需要对各种各类环境资源的总量和环境容量的总量进行界定,由于受技术的限制,任何一种总量在其测量和分配过程中难免出现实质上的不精确性或者不确定性,这也是排污权客体不确定性的一个表现。

第三节 排污权交易法律机制的法理特性

从法理层面看,排污权交易制度对传统大陆法系的公法与私法的二元法学理论框架形成了根本性的冲击,而公法与私法界分的支撑性理论又源自国家与市民社会、公共领域与私人领域的分野,排污权则既有突出的公共社会属性,又有明显的个体私人性特征。排污权具有私权和公权的双重属性,受公法和私法双重调整。然而,有学者也指出,自然资源特许使用权应以优先保障公共利益为目的,以确保自然资源利益的公平公正分享为主要功能。因此,不宜再将其视作一种私法物权。从自然资源特许使用权之公法财产权属性,以及其结构、功能与方法分析可见,其不仅属于一种公法权利,而且还应属于一种公法财产权。故而,可将它导入公法范畴,通过公法向度内之自然资源基本法的建构得以实现。① 更有学者指出,自然资源之上的权利呈现极强层次性。对自然资源国家所有权的定性,需嵌入整个自然资源权利链条中,而非孤立地"平面化"地判断其公私法性质。② 从法理角度深入剖析排污权交易制度的法理特征,有助于在理论构建的角度更深刻地完善排污权交易制度。

一、源于公法上行政许可的排污权

有学者指出,在行政法语境下,排污权是一种公法物权。由于自然资

---

① 张牧遥.自然资源特许使用权之公法财产权论[J].学术探索,2022(01):88.
② 单平基.自然资源之上权利的层次性[J].中国法学,2021(04):63.

源国家所有权具有完全不同于民事所有权的法律特征,自然资源特许使用权与私法物权也存在着本质的差别。因此,排污权是一种完全不同于私法物权的公法物权、一种公法上物的使用权。具体而言,自然资源国家所有权具有创设依据是公法直接创设、权利客体不具有特定性、权利内容因公共利益需要受到限制、以禁止或许可等公法手段作为所有权的体现及行使方式、多采用公法手段予以保护等法律特征;自然资源特许使用权与私法物权有明显的区别:派生于公法所有权,取得方式为公法特许,行使附随有公法特别义务,转让受到公法的严格限制;越权或滥用的法律责任都是公法责任。①

从另一个角度看,目前没有法律对排污权的私权属性作明文规定,也没有因当事人的合意而自然产生,它必须依赖政府授权而产生,并且直接源于政府,与所有权无直接关系。排污权首先来源于政府对权利主体排污资格的实体和程序方面认定,这种排污资格是对排污权主体身份的法定认可。按照《行政许可法》规定,授予排污主体排污资格属于行政许可范畴,但它仅是产生了一定范围内行使权利的资格。实施排污行政许可制度是环境管理机关进行环境保护监督管理的重要手段,也是行政管理相对人获得相关权利的法定方式和确认相关义务的重要制度。② 可见在权利取得方面,排污权根据公法规范而获得;在权利确定及行使过程中,排污权需要行政主体的分配与认可;在权利交易或转让方面,需要行政主管部门的适度介入或依法监管;在权利功能实现方面,更多倚重行政强制规范作用和行政指导作用。行政许可本质上是政府的管制行为,因此许可的内容本身并不具有财产内容,它不是民法上的财产。取水权和水污染排放权虽都来自公法和公权行政许可,但两者也有区别。取水权是在水资源所有权明确为国有情况下,借助取水设施或工具对水资源在一定时段和一定数量的客观使用。理论上排污权可能涉及环境容量资源的使用,但实践中并不意味着对环境容量资源的必然使用。换句话说,主要污

---

① 李义松.论排污权的定位及法律性质[J].东南大学学报(哲学社会科学版),2015,17(01):94.

② 吕武.我国排污行政许可制度的法律问题探析[J].东北农业大学学报(社会科学版),2009,7(02):105.

染物排放权实质上体现为行政法律允许排放一种或几种主要污染物的行政许可,且这种行政许可须建立在一种或几种主要污染物总量控制基础之上。

我国当前严峻的环境形势表明行政主导下的环境立法及其实施亟待环境治理体系和治理能力现代化。作为排污监管的基础性制度,排污许可的科学性、法治化及可操作性决定着我国环境法治建设的方向与效果。为从根本上解决排污许可证在实践中的困境与积弊,必须转变政府职能,构建利益相关者在排污许可证核发和监管过程中的利益表达与博弈机制,以排污权与环境权的平衡和协调为中心,进行排污许可证制度改革的顶层设计与路径选择。2016年12月23日发布的《排污许可证管理暂行规定》从指导思想、制度设计、具体条文等方面系统性的行政主导特征来看,法治实践还需要从管理到治理展开立法转向,需要相关决策部门立足于污染治理的顶层设计高度,充分总结和汲取国内外排污许可制度建设及实践的先进经验,进行排污许可治理模式的重构,以此为基础制定的排污许可条例才能回应我国当前严峻的排污现实和监管困境。无论具体结构和内容如何,相关法治实践都应符合排污许可治理体系和能力现代化、法治化的立法理念和改革方向。①

二、排污权展现了私权的部分属性

有学者指出,行政许可下的排污权的公法性质认定,忽略了排污权的私法属性。政府对于排污权主体进行的行政许可、行政登记等行为,其所形成的行政法律关系也只是法律关系中的一部分,不能涵盖排污权的全部内容。② 排污权不仅需要公法规制,更应当属于私人财产权。只有将排污权设定为财产权,才符合排污权交易制度设定的初衷,才能使市场机制在节能减排中充分发挥作用。另外,现代国家因行政权力扩张无力应对,各部门行政法领域纷纷出现"规制失灵"现象。③ 政府无论是监测企业是

---

① 王伟.排污许可的行政主导模式及其转向——兼评《排污许可证管理暂行规定》[J].生态经济,2018,34(03):218-224.
② 李义松.论排污权的定位及法律性质[J].东南大学学报(哲学社会科学版),2015,17(01):94-99.
③ 高秦伟.社会自我规制与行政法的任务[J].中国法学,2015(05):73-98.

否达到法定的技术要求抑或绩效指标,都需要付出高昂的信息成本。在规制资源并不宽裕的情况下,易陷入执法僵局。排污权行政公法说有利于政府管控,但是易出现效率低、周期长的情况,不利于交易市场化的推进。①

从当事人权利的角度来看,排污权也可以视作在一定程度上展现了当事人的个人意志或选择自由。许可虽不是财产权利,但许可本身为被许可人创造了一种"事实上的财产权"。②它具有一般财产权的合理内核,即具有一定经济价值且可以排他地享有。它为当事人带来一种利益、利益可能性和可预期性。权利主体在法律许可范围内,有权根据自己意志将这种可能性或期待性转化为现实的财产利益。权利主体可以依照规定将其储存,以利未来扩大生产。权利主体也可将其出售,以获取增值利益,甚至权利主体可以将其质押或抵押,实现融资功能。排污权这种权力和权利的双重属性使其很难被简单纳入公法体系或私法体系予以分别构建,简单地认定其公权或私权属性也失之偏颇甚至过于草率。当然,排污权的公权属性并不意味着排污权代表公益,排污权的私权属性并不意味着排污权代表私益。法律上的利益存在公益和私益之分。公益是一个多面的、多层次的和弹性较大的概念,多指与社会公众的一般福祉和福利有关或属于社会公共利益范畴。私益则更多强调权利主体的个人利益。

排污权就是这样一种权利,它源于公法创制的一种私益,但排污权绝不简单地就是私益,因为排污权行使过程中污染物排放行为势必造成他人利益或公共利益受损的危险。法律对排污权属性认定应充分考虑其特点,以期在保护公益的同时,私益也能有效彰显;在实现私益的同时,公益也有位置存在。若将排污权简单定位为私权,公法对其实施全过程规制的正当性不彰,私益的过度膨胀最终会吞噬公共利益,环境保护目标最终会落空。若将排污权简单定位为公权,政府会在公共利益口号下不断压缩私益存在空间,排污权交易可能仅仅停留在理论之上,最终无法实现减排等功能。

---

① 王莉,闫媛媛.碳排放权法律属性的二元界定[J].山东科技大学学报(社会科学版),2022,24(03):60.
② 波斯纳.法律经济分析[M].蒋兆康,译.北京:中国大百科全书出版社,1997:57.

三、排污权是具有公权性质的私权

关于排污权在性质上究竟属公权抑或私权的问题,学界并未展开深入的探讨。但对于作为排污权上位制度的准物权的权利属性,学界却存在着争论,并形成了五种学说。学界有关准物权公、私属性域位归属的争论共形成了以下五种各具特色的学说①,分别是基于历史沿革自然确定说、基于权利作用对象的性质确定说、基于权利准据法的性质确定说、私权说和折中说。基于历史沿革自然确定说起源于日本,该说主张通过某种准物权类型在历史发展中所实际体现出的权利性质自然地确定这一准物权类型属于公权还是私权。应当承认这种尊重习惯法效力的立法文化确实值得我国借鉴,但由于排污权作为一种新的准物权类型,存续时日有限,而其在我国连法典化都尚未完成,所以以此说作为立论根据阐释排污权的权利域位归属欠缺社会基础。基于权利作用对象的性质确定说同样起源于日本,但却勃兴于法国。法国行政法中的公产所有权理论的提出和成形是其走向巅峰的标志。我国的一些学者在对水权具有公权属性的论证中,也渗透出该种学说的学术思想。② 简而言之,该学说主张用权利客体的性质来决定权利本身的公权或私权属性。由于该学说在区分何种权利客体专属于公权客体而不得为私权所染指的问题上备受质疑,加之作为其立论基础的公产所有权理论也随着实践的发展越发难以自圆其说,因此以此学说作为判断标准阐释排污权的权利域位归属欠缺法理支持。基于权利准据法的性质确定说曾经在法学界获得过较为广泛的支持。③ 该学说认为应以规定权利的准据法的性质确定权利的性质,如果某一准物权类型被规定于公法中,性质就属于公权;反之,若其被规定于私法中,则其性质就属于私权。如果说该学说在公、私法决然分野的法制时代尚有适用余地的话,那么在公、私法已然呈现出融合趋势的当今时代,仅仅根据权利所出何处就妄下结论,便显得过于轻率了。在现有的立法技术条件下,私法中涉及公权的规定已远非屈指算来便可以枚举,公法对

---

① 崔建远.准物权研究[M].北京:法律出版社,2003:41-64.
② 裴丽萍.水权制度初论[J].中国法学,2001(02):95-96.
③ 崔建远.准物权研究[M].北京:法律出版社,2003:44-45.

私权做出规制与限制也不再是什么罕见的法律现象。许多学者在描述水权的法域定位时便已经指出：从水权产生的领域看，自应属于私权，但水权的取得须得到许可的事实又给它打上了公权的烙印。① 因此，适用此学说强行将之归属于任一权利类型均显偏颇，因为此时公权说着眼的是权利的形式，而私权说更注重于权利的内容。所以，较之于前两种学说，以此学说为据研判排污权的性质同样显得僵化和不合时宜。私权说是近代通行的说法，按照该学说在阐释准物权属性时着眼点的不同，又可以细化为单纯物权否定说和形成权说两个分支。前者承认水权、矿业权等准物权具有支配力和对世力等物权属性，但反对把上述各种权利的客体视为民法上的物。后者又称为物权取得权说，它把水权、矿业权等准物权解释为一类形成权，认为上述准物权类型不仅以直接支配标的物为内容，还能够通过行使权利的特定行为取得标的物的所有权。② 据此，认为无论适用上述哪种解释，准物权均应被划归私权序列。该学说的可贵之处在于不再徘徊于以"公、私法划分为研判准则"的表层研究领域，而是深入私权内部从权利建构的逻辑基点和权利衍生的逻辑关联上探讨准物权的权利性质问题。但仅寻求在私权内部实现逻辑完满的做法，反而导致该说出现以偏概全的失误。最后，再看折中说。折中说认为水权、矿业权等准物权在具有私权属性的同时，还兼具有公权的属性，属于一种混合性的权利。③ 我国学者主张该说的较多。④ 如有学者在描述水权时便指出：一方面，水对权利人来说是一种财产，水权由此呈现出私权性；同时，水资源又是一种公用物，因为水资源上附着了一些不具有竞争性和独占性的生态环境功能和社会公共利益⑤，这又使其具有了公权的色彩。本书在排污权的权利属性法域归属问题上也持折中说的观点，承认排污权是具有公权属性的私权，理由如下：首先，就权利生成的法律根据而言，排污权是依据相关公法规范的规定而产生的，此点是其与普通私权的重要区别之一。其

---

① 金泽良雄. 水法[M]. 东京：日本有斐阁，1969：84. 转引自崔建远. 准物权研究[M]. 北京：法律出版社，2003：45.
② 崔建远. 准物权研究[M]. 北京：法律出版社，2003：61.
③ 园部敏，田中二郎，金泽良雄. 交通通信法·土地法·水法[M]. 东京：日本有斐阁，1969：84.
④ 崔建远. 水权与民法理论及物权法典的制定[J]. 法学研究. 2002(03)：45-46.
⑤ 裴丽萍. 水权制度初论[J]. 中国法学，2001(02)：95-96.

次,就权利的功能和社会作用而言,排污权不仅能满足主体经济利益的需要,更重要的是其具有社会公益性和生态功用性。与主要调整私权关系的私法规范相比,排污权的社会功用需要更多地借助公法规范的强制性作用方能实现,此点决定了其必然具有一些区别于普通私权的设立条件和行使准则。这些独具的特点,将准物权制度由纯粹的私权领域引入了公、私权利交叉的重叠地域,赋予其身兼两职的双重权利属性。尽管排污权制度在我国尚未广泛确定,但少数推行排污权交易的试点城市的实践活动映射出来的"依行政许可设定""依当事人意思自治转让"等体现不同价值取向的制度设计,已清楚地向我们表明了环保实践给予排污权的最终定性。

基于上述分析,排污权的性质与我国民法上的物权相吻合,但又具有其自身的特殊性,因此我们将其归类为一种复杂性和特殊性的物权,将其界定为兼具公私性质的复杂性和特殊性的物权,既符合当前的实际情况,有利于建构一个包括民法、行政法、经济法、环境与资源保护法、刑法及诉讼法等在内的综合法律调控体系调整排污权法律关系,并合理配置各种环境资源要素;有利于充分整合政府管理与市场调节的各自优势,达到经济利益、社会效益和环境公益的最佳平衡。

四、排污权权属范畴的新理念

自然资源权利的合理配置以应对日益严峻的自然资源危机,为证成自然资源之上权利的层次性提供了平台。这既基于自然资源承载利益的公共性,更在于此间蕴含着全民、国家及个体等多种利益关系。学界围绕自然资源国家所有权的定性展开了诸多论证,取得了一系列重要研究成果,但大多未突破学科藩篱,仅囿于一种"平面化"定性逻辑,将其界定为单纯的公权力[1]、私权利[2],或据此认定所有制性质[3],而未将其置于整个自然资源权利链条中,因而无法阐释其对自然资源使用权配置的影响,难以理清自然资源全

---

[1] 巩固.自然资源国家所有权公权说[J].法学研究,2013,35(04):19-34;巩固.自然资源国家所有权公权说再论[J].法学研究,2015,37(02):115-136.
[2] 肖乾刚.自然资源法[M].北京:法律出版社,1992:67.
[3] 徐祥民.自然资源国家所有权之国家所有制说[J].法学研究,2013,35(04):35-47.

民所有(《宪法》第9条)、宪法上自然资源所有权(《宪法》第9条)、民法上自然资源所有权(《民法典》第247条)、自然资源用益物权(《民法典》第328、第329条)及自然资源产品所有权的关系,不利于规则适用。实际上,拨开萦绕在自然资源之上权利的混沌,就会发现它呈现出极强的层次性,而非仅具有单一属性。①

有学者指出,自然资源权利配置的最终目的在于构建合理的自然资源私人使用制度,使普遍个体受益。国家作为抽象主体,通常并不直接行使自然资源使用权。这意味着研究自然资源权利问题的最终目标,并非为国家所有权定性,而是理顺不同自然资源权利类型的关系,包括将宪法与民法规范之间关系打通。这是一个整合宪法与私法规范,并逐渐调和部门法中公法与私法价值,使之最终统一于作为根本法的宪法之秩序的动态过程。② 但是,对国家所有权"平面化"的单一定性方式,未将其置于自然资源权利链条之中,忽视了权利的多重性及其过渡、转化、派生和生成关系,不利于自然资源权利的合理配置。另外,"平面化"地定性国家所有权,无法避免个别行政机关借此与民争利。学界关注国家所有权的重要原因之一即在于防止个别行政机关与民争利,③而无视自然资源权利的层次性,这一目标就难以实现。近年来,许多实践做法难谓具有法理根基,如将立法尚未明确归属的自然资源,甚至可否设置所有权都尚存争议之物,也要纳入国家所有权范畴。④ 这种做法的思维逻辑可能在于:若此项资源属于国家,行政机关就可借此行使所有权。但是,世界主要国家或地区均不存在类似立法例。⑤ 如何防止个别行政机关与民争利,避免动辄一律国有,就成为必须回应的问题。

在司法实践中,围绕自然资源归属和分配亦产生了诸多问题,反映出"平面化"定自然资源国家所有权存在的弊病。实践中频发的水资源使用

---

① 单平基.自然资源之上权利的层次性[J].中国法学,2021(04):63.
② 苏永钦.寻找新民法[M].增订版.北京:北京大学出版社,2012:349.
③ 单平基,彭诚信."国家所有权"研究的民法学争点[J].交大法学,2015(02):35.
④ 李艳芳,穆治霖.关于设立气候资源国家所有权的探讨[J].政治与法律,2013(01):102-108.
⑤ 孙宪忠."统一唯一国家所有权"理论的悖谬及改革切入点分析[J].法律科学(西北政法大学学报),2013,31(03):56-65.

纠纷、①跨区域水资源使用争端、②未经行政审批的采矿权转让与司法判决采矿权归属的矛盾、③海域使用权许可与海洋生态保护、④海洋功能区划的依循⑤等问题,均体现了自然资源权利范畴内公权与私权的交织、公益与私益的交融,以及在此领域科学处理全民、国家与私人关系的急迫性,从而凸显了自然资源国家所有权实现的现实困境和探讨该问题的重要性。

---

① 单平基. 我国水权取得之优先位序规则的立法建构[J]. 清华法学,2016,10(01):142-159.
② 陈勇. 晋冀豫清漳河水权之争[N]. 民主与法制时报,2010-01-18(A7).
③ 于红岩不服内蒙古自治区锡林郭勒盟中级人民法院执行其与锡林郭勒盟隆兴矿业有限责任公司采矿权纠纷案,最高人民法院(2017)最高法执监136号执行裁定书。
④ 江苏瑞达海洋食品有限公司诉盐城市大丰区人民政府等海域使用权行政许可纠纷案,上海海事法院(2019)沪72行初19号行政判决书;顾某某与吴某某海域使用权纠纷案,上海市高级人民法院(2020)沪民终513号民事判决书。
⑤ 陈天山等与福建省漳浦县人民政府海域使用权行政许可纠纷上诉案,福建省高级人民法院(2005)闽行终13号行政判决书。

第五章 排污权交易法律机制的功能、特性与法律属性

要想科学地厘清、界定排污权的法律属性,首先要对排污权的特征及其法律上的外部表现进行分析,由外在到内里、透过现象看本质。排污权交易法律机制不仅有指引、促进的功能,更有激励和节约的价值。排污权交易对象的市场化特性明显,排污权不同类型交易对象的法律属性各异。

第一节 排污权交易法律机制的功能

排污权交易法律机制具备典型的功能性。这里的功能性是指排污权所具有的功用和效能。

一、指引功能

排污权的指引功能有着广义和狭义之分。广义上的指引主要是指政府在经济社会发展和环境保护等多种因素统筹衡量的基础上,通过依法设定排污总量及削减目标排污量来确定排污权初始分配接受主体、范围和数量,明确具体有机协调的分配规则,甚至还可以以市场主体的身份购买或者出售排污权,以达到产业调整和区域发展的目的。狭义上的指引功能则是在遵循环境法律法规情况下,引导排污主体基于自身发展需要和成本考量,决定自己的生产、排污等行为,包括通过工程减排、节能技术减排、优化产业结构减排或者从市场上购买排污权份额。

二、促进功能

排污权的促进功能首先表现为促使排污主体达标排放。传统的政府直接管制时期,排污主体正常遵守环境排放标准,经常面临的问题就是缺乏降污减排的积极性和内在动力。排污交易制度体系的内在优势则是以排污主体达标排放为基本前提,排污主体为了通过市场交易获得利益,必须按照规定达标排放。与命令控制手段相比,这种通过自愿而非强制手段促使各种污染物排放达标势必弱化排污主体环境违法的内在动因。该功能还体现在促进排污主体进行污染防治技术革新命令控制背景下,排污主体一旦满足环境排放标准要求,若无经济利益的持续刺激,势必缺少进行污染防治技术革新的内在动力。某种程度上来讲,即便来自行政机关的行政奖励和社会公众的道德褒奖也难以取代一种直接经济利益持续供应的制度机制所带来的良好效果。通过排污权的自身作用,促进排污主体围绕经济利益的不断追求和预期利益的持续获得而不断进行污染防治技术革新、加强管理和治理污染。① 排污市场扩大又导致对污染防治革新技术的需求增加,面对潜在市场要求,技术开发者乐于投资开发污染防治革新技术,从而形成良性循环,达到减排降污、保护环境的良好效果。

三、激励功能

在排污交易制度刺激下,污染削减将自动发生在边际削减成本最低的排污主体身上。削减成本较低的排放主体,获得利益的可能性越大,故其削减排放内在动力就越大,削减成本高的排放主体可能被要求增加成本或支出,因而面临较大的经济压力。排污权交易制度运行过程中,卖方通过各种合法手段超量减排进而出售剩余部分排污权份额获得的经济利益回报,实质上就是市场对有利于环境的外部经济性补偿;买方由于无法按政府的要求减排而购买排污权份额或投资污染处理技术,其所支出费

---

① HARRISON D. Using Emission Trading to Combating Climate Change:Programs and Key Issues[D]. London:ALL-ABA Course of Study,2008.

用的实质就是外部耗费更多成本的代价。排污权的交易制度就是借助市场经济特有的激励功能促使污染治理责任在各个排污主体之间进行合理分配。治污成本高的排污主体通过购买排污权份额而减少资金消耗,治污成本低的排污主体则可通过销售排污权份额获得资金收益,实现多方互利共赢的效果。

四、节约功能

节约功能首先体现在管理成本节约方面。一般而言,制定和执行命令控制型制度需要较高的管理成本,如信息搜集成本、执行成本等。排污权交易制度则把自由选择的权利交给了各排污主体。与行政部门相比,排污主体最了解自身污染物排放的各种信息以及具体的应对措施,排污权所特有的自由选择机制让排污主体自主决定实施何种减排降污方式以获得可交易排污权或直接购买排污权份额而遵守环境相关法律制度,如此污染信息提供负担就由行政部门转移到具体排污主体身上,降低了行政管理成本。行政部门只需明确环境质量目标、排放总量及削减目标,营造相应市场管理环境,对排污主体实现环境质量和污染物总量目标的具体方式不需再过多干涉。环境管理成本的节约可以让政府转变职能,更好地为公众提供公共环境服务。

排污收费的一个难题就是政府由于相应信息掌握不足无法确定恰当的收费标准。排污权交易制度在正常运行后,只需根据市场的价格信号就可以最大限度地避免这一困局,即使政府在初始分配排污权的时候不能掌握充分信息而导致定价不合理,在随后的自由交易市场上通过价格机制也会实现自动调整。尤其是当交易的排污权价格超过污染治理费用时,排污主体就会选择自己治理污染,不会出现只花钱付费而不减排的尴尬局面。

第二节 排污权交易对象的市场化特性

一、特殊的排他性

排污权交易对象的排他性主要表现为物权的排他性。所谓物权的排他性又称为物权的排他效力,是指于同一标的物上,依法律行为成立一物权时,不容许于该标的物上,再成立与之有同一内容的物权。① 所有权和用益物权均具有排他性,排他性原则解决了这些物权之间的效力冲突,因此这一原则成为近代物权制度的重要基石之一。物权的排他性依通说发端于物权对于标的物的直接支配权性质,换言之,即发端于物权所具有的占有和支配权能。排污权排他性的确定,目的是明确各主体排污权的界限,为排污权进行市场交易奠定基础。是否可以在法律上确定其排他性,很大程度上是由财产权利界定的成本效益决定的。具体而言,高排他成本有两种不同的情形:一种情形是检测使用可能很方便,但检测需求往往很难,如一种物品供甲使用,即便检测乙的使用很方便,但稍不留意,乙也能使用,如呼吸的空气和国家安全;另一种则是检测监督成本太高的情形,如海洋渔业和广播电视。②

企业生产排污针对的是环境容量,是具有高排他成本的公共产品,然而排污权所面对的排他成本问题与上述两种情况还是有一定的区别。对于任何一项物品,其权利的界定都是不完全的,界定完全的部分进入私人所有的领域,没有完全界定的权利则留在了公共领域中。③ 这类未完全界定的权利即为人们共同共有,或者说人们都不享有独立的财产权。对于不同种类的物品而言,其私人属性和公共属性比例是不尽相同的。哪一部分占主导地位,权利就定性为该主导地位的物品:或为公共产权,或为

---

① 陈华彬. 物权法原理[M]. 北京:国家行政学院出版社,1998:91.
② A·爱伦·斯密德. 财产、权力和公共选择——对法和经济学的进一步思考[M]. 黄祖辉,蒋文华,郭红东,等译. 上海:上海三联书店,1999:66.
③ Y·巴泽尔. 产权的经济分析[M]. 费方域,段毅才,译. 上海:上海三联书店,1997:4,91,93-94.

私人产权。权利界定需要成本,但该物品的经济价值随着社会经济条件变化也会发生相应的变化。当物品的稀缺程度增大时,该物品的价值也随之增大,人们将其私有化的动力也将增大。需要解决的就只是如何使被弃于公共领域的物品属性所具有的价值高于解决外部性或监督检测的成本。

第一种情形之所以具有高排他的成本,主要是在于即使能够检测,不付费者的使用同样不能被禁止。这种情形使该物品公共属性所占比例相当大,以至于私人属性基本上处于被忽略的状态。一般而言,企业的生产过程实际上就是一个排污的过程。然而,在不同的历史时期环境对此的反应是不相同的。产业革命的开始即环境污染的开始。空气、水等环境要素被古典经济学视为取之不尽、用之不竭的自然物,任何人都无需支付对价即可任意占有和处置的"自由财产"。此时环境问题虽然出现,但其影响主要是区域性、局部性的,表象往往是因为环境污染和生态破坏使特定人群的环境权益受到损害。环境容量的限度并没有被突破,环境资源的稀缺性还不明显。公共属性部分所占的份额极大,界定私人的份额没有意义。19世纪80年代以后,企业异化为人与自然关系全面恶化的"开路先锋"。自然资源的消耗、科技的滥用,满足人口激增及都市化要求的工业化进程,都与企业的生产排污密切相关。激烈的市场竞争使得企业总是愿意尽可能多地占有环境资源,导致环境容量的极限不断受到严峻的挑战。该时期环境资源的价值由于稀缺而被关注,为避免环境再度恶化的悲剧,有必要对这些排污大户所占份额进行必要的界分。由环境自净能力决定的确定区域的环境容量是确定的。当确定的环境容量份额被所有排污企业通过付费瓜分完毕时,不付费企业排污就失去了搭便车的机会,即当它排污时环境质量就会因为突破了临界点而急剧下降。另外,即使因为排污权交易制度的开展而使环境容量获得了相对更大的剩余空间,这些剩余对不付费排污主体而言也是小得多的,不足以否定私有排他权利界定的必要性。因此,企业的排污权不属于这种高排他成本的情形。

第二种情形考虑的是权利的界定成本问题。这种成本与社会进步和科技发展相关。而只要该物品的价值提高到某一程度,资源就会往这方面投入,最终发展出可以降低成本的技术。对企业的排污而言,监督其权利行使的边界也经历了一个不断发展的过程。从美国实行排污权交易的发展历程来看,尽管初始有些曲折和反复,最终还是得以圆满解决。所以这部分高排他成本即使现在对排污权界定有所阻碍,最终也还是可以克服的。因此,排污权具备了作为法律权利所具有的排他性因素。但是,由于排污权客体的特殊性,排他性的实现需要付出更多的成本。例如,排污权的界定就有无偿分配与有偿拍卖之争,排污权的行使受到严格的监督管理等。

一般意义上讲,排污主体获得排污权之后,即取得一定的排他权属,可以在法律法规规定的范围内根据主体自己的意愿对其行使占有、使用、收益和处分的权利。但是,排污权的这种排他性具有特殊性:由于排污权不具有严格意义上的占有权能,它的成立不以占有环境容量及其物质载体为必要,这就为数个排污权同时并存于某一环境容量资源物质载体上提供了可能。例如,对于以某一空间或一定期限为确定标准特定化了的环境资源容量而言,如特定水体环境容量或特定大气环境容量,就存在多个权利人同时享有在这一环境容量资源净化能力范围内排污的权利。

应当承认排污权具有特殊的排他属性是有一定积极意义的。因为这为高效利用环境容量,提高环境保护的绩效创造了条件。与此同时,由于它的存在使传统物权法领域内调控相同权利之间效力冲突的机制无法发挥作用,又为法制的完善带来了新的研究方向。事实上正是由于准物权在占有和排他性等方面所体现的特殊性,为法律寻求建立诸如优先权等形式的新的权利冲突调控模式提供了契机和动力。①

二、现实的流通性

权利之所以能够在交易双方之间流通,是因为该项权利对于交易双方而言具有不同的效用,即双方对该物品的价值具有不同的评价标准。若想要保证这种交易能够长期稳定地持续下去,对双方而言,该交易就应该是双赢的、互利互惠的。排污权法定化的目的在于实施交易,在明确排污权的法律性质之后、设定排污权交易规则之前需要确定可交易的排污

---

① 邓海峰.排污权与不同权属之间的冲突和协调[J].清华法学,2007(03):118-129.

权,所以说排污权还具有现实的流通性。

当一部分个体超过正常范围使用环境容量时,另一部分个体却可能达不到正常排放的程度。于是,建立排污权的交易制度,强制超过正常程度使用环境容量的市场主体进入交易市场,让其为其超额排放支付相应的代价,以市场交易的方式体现出具体的财产价值就成为可能。相对于企业而言,排污权代表着一定的环境容量使用权,而环境容量的稀缺性使其具有了一定的经济价值。然而由于各企业的污染控制成本并不相同,要产生相同量的产品效益,所消耗的环境资源(排污权)的量度也是不相同的。换言之,产品中所附加的排污权的成本不同。污染控制成本高的企业若要降低产品的生产成本,提高其产品效益,就需要降低排污权的成本。企业之间的污染控制成本总是存在一定的差距范围,这也就意味着排污权的价值为交易双方提供了讨价还价的空间,排污权的流通转让一方面可以使污染成本控制低的企业获得高出其污染控制成本的额外收入,另一方面又可以使污染控制成本高的企业节约与交易的排污权支出成本等价的污染控制成本。双方的这种交易实现了互利双赢,保证了交易的持续稳定进行。

排污权的可转让性要强于一般的物权。它与排污权交易是紧密联系在一起的,只有需要建立排污权交易市场时才有设定排污权的需要。界定排污权是排污权交易的前提,而排污权交易是更好实现排污权的保障。两者相辅相成,不可分割。排污权的这种流通性是一种以市场为基础的经济政策和经济刺激手段,排污权的卖方由于减排而剩余排污权,出售剩余排污权获得的经济回报实质上是市场对有利于环境的外部经济性的补偿。无法按照政府规定减排或因减排代价过高而不愿减排的企业购买其必须减排的排污权,其支出的费用实质上是为其外部不经济性而付出的代价。排污权交易与排污收费都是基于市场的经济手段,但排污收费是先确定价格然后让市场确定总排放水平,而排污权交易则是先确定排污总量后再让市场确定价格。市场确定价格的过程也就是优化资源配置的过程。排污权交易实质上是环境容量使用权交易,是环境保护经济手段的运用,是一种典型的私法手段。它以追求最大的成本效益为原则,在价值取向上较好地把握了公平与效益这一对矛盾的平衡,可以刺激环境保护事业的发展。从总体上看,它有利于低成本、高效益地实现全球环境中污染物浓度和数量的减少。但是,在这种交易中应该注意防止转嫁环境污染或逃避污染者责任的行为发生。

由于环境资源本身的复杂性,加之受制于人类对自然的认识能力和科学技术的发展水平,某些污染物对环境影响的测定确实还是一个难题。基于制度生成和可操作的考虑,制度化的排污权交易只能针对某些特定的污染物。事实上,即使是在排污权交易比较发达的美国,法律也并未针对所有的污染物排放设定排污权,而可交易排污权也并非在任何情形下均可实施交易。因此,可交易的排污权应由环境法根据实际情形加以规定。依据我国的实践经验,所谓可交易是指参与交易的排污指标所确定的污染物必须是可以使用排放总量控制政策、具有均质混合扩散特点的污染物。而现有科学技术无法准确测定其环境影响的污染物,均不宜进行排污权交易。根据环保部污染物总量控制的要求,可以进行排污权交易的主要包括二氧化硫、烟尘和工业粉尘、化学需氧量、石油类、氰化物、砷、汞、铅、镉、六价铬、固体废物等污染物。目前,国内外开展排污权交易的主要是化学需氧量、二氧化硫和碳汇。具体到国内,各地正在开展的排污权交易试点基本针对化学需氧量和二氧化硫两种主要污染物,随着试点进程逐步将交易指标扩展到氮氧化物、氨氮、粉尘、烟尘等。环保部还专门出台了《主要污染物总量减排核算细则(试行)》《主要水污染物总量分配指导意见》等文件,用以指导排污权的具体确定。①

三、明显的公益性

排污权的公益性是指其权利的行使要受到一定的限制,即排污权的使用必须无害,与公共利益紧密相连的特色明显。

当设定排污权时,环境资源体现出两重属性:环境资源不仅是私有产权的客体,而且是生存发展所必需的要素;环境资源本身与公共利益联系非常紧密,排污权的设定,与其他私人产品相比需要更加地谨慎。排污权的设立、行使均建立在一定时期和区域的污染物总量控制基础上,不得

---

① 宋晓丹.也论排污权的法律性质[J].南方论刊,2009(08):32-35.

违背工业利益,同时必须遵守国家环保法和环保标准,应选择对环境损害最小甚至无害方式行使权利。对所造成的环境污染和破坏,应当采取措施减轻或免除,也就是说国家赋予排污单位排放污染物的权利,但该权利必须被限制在一定数量、范围之内。①

基于对环境资源的私人支配属性与公共属性的矛盾考虑,它需要明确各排污主体之间,特别是企业之间排污权的权利边界,还要解决企业与社会公众之间的排污权与环境权的边界。同时,基于环境资源本身的历史延续性考虑,排污权的设定还必须满足可持续发展的需要,解决当代人与后代人对环境资源的分配问题。承认排污权并将其赋予具备一定资格的主体,使其能够长期生存发展,而且发展的实惠效益应该是全体大众都能享受到的。当然,这并不是单纯地出于让某个排污者自身能从排污中获取收益的目的,而是从整体、大局的角度维护整个社会经济的健康、和谐发展。排污单位行使排污权必须遵守国家的环境保护法律和环境保护标准,不得违背社会的公共利益,同时还必须服从国家的环境监督管理。

第三节 排污权不同类型交易对象的法律属性

表面上看排污权是一个统一的概念,但在事实上,由于存在载体、设立目的、权利功能、效力范围等方面的不同,作为整体意义上的排污权在实践中很难具有可操作性,因此有必要将其进一步地类型化。不同类型的排污权除了其本身的差别外,在法律属性方面也存在着较大的差异,有的排污权带有用益物权的特征,有的排污权体现了准物权的色彩,有的排污权则更倾向于公权等。

一、排污权交易对象的不同类型

(一)水体排污权、土壤排污权、大气排污权

通过对作为排污权客体的环境容量资源的自然存在状况的了解,我

---

① 蒋亚娟.关于设立排污权的立法探讨[J].生态经济,2001(12):67-69.

们认识到尽管组成生物圈的物质成分多种多样,但在目前的科技条件下,可为人类认知和掌握的环境容量资源主要存在于水体、土壤和大气中。因此以这三种资源作为基础构建初级的排污权体系具备现实的可行性。

水体排污权是指以水体环境容量为客体而设定的排污权,是权利人依法享有的对基于水体环境自净能力而产生的环境容量进行使用、收益的权利。该种权利的母权是国家所有的水体环境容量资源所有权,而其物质载体则是在自然科学意义上具有自净能力的流动水体及非流动水体。

土壤排污权是指以土壤环境容量为客体而设定的排污权,与水体排污权相对,它是权利人对土壤环境容量进行使用、收益的权利。其母权是国家所有的土壤环境容量资源所有权,其物质载体是一切为法律所允许的在自然科学意义上具有自净能力的土壤。

大气排污权是以大气环境容量为客体,以国家所有的大气环境容量资源所有权为母权的排污权类型。

将排污权作上述分类的法律意义在于:第一,上述各具体类型排污权的目的不同。尽管从总的方面来说,各类型排污权设定的目的均在于平衡人类活动与自然物自净能力之间的关系,以达到可持续发展的社会理想,但就具体的排污权而言,其侧重点却各有不同。例如,水体排污权设定的目的主要在于防止水环境的过度污染,改善生物的生存条件;而森林排污权设定的目的则更偏重调动植树造林和管护育林的积极性,弥补因实施有益于生态的行为而给行为人带来的损失。第二,上述各具体类型排污权的物质载体不同。物质载体的不同至少在两方面会影响各种具体类型排污权的行使。①不同的物质载体决定了不同的环境容量计算和确定方法,这最终会影响各具体排污权的单位价格。②法律对各种物质载体的规定各有不同,这必然会影响到其相应的排污权的行使。第三,以物质载体为标准进行分类,为构建各具体类型的排污权交易市场提供了制度平台和法律保障。以这一分类基础为依据,我们可以进一步探讨分别适用于水体、土壤、大气等具体排污权的交易理念和具体规则,也为建立不同性质的交易平台奠定了基础。第四,这种分类方式为我们进一步探讨这三种排污权交易类型各自的特性并制定协调它们彼此之间效力冲突的规则提供了可能。

(二) 以设立目的为分类标准的排污权交易对象

生物的生存和发展都以同自然界发生不间断的物质和能量交换作为基础。存在着物质和能量的交换,就必然存在着最终代谢产物的转移和排泄,这就使排污成为与生命相伴生的一类永恒的自然现象。基于生命运动的形式和目的的多样性,与之相伴生的排污行为也必然具有不同的样态和目的性。以此为标准,可以将排污权分为民用排污权、市政用排污权、农用排污权、工业排污权、运输业排污权、生态用排污权等。

民用排污权是指在家庭、旅馆、餐饮场所、度假胜地、有组织的临时性营地或聚居区、军队营区发生的,以满足自然人的生活或简单物质生产为目的的排污权。民用排污权中的民用二字,其范围窄于日常人们对其的理解,通常此处的民用可以解释为家用或日常生活使用。

市政排污权是指市政为了达到家庭、商业等目的,通过市政管网系统实施排污的权利。市政排污权的范围及于无民用排污权的旅馆、餐饮场所、宗教场所、各类营地、监狱劳教场所、教学科研机构及类似单位。而此处所指的市政管网系统则包括城市给排水系统、农村排污设施、公共区域排污设施、可贮存相当容量污染物的非公有排污设施。

农用排污权是以满足农业生产需要而设定的排污权,多表现为水体排污权、土壤排污权。

工业排污权所称的工业,范围广于经济管理学意义上的工业,相当于第二产业,大体包括加工制造业、采掘业和建筑业等。与此相对应,工业排污权的适用范围也及于上述各行业的工业排污活动。

运输业排污权是指为保障各种运输工具正常运行及运载途中乘客正常生活需要而设定的排污权。

生态用排污权是指为满足各种公众休闲娱乐设施和场所以及风景名胜区、自然保护区等的排污需要,在市政排污权之外另行设定的排污权。

将排污权作上述分类的法律意义在于:第一,为解决排污权排他性较弱的情况预留了制度创新空间。由于排污权的排他性相对薄弱,所以在同一环境要素之上经常会出现数个排污权同时并存的情形。将排污权以其目的不同做出分类,客观上就为解决上述数项权利冲突的情况提供了一种法律选择。例如,在通常情况下,民用排污权都会处于最为优先的顺位。当数项排污权同时并存,作为各排污权客体的环境容量不足以使各项排污权同时实现时,应按照民用排污权、市政用排污权、农用排污权、工业排污权及生态用排污权的次序首先满足顺位优先排污权的行使需要。第二,此种分类为确立排污权优先权制度并最终形成排污权效力冲突的协调规则提供了可能。第三,权利取得的要件不同。通常各国民用排污权的取得无须获得行政机关的批准,只要在行使处分权时取得行政机关的核准即可,而其他各项排污权的取得多须获得行政许可。

二、排污权交易对象的法律属性分析

(一)水体排污权、土壤排污权、大气排污权属于新型的用益物权

很多学者认为排污权从其性质上分析应当为一种用益物权。用益物权是对他人所有的物,在一定范围内进行使用、收益的他物权。用益物权的特征有:①用益物权以对标的物的使用、收益为其主要内容,并以对物的占有为前提。②用益物权是他物权、限制物权和有期限物权。③用益物权是不动产物权。用益物权主要是以民法物权理论为依据的。那么,水体排污权、土壤排污权、大气排污权是否是属于物权范畴的权利?是否属于物权中的用益物权,这要看水体排污权、土壤排污权、大气排污权是否具有用益物权的特性。

首先,水体排污权、土壤排污权、大气排污权的客体是否为一种物,这是要率先确定的关键问题。如前文所述,水体排污权、土壤排污权、大气排污权的客体是环境容量。我们认为环境容量具有民法中关于物的特性,是属于国家所有的具有公共物品特性的物。

其次,水体排污权、土壤排污权、大气排污权的客体是否为一种不动产。根据用益物权是不动产物权的特征,排污权的客体应当为不动产,而环境容量是否是一种不动产,这就和理解环境容量是否为一种物是一样的道理。在学理上通常认为,动产与不动产是根据物能否移动及移动是否影响其价值来做的分类。根据这一分类,分别为它们做出了定义:能够在空间上移动并且不因移动而损害其价值的为动产;在空间上具有固定位置,性质上不能移动或者移动即会损害其价值的物为不动产。大气

和水体虽然是流动的,但是却不能属于可以移动的物。因为所谓的移动应当是物理位置的移动,是具有人为移动的特点的。大气、水体等环境容量却不是人为可以对其进行物理位置的移动、搬动的;相反,大气、水体等环境容量却是人无法移动的。因此,其实际上具有民法中不动产的特性。

再次,用益物权是对"他人"之物的使用。排污权是对国家所有的公共环境资源的一种利用,这使得排污权的取得和使用具有明显的公权性,和其他用益物权相比具有很大不同,排污权中的"他人之物"是确定的,是国家所有的具有公共物品性质的环境容量。排污权是对"他人之物"进行使用并获得利益的一种权利。也即排污权实际上是排污主体对属于国家所有的环境容量在国家许可的范围内进行使用的权利——即在国家许可范围内向大气、河流中排放废气、污水等污染物的权利。水体排污权、土壤排污权、大气排污权的这种用益物权的特性,与民法中的民事主体对属于国家所有的土地、矿山进行利用、开采的特性是相同的。

最后,用益物权以对物的占有为前提,而水体排污权、土壤排污权、大气排污权的客体无形无体,不可以直接占有。但是,占有的概念从来也不意味着要直接占有。排污权通过法律进行确认和分配后,虽无法直接占有一定的物理空间,但是,排污者依照国家政府许可的以一定排污标准、排污容量向大气、河流中排放污染物的行为,可以认定为其实际上对国家所有的环境容量的占有。这种占有是一种特殊形式上的占有。排污权具备了用益物权的这一特征。

由以上分析可以得出,水体排污权、土壤排污权、大气排污权具备了用益物权的所有特征,其具有用益物权的性质。

排污权虽然是用益物权,但是和其他的用益物权相比,排污权具有自身的特殊性,是新型一类的用益物权。排污权产生的目的是促进环保和可持续发展,是现代社会发展的产物,代表了现代法的理念,具有很强的先进性。同时,排污权的产生、发展对传统的物权法提出了新的挑战。现代的物权观不应再仅仅强调对物的实际占有,而应扩展对新的占有形式的确认,同时应更加强调对物的使用、收益权能的享有和行使。当对资源的利用效率成了物权最基本的表现价值的时候,就需要承认新型的权利。在可持续发展已经成为各国发展的战略模式、环境保护成为各部门法关注的焦点的今天,现代的物权法理应强调"依功能而确定概念",强调对具体问题的解决而不是固守着原有的逻辑。将生态价值转换为可以度量的经济价值,从而使之成为物的经济价值的一部分,也正是排污权确立的目的所在。

(二)以设立目的为分类标准的排污权属于带有行政许可色彩的私权

我国正在尝试实施排污权交易制度,这种制度首先确定一个地区污染物排放的总量,然后通过发放排污许可证的方式授予排污单位排污权,各排污单位通过污染治理再将节余的排污指标进行交易从而获取经济利益。排污许可证的颁发是排污许可的外观,是排污权交易的前提。

可转让的排污许可证是政府实施财产权利转让许可的表现形式。在建立排污权交易体制的情况下,排污许可证就是排污当事人享有并可以行使环境容量使用权的证明。我国当前实践中出现的排污权交易尝试也是通过许可证的转让而完成的。环境容量使用权在取得上也可以借鉴现有特别法上的物权的取得形式,采用行政特许的方式由行政机关代表国家依法向被许可人授予权利,以使被许可人有权利用"环境容量"这一有限的自然资源进行污染物排放。这种特许是通过公法或者公权介入的方式协调自然资源的经济属性与生态属性对于人类生存的价值冲突问题,解决自由与公平的矛盾的一种措施。因此,明确自然资源的生态属性与经济属性是进行特许物权制度设计的前提。我国现行法律特许的对象除了包括水资源使用权、采矿权等有形财产外,还包括无线电频率占用许可等无形财产。而且特许的一个重要特征就是被许可人所取得的特许权一般应当支付一定费用,所取得的特许权依法可以转让、继承。这就为排污权的交易消除了法律障碍。我们可以看出环境容量使用权作为特许物权,其实质仍然是一种私法上的权利。特许只是从权利的取得角度来对这种特殊物权加以界定:环境容量使用权的取得需要行政机关的特别许可,权利的申请人必须具备一定的条件,类似于物权法上权利是原始取得还是继受取得的划分意义。物权则是这种权利的本质属性。不管权利是如何取得的,只要权利归属于权利人,权利人可以排他性地支配特定的物,那么权利人所拥有的就是物权。排污者通过行政许可行为获得的环境容量使用权也就具有了双重属性：一方面是经过申请由行政机关审查后对相对人赋予的权利，另一方面也是排污权人获得的一种具有使用收益内容的民事权利。这是一种具有强烈公法色彩的私权，是特别法上的物权。

有环境法学者认为，目前由国家环保行政主管部门颁发的排污许可证所确认的排污权，是一种行政性的个人公权利。这种认识并不妥当。在现代社会，政府通过特许的方式创设财产权利已经成为普遍现象，财产权的整个形式和内容是由国家定义的。财产权的体系是开放的、包容的，现代社会的财产权已不再仅仅表现为私法上的权利体系，只要是国家正式赋予的财产性权利，均为实质意义的财产权。政府通过行政特许而创设财产权利不仅是公权私权化的过程，也应理解为是传统权利形态的再生。特许物权是国家直接赋予相对人的私权，其产生虽然不能脱离行政机关公法上的意志，但出于社会发展的客观需要，这种权利无疑具有可观的市场价值，能为权利人带来巨大的物质财富。特许物权的权利人作为民事主体也当然可以参与民事活动。特许物权与传统民事权利的不同只存在于权利的取得方式上，在权利取得以后作为一种私人权力和利益仍应在民法的范围内进行调整和保护。从权利的行使来看，排污者通过国家的行政许可而有权使用环境容量资源以为生产和经营提供必要条件，这显然是一种私权利。

排污权的本质是环境容量使用权，该权利的客体是物化的环境容量资源。环境容量使用权作为他物权是通过许可的形式对他人所有的环境容量资源进行使用和收益，环境容量资源的所有者应该是国家。从理论上讲，私人所有者是自己财产最佳的守护者，但自然资源作为一种公共物品，所有权人的利益经常与社会对于自然资源的利益不一致，存在着不可消除的矛盾和冲突。环境容量资源属于非生物性可再生自然资源，这类资源构成了人类生存的基本条件，也是一切生物得以繁衍生息的基础。由于这类自然资源对生态系统和人类社会的生产生活有着特殊重要的意义，具有公共性和公益性，也由于所有权人在行使权利的时候必须要维护其生态利益和社会利益，国家对其所有权的界定就要从生态环境和社会整体利益出发去确定。从实证上来说，我国的自然资源根据《宪法》的规定一般也都是归国家所有。所以,环境容量作为一种重要的自然资源,由于对其使用将对公共利益造成重大影响,其所有权应归于国家。如同有些学者指出的那样,环境容量资源属于国家所有的另一个重要原因是环境容量的大小直接体现了一个国家的经济、科学、技术的水平,也与一个国家人民的素质和生活质量有关,政府对环境容量的改善负有不可推卸的责任。每年我国都要为治理污染、防治生态破坏、改善人民生活环境投入大量的人力、物力和财力,所有这些投入全靠国家财政在支撑,若没有政府的投入,我国的环境状况是不可能维持在现有的水平的。我国《宪法》第二十六条就明确规定:"国家保护和改善生活环境和生态环境,防治污染和其他公害。"这为环境容量资源所有权归于国家提供了法律上的依据。在国家所有权的体制安排下,国家作为一个抽象的主体必须把所有权委托给各级政府,各级政府就成为环境容量资源的形式所有者和受托人,各级政府及其环境保护主管部门可以行使所有者和受托者的权利,如许可使用环境容量资源的权利。

国家享有环境容量资源的所有权,但国家并不是环境容量资源的实际使用者。法律的作用就是要明确实际使用者的权利,即创立环境容量使用权,实现物尽其用。国家必须界定相关权利,采取合适的产权形式,实现高效率地对环境资源进行合理配置,使其外部性内化。根据经济学理论,财产权设置上的不确定性会造成对产权的严重削弱,会影响所有者对他所投入的资产的使用的预期,也会影响资产对所有者及其他人的价值,以及作为其结果的交易的形式。所以,要让环境容量资源真正发挥效用,也就是满足排污单位向环境中排污的权利,就必须把国家所有的环境容量资源交给环境容量使用者,也就是把环境容量资源从国家这个所有者手中让渡到实际使用者手中。这种让渡需要一定的途径来实现,其具体表现形式就是国家给予使用者环境容量使用许可权。通过授予环境容量许可权,环境容量使用者成为环境容量资源的合法使用人,就可以在自己的生产活动中使用环境容量,发挥环境容量的经济效用。国家作为环境容量资源的所有者必须对这种资源进行分配,这是由资源的稀缺性所决定的,因为环境容量是有限的,不可能满足所有使用者的要求。通过总量控制,国家环境行政机关将经过计量的有限的环境容量资源进行分解,然后通过行政许可的方式分配给排污者。从对排污许可的对象也就是排污主体的选择来看,由于环境容量资源的特殊性,由谁来使用不是任意的,应该由资源所有权人选择和决定。因此,必须依据相关法律法规的规定,经过法定程序,特定的排污单位才能具有使用环境容量资源的资格,成为自然资源使用权的主体。首先,尽管从实然的角度来看,排污主体包括人类的生产生活排污行为和其他生物的排污行为,但后者属于生理活动而非生产活动,自然不应属于法律的调整范围。其次,根据我国现行排污许可的规定,能够获得排污许可证的主体是直接或者间接向环境排放污染物的法人、其他组织和个体经营者,即排污者。居民日常生活中的排污行为是满足居民生存需要的行为,单个主体的排污量极为有限,属于居民的基本人权。而且这一类排污者数量众多并分散,管理成本过高,不应纳入排污许可的范围。最后,为了适应开展排污权交易的需要,排污许可的对象必须处于污染物总量控制的范围之内。

第六章　国外排污权交易法律机制的法治实践

国外关于排污权交易法律机制的法治实践在制度建设上有极大的借鉴意义。前文说道,排污权交易是一项很强可行性的环境经济政策,最早是由美国人戴尔斯在《污染、财富和价格》一文中提出的。美国在《清洁空气法案》中对此作出立法性规定,并将其应用于实践中,取得了很好的效果。之后西方经济发达国家相继实行了排污权交易的实践。

第一节　美国排污权交易法律机制的法治化实践

一、美国排污权交易法律机制产生的背景

在美国开展环境保护事业的初始阶段,排污权交易制度并不存在,而是随着该项工作的深入,在传统的"命令—控制"[①]型环境监管制度愈来被证明有其自身无法克服的缺陷的情况下产生的。

正是由于传统型制度的种种不足,一种与以往传统环境监管制度大为不同的全新的环境监管制度首先在美国诞生了。该制度将注意力转向市场实际,通过让排污企业选择他们认为更有利的方式实现污染排放进

[①] "命令—控制"型环境监管制度是美国政府一开始便采用的传统的环境监管方式。在此制度下,政府往往不会考虑各个企业减少污染的费用,而只是简单地通过强制性命令的方式为各个企业设定其应达到的污染控制目标,并监督企业采取相应措施以达到该目标,从而实现环境监督的目的。

而更好地达到对污染排放的控制。这种环境监管制度大致可以分为两大类:以排污税为基础的制度和排污权交易制度。在美国,后者在其环境保护事业中更为重要①。在排污权交易制度下,政府无须制定和执行硬性的"行为标准"或"技术标准",而只要综合各种因素设定一个合理的减排目标,企业就会在自身利益的驱动下,以他们认为最经济的方法来实现减排目标。

二、美国有关排污权交易的法律机制

在美国,排污权交易通过四项政策加以贯彻,即补偿政策、气泡政策、净得政策和存储政策。这四项政策都与一个共同因素有关,它就是排污削减信用。排污消减信用是这些政策实施中处理事务的媒介,是指污染源将污染物的实际排放水平削减到政府法定的水平以下,差额部分经政府认证以后即成为排污削减信用。政府认证的条件是:盈余的、可实施的、永久性的、可定量的。②污染物削减信用一旦经过认证以后,便可以在市场进行交易。在美国,排污削减信用成为用来在各个污染物排放源之间进行交易的媒介。

(一) 补偿政策

补偿政策是指以一处污染源的污染物排放削减量来抵消另一处污染源的污染物排放增加量或新污染源的污染物排放量,或者指允许新建、改建的污染源单位通过购买足够的排污削减信用,以抵消其增加的排污量。其实质是通过新污染源单位购买排污削减信用为现有污染源单位治理污染提供资金。1976年12月,美国联邦环保局创立了补偿政策。制定补偿政策是为了解决未达标地区的经济增长与逐步满足环境标准之间的矛盾,即如何既能够新建或扩建污染源又能尽早达到排污标准的法定要求。补偿政策是美国最早投入运行的排污权交易形式之一,属于20世纪70年代末美国联邦环保局开始实施的新源审查计划的一部

---

① 李华,杜莉.美国的排污权交易制度及其对我国的启示[J].世界经济文汇,2001(06):19-22.
② 泰坦伯格.排污权交易——污染控制政策的改革[M].崔卫国,等译.上海:上海三联书店,1992:7.

分。① 1977年美国《清洁空气法案(修正案)》已经将补偿政策纳入该法之中。

(二) 气泡政策

气泡政策是指允许现有污染源单位利用排污削减信用来履行州实施计划规定的污染源治理义务。所谓泡泡,是将一个工厂的多个排放点,一个公司的下属多个工厂或一个特定区域内的工厂群看作一个整体或"泡泡"。在泡泡的内部允许现有的污染源利用其排污削减信用增加排放,而其他的污染源则要更多地削减以抵消排放量的增加。② 美国气泡政策的最初设想是:就排污管理而言,可以把含有多个排污点的工厂看作是一个大的污染源即"气泡",可以把从该厂所有的排污点排出的污染物看作一个整体,实质是允许工厂的经营者对那些所需治理污染费用最少的排污点最大限度地减少污染物,对那些所需治理污染费用最多的排污点放松治理或者减少污染物,以达到用最少的费用实现最大限度地减少排污总量的目的。1986年美国联邦环保局提出了"多泡"政策,即污染者可以适用气泡政策的主要条件是:气泡及气泡的大小只能由美国联邦环保局或经联邦环保局授权的州政府依法确定,污染源单位不能自行确立;申请适用气泡政策的单位必须向环保部门证明,它已经达到环保局规定的将其排放总量削减至一定水平的先决条件,并证明其排放抵消或排放交易活动不会引起环境质量的下降,并保证不突破规定的气泡;适用排放抵消或排放交易活动的污染物只能依法确立,应以单项污染物为单位,不能以多种污染物的混合排放量从事排放抵消或排放交易活动,对人体和环境有严重危害的危险物质不能适用于气泡政策。

(三) 净得政策

在美国,排污削减信用不能用来改变国家标准。由于净得政策颁布前的新污染源审查手续太繁琐,特别对污染源的改建更是如此,于是净得政策便应运而生。净得政策是指只要污染源单位在本厂区内的排污净增量并无明显增加,则允许其在扩建或改建时免于承担满足新污染源审查

---

① 吴健. 排污权交易——环境容量管理制度创新[M]. 北京:中国人民大学出版社,2005.
② 吕忠梅. 论环境使用权交易制度[J]. 政法论坛,2000(04):126-135.

要求的负担。净得政策允许污染源厂区内无论任何地方得到的排污削减信用可以用来抵消扩建或改建部分所预计的排污增加量。如果净增量超过了预计的增加量,该污染源就要受到审查。① 用这种方法避免审查可以省掉许多麻烦,如取得立项许可和随之而来的许多要求,它显著地提高了审查的预定限度,但是企业必须满足"新污染源特性标准"规定的排污限度。

(四) 存储政策

存储政策即排污银行政策,是指污染源单位可以将排污削减信用存入当局授权的银行或机构,以便在将来的补偿、气泡和净得政策中使用排污削减信用。美国的许多州和地方机构已正式建立了排污权存储体系,有些地方建立了非正式体系。尽管美国联邦政府规定各州有权制定自己的存储规则,但其制定的规则应满足一定的条件,即规则应指明存入的排污削减信用的所有权及所有者的资格,管理、发放、持有、使用排污削减信用的条件等,规则还必须与《清洁空气法案》中为取得合理的逐步发展所提出的要求保持一致。

排污权存储政策的建立对补偿、气泡和净得等交易是一个巨大的推动,同时也加强了环保机构、金融机构对排污权交易的监督和控制,使大范围的排污权交易变得更加合理和便于管理等。如果没有排污银行,污染源单位对污染物进行超额治理对本单位将毫无利益,除非正好同时有其他污染源单位需要抵消。如果排污银行政策要发挥其预期的作用,存入银行的排污削减信用应该成为公司的确实财产,并得到法律的保护。

三、美国排污权交易的法律模式

(一) 基准——信用模式

信用模式是最早从理论走向实践的排污权交易形式,它最早在美国联邦环保局提出的州内大气层"排污交易计划"中被采用。在这个项目中一个"排污削减信用"(Emission Reduction Credits,ERCs)被定义为减少

---

① 蔡守秋,张建伟.论排污权交易的法律问题[J].河南大学学报(社会科学版),2003(05):98-102.

1吨的特定种类的大气污染排放量。在这种模式中,当一个污染源的实际排污水平低于环境管理部门规定的该污染源的污染排放基准许可水平,并且产生的排污削减是一个永久性的排污削减时,它就可以向环境管理部门申请获得排污削减信用。在获得空气质量管理部门(通常来说是地方政府的空气污染控制机构)的严格审批之后,污染源企业可以交易该排污削减信用。

在排污交易计划中,根据美国环保局的规定,要生成一个排污削减信用必须要满足:①真实性,排污削减信用必须是由于实际的排污水平的降低而产生的。②永久性,削减必须是在新建或者改扩建的污染源的整个经营期内持续的减少量,而不包括阶段性或者临时性的排污减少。③可量化性,污染排放的减少必须可以通过公认的程序和计算方法来计算和度量,并且必须有一个官方的排放基准。④可执行性,许可的产生以及执行过程必须是由发放排污权的机构管理。⑤剩余性,排污的减少必须是针对清洁空气法案的州内执行计划所要求的污染减少量的剩余。

(二) 总量—交易模式

美国在地区清洁空气激励市场计划、酸雨计划、分阶段减少铅计划以及分阶段减少氯氟烃计划中都采用了总量—交易模式①。根据总量—交易模式的交易对象不同,又可以分为排污许可总量—交易模式和生产许可总量—交易模式。排污许可总量交易的参与者是生产过程会产生污染排放的生产者,发放给污染源进行交易的是排放污染量的许可证,而生产许可总量交易是针对那些生产出来的产品在使用过程中会产生的污染的生产者,发放的许可证是生产产品中允许含有的隐含污染量的许可证。前述四个计划中,前两个属于排污许可总量—交易模式,后两个为生产许可总量交易模式。

在排污许可总量—交易模式中,环境管理部门根据减少污染物控制计划的需要,将某个地区或者行业的污染物排放总量进行划分,将排污交易许可证发放给各个污染源,污染源自由选择将得到的许可证存入银行

---

① WOERDMAN E. Organizing Emissions Trading: the Barrier of Domestic Permit Allocation[J]. Energy Policy,2000:613-623.

或用于交易(地区清洁空气激励市场计划不允许存入银行),但是在一个计算期结束时,污染源必须拥有足够数量的许可证来保证它在本期内的排污量的合法性。其中排污许可证被定义为特定一年的特定数量的污染物排放权。一般来说,在环境质量达到政策者期望的环境目标以前,每年分配的排污许可证数量是逐渐减少的,当达到环境目标以后,排污许可证的数量将基本维持一个衡量。

(三) 非连续排污削减模式

非连续排污削减可以在一个州的公开市场交易系统中交易,一个非连续排污削减表示非连续地削减1吨污染物。当一个污染源自愿削减超过许可标准要求的污染时,就可以获得非连续排污削减。非连续排污削减与排污削减信用模式最大的区别就在于非连续排污削减是临时的排污削减,而ERCs是永久性的排污削减,排污削减信用要求在以后的每年都要有相应的削减量,它的单位是t/a,而非连续排污削减只要求在获得非持续排污削减时已经削减了相应的污染物排放量,它的单位是t。非连续排污削减是1995年美国联邦环保局在公开市场交易规则中提出来的。它的提出是由于在排污削减信用模式下,仍然有很多地区迟迟不能达到排放标准的要求,为了增加排污交易计划的灵活性,鼓励各州实施经济激励计划,美国联邦环保局决定采用这种要求更为宽松的交易模式①。

四、美国排污权交易的成效与不足

从实践来看,美国自实行排污权交易制度后,已经取得了较好的实施效果:一是市场表现活跃。二是环境效果令人鼓舞。《美国联邦环保局酸雨计划进展报告》在对酸雨计划实施迄今为止的环境反应的评价中指出:美国东北和亚特兰大地区的生态系统对酸性沉降十分敏感,目前,通过酸雨计划的实施,那里降雨中硫酸盐浓度已下降了25%。三是达到污染控制目标的费用大幅减少。美国联邦环保局在排污权交易实施之前预测,要达到污染控制目标,非交易政策条件下每年的治理约需50亿美元,

---

① ALEX F. Multilateral Emission Trading: Lessons from Interstate NOX Control in the United States[J]. Energy Policy, 2001:1061-1072.

使用交易政策每年只需40亿美元。而排污交易实施后的事实表明，每年只需要20亿美元。据有关学者对《清洁空气法案》1990年修正案实施第一阶段(1995—1999年)二氧化硫排放交易实施成本的计算，通过排污权交易达到降低二氧化硫减排成本的目的已经达到，年均降低治理成本约3.6亿美元。①

作为一种新的污染控制手段，排污权交易也存在一些不足之处：一是排污权交易中的公平问题：由于排污权交易是附加在先前的指令控制分配之上的，当一些排污厂商相当迅速地遵守了先前的规定，安装了大批昂贵的、经久耐用的治理设备以后就不能利用这项计划得到最大的好处，无法达到最佳的费用效果；而那些先前拒不遵守传统的指令控制，不付出很大代价治理污染达到先前标准的排污厂商，在良好的费用效果的吸引下，却能以较之以前低很多的代价达到标准，并获得许多意想不到的收益。这样，排污权交易制度奖励了那些不遵守规定的排污厂商，而使许多先前支持官方机构的人认为不公平，从而打击了他们治理污染的积极性。二是排污权交易中的投机行为。三是排污银行政策中存在的问题：美国排污权交易的银行政策规定存入银行的排污权不支付利息，这显然会降低排污厂商进行减排的积极性。四是技术上的缺陷。一些技术性难点尚未解决，如污染物总量的空间折算问题、对移动污染源的总量限制问题等。

第二节　欧盟排污权交易法律机制的法治化实践

欧盟的排污权交易制度主要体现在碳排放权交易机制上。欧盟碳排放权交易机制作为全球规模最大、体系最复杂的碳排放权交易制度，从2005年1月1日开始正式实施，经历了多年的跌宕起伏，有失败的教训，但总体上受到了国际社会的肯定。

---

① 王金南,杨金田,马中,等.二氧化硫排放交易:美国的经验与中国的前景[M].北京:中国环境科学出版社,2000.

一、欧盟碳排放权交易法律机制的主要实践

欧盟通过法律的形式制定了系统的碳排放权交易制度，形成了主要以三项欧盟指令、两项计划及三项欧盟委员会规章组成的法律体系：一是欧盟指令：包括欧盟2003/87/EC号指令（Directive 2003/87/EC），该指令旨在建立一个欧盟范围内的碳排放权交易体系（即EUETS）。欧盟2004/101/EC号指令（Directive 2004/101/EC），该指令的主要内容为依据《京都议定书》的相关规定对原有EUETS进行修正。欧盟2008/101/EC号指令（Directive 2008/101/EC），该指令旨在将航空活动纳入EUETS体系之内。二是计划：包括用于欧盟内部各国碳排放权分配的国家间碳排放权分配方案以及用于确定总量计划及二氧化碳排放情况的监控与报告计划。① 三是欧盟委员会制定的三个规章，其主要内容为指导指令如何实施。可以通过英国和德国的实践来研究欧盟排污权交易机制的具体实施情况。

（一）英国的温室气体排放权交易计划

英国虽然已经脱欧，但是早期英国在欧盟时期的排放权交易机制仍属于欧盟体制内。英国于2021年5月19日启动了其国内的碳排放交易系统以进行碳排放权交易，而在2021年初，英国脱离了欧盟的单一市场。英国温室气体排放权交易计划是英国为履行《京都议定书》第一承诺期的减排任务而设的，同时也是英国于2000年制定的气候变化计划的组成部分。英国在21世纪之初，就将碳排放交易制度应用于各企业之中。政府通过奖惩制度来鼓励和管理企业的二氧化碳排放。企业自愿参加交易，政府对他们进行统一注册，允许企业之间开展二氧化碳的排放量交易。通过建立这样一个市场交易机制，英国政府对二氧化碳的排放量进行市场最优配置，不仅能够减少区域内的碳排放总量，也能够适应各个排污主体对于排污量、排污时间、排污地点的不同要求。英国排放交易系统将不会干预该国的碳排放市场，尽管碳排放许可的价格已高到足以启动所谓的成本抑制机制。

---

① 刘华,李亚.欧盟碳交易机制的实践[J].银行家,2007(09):106-107.

（二）德国碳排放权交易制度

德国作为发达的工业化国家，能源开发和环保一直走在世界前列。环保已成为其经济、社会可持续发展的重要内容。保护气候、减少温室气体排放的具体指标也列入了可持续发展的总指标体系中，环保方面的法律制度也非常完善。为有效进行环保，2002年初德国法律规定实施碳排放权交易制度。当时德国环保局组建专门管理机构，对企业机器设备进行全面调查，研究建立与排放权交易相关的法律事宜。目前，已形成了较全面的法律体系和管理制度，这些法规包括排污权取得、交易许可、收费标准等。同时还建立了管理排放权交易事务的专门机构，负责发放排放许可证、核实企业报送的排放申请报告、以账户形式对每家企业进行登记、与欧盟和联合国进行合作等事宜，奠定了排放权交易在德国的法律地位。

根据《京都议定书》和相关法规要求，在参与企业的选择上，德国对国内所有二氧化碳排放的机器设备进行调查，对于排放量达到一定数量以上的设备，企业要在与德国环保局自愿达成协议的基础上，经审核方可取得一定的污染排放权并可进行交易。在2002至2003年，德国共调查了3 909家企业，其中1 849家企业经审查参与了2005至2007年排放权交易。同时严格规范排放权交易的申报程序，在申报过程中，生产企业要按其归属逐级申报。德国环保局是唯一受理并分配排放权的部门。权利的高度集中有利于排污权的管理。

2004年，德国正式颁布了《温室气体排放交易法》，2005年正式实施排放权制度。2005至2007年，德国环保局每年为1 849台设备免费发放499万吨二氧化碳排放额度，这个额度完全能满足在柏林城区420米云层下的建筑物排放。根据欧盟及德国法律的要求，2004年德国环保局下设了德国排放交易处，负责排放权的确定、发放，进行排放交易登记、开户和管理、处罚等。排放交易处的职责是负责执行《欧盟排放交易指令》、德国《温室气体排放交易法》《排放分配条例》以及《基于项目机制的德国条例》，负责《京都议定书》的执行和管理，负责国内的联合国清洁发展机制交易管理，负责国家和国际的有关排放报告，制定全国的排放规划，负责国际合作、与欧盟的合作等。该机构成立后在12个月内创建了为欧盟范围服务的排放交易机构，并在2005年施行排放交易。欧盟温室气体排放任务基本是依靠碳排放交易来完成的。

2009年德国有1 656家企业参与排放交易,欧盟内其他国家有11 600家企业参与,参与最多的是能源企业。2009年欧盟的交易量为20.83亿吨,而德国的交易量为4.52亿吨,占21.7%。目前,欧洲已经成为全球最大的碳排放交易地。2002年德国环保局开始排放权交易的准备工作,排放交易处成立以后,开始对所有企业的机器设备排放进行调查研究,确立排放标准。法律强制电站和高能耗行业的设备必须参与排放控制和交易,即功率在2 000万瓦以上的设备,都必须实行排放最高限额限制和参与排放交易,这部分设备的全部排放规模为45 186万吨,占全部排放的46.41%,而不在排放交易范围内的排放总额为52 174万吨,占53.59%。为保障额度分配的公平,2008至2012年的法案规定,免费的额度根据设备委员会考虑和能源使用设备的效率。工业设备和年排放二氧化碳低于25 000吨的能源使用设备,依据其前期历史平均排放,每年要求降低1.25%的减排额度,其余是免费的,这个减少非常得当,完全可以满足工业企业的国际竞争需要,不会使企业产生负担;大的能源设备的额度分配,则根据设备的历史产出(电和热)和个别产品的排放价值进行计算,使用燃料的转化也需要考虑进去。设备使用燃料的效率越高,额度削减得越少,但是,使用褐煤发电的州平均只有50%的免费额度,使用现代无烟煤发电设备则得到82%的免费额度,使用天然气发电则得到92%的免费额度。没有历史数据的新设备使用,将以相关设备的标准值进行计算。发电站的免费额度减少到4 000万吨,占全部免费排放的9%,排放权证在莱比锡能源交易所进行拍卖交易。

德国碳排放交易制度的实施,取得了良好效果。一是能源和高排放的产业部门从2005年1月开始承诺参与排放交易,参与交易企业的排放额接近总排放的一半,也带动了国内非交易企业的技术进步和节能降耗。二是扩大了影响。目前,已经有27个欧盟成员国和挪威、冰岛、列支敦士登加入了欧盟排放交易计划,这个计划包括了欧盟二氧化碳排放的近50%。三是提高了企业参与国家减排的积极性。到2009年,获得证书的排放交易额达到4.49亿吨,2012年达到29亿吨,有60个国家的很多机构负责登记,检查是否符合本国可持续发展。四是碳排放控制使环境得到了显著改善。

二、欧盟碳排放权交易法律机制的特点

（一）独立的管理主体

在欧盟的层面，由欧洲委员会设立欧盟中央管理处，负责对欧盟成员国的配额计划进行审批，并运用"欧盟独立交易系统"对许可的交易和注销进行监测和管理。该系统通过一个独立的交易日志，检查每一笔交易。若违规者被发现违规，交易将无法完成，直至被纠正过来。这套系统类似于银行的操作模式，不同的是它并不监测资金的所有权和流动，而只对排放额进行监控。

（二）实施的范围和产业

欧盟内部根据排放实体的二氧化碳排放量是否可以计量并进行交易，将工业行业划分为可交易行业与不可交易行业，那些排放量不连续而且难以计量的工业部门被划定为不可交易行业。

（三）许可和分配

为保证欧盟排放交易机制的正常运转，欧盟法令明确要求各成员国确保从2005年1月起纳入排放交易机制中的排放实体必须拥有温室气体排放许可配额，即欧盟许可配额（EUA）。一份EUA代表一吨二氧化碳排放权，EUA是欧盟排放交易机制的许可配额单位。欧盟根据其进入排放交易机制中的许可总额，对其在欧盟内部的二氧化碳绝对排放总额进行限制，同时要求其履行监测和汇报的义务。如果在将本国的国家分配计划提交给欧盟委员会之前，排放实体未能取得有效的排放许可配额，将被视为新加入者。

（四）履约及处罚机制

欧盟排放交易机制的特色之一是制定了极为严格的惩罚制度，以确保减排制度的顺利实施。成员国的排放实体，如果在每年的履约年度截止日期之前，未能按照其上年度所排放的温室气体量而提交足够的排放配额，则将被处以超额排放的罚款。

（五）监测与核查制度

每个排放实体都通过电子注册系统参与配额的分配，每年2月28日

其分得的配额数量应当在电子注册系统中进行登记。这个电子注册系统除了登记配额以外,还具备跟踪配额的发行、持有、交易与注销的功能。欧盟各国与外部的联结机制也必须依托这个电子注册系统,欧盟交易者的电子系统还可以通过欧盟交易日志连接起来。欧盟管理处如果发现违规者,将暂停其交易,直至将违规行为完全纠正过来。

三、欧盟碳排放权交易法律机制的阶段运行模式

欧盟排放交易体系市场交易的标准主要是国家计划分配的欧盟许可配额(EUA)。同时被纳入排放交易体系的排放实体在一定限度内允许使用欧盟外的减排信用。目前,只允许使用清洁发展机制(CDM)项目的核证减排量(CERs)和联合履行项目减排单位(ERUs)。

2005 至 2007 年是欧盟排放交易体系的试验阶段。该阶段排放量的上限被设定在 66 亿吨二氧化碳,排放配额均免费分配,每年剩余的 EUA 可以用于下一年度的交易,但不能带入第二阶段。该阶段允许使用的 CERs 和 ERUs 的数量平均为总体配额的 13%,各国情况略有不同。第一阶段暴露的主要问题是配额分配经验不足,有的排放实体分配到的排放额度远远大于该阶段其实际排放量,配额供给出现过剩现象。但是由于不少企业为以防万一并不会把所有多出来的 EUA 拿去交易,所以市场并不至于崩溃,但是还是受到了非常大的打击,现货 EUA 价格从 2006 年 3 月最高的 30 欧元跌到 2007 年初最低的 3 欧元。

2008 至 2012 年是《京都议定书》确定的减排承诺期。在这个阶段,欧盟吸取了第一阶段配额分配过松的教训,最终将 EUA 的最大排放量控制在每年 20.98 亿吨,对各个国家上报的排放额度仍是以免费分配为主。在这一阶段,开始引入排放配额有偿分配机制,即从配额总额中拿出一部分,以拍卖方式分配,排放实体根据需要到市场中参与竞拍,有偿购买这部分配额(德国拿出 10% 的排放配额进行拍卖)。第二阶段里排放实体每年剩余的 EUA 可用于下一年度的交易,但不能带入下一阶段。

2013 年开始的欧盟排放交易体系为第三阶段。欧盟对第三阶段的交易机制进行大幅度改革,以避免内部市场失灵。同时还要扩大纳入排放体系的行业范围,强化价格信号作用以引导投资,创造新的减排空间,减

少总的减排成本,提高系统效率。此外,以拍卖方式分配的配额比例将逐步提高。

欧盟碳排放权交易机制的运行避免了《京都议定书》的危机,推动了基于项目的京都机制的投资。就欧盟内部运行情况看,也取得了显著的成效。企业的履约率很高,其中英国的履约率超过99%。碳排放权交易体系在试验阶段就对二氧化碳排放量产生了明显的削减效果,而且通过EUA交易促进了排放效率的显著改进,从整体上降低了欧盟减排成本。同时通过实践证明了市场机制在治理环境问题上的效果显著。

欧盟排放交易机制并非一个完善的机制,其运行中存在诸多的问题,如温室气体覆盖面窄、涵盖范围小、配额的过度发放、排放配额的分配方式不公平等。

第三节 澳大利亚排污权交易法律机制的法治化实践

一、澳大利亚排污权交易的基本法律政策

澳大利亚是联邦制的国家体制,由一个国家议会和九个分立的州或领地的议会或立法机构组成。因此,涉及澳大利亚环境、资源等方面的法规制定和管理是由联邦政府和各州政府以分级管理方式共同合作完成的。澳大利亚是世界目前温室气体人均排放量最大的国家之一。澳大利亚新南威尔士州的温室气体削减计划是澳大利亚一个具有特色的强制性电力行业的温室气体排放交易计划。该计划启动于2003年的第一天,比欧盟排放交易体系还早了将近两年,是目前世界上最早的强制性温室气体交易计划之一,也是唯一一个仍在成功发挥作用的地方政府计划。新南威尔士州减排计划是以《电力供应法案》和《电力供应通则》这两部法律的修正案形式建立起来的。《电力供应法案》修正案将新南威尔士州减排计划的目标定为减少因电力消费产生的二氧化碳等温室气体的排放,并赋予独立价格监管仲裁庭监管职权,对该州的电力零售商和其他相关具有减排义务的主体进行监管,并赋予该独立仲裁庭对计划的管理职权。

《电力供应通则》性质上属于行政规章,它对新计划如何运行做出了具体的规定。

新南威尔士州减排计划主要针对的是电力行业,是设计用来"减少同电力生产和使用有关的温室气体排放,发展和鼓励抵扣温室气体排放的活动"。新南威尔士州政府宣布将该计划延长至2020年。作为一个地区性的减排计划,其对于碳排放总量确定方式、碳排放权人资格确定方式、权利的初始分配及移转等方面均有一定特色,对我国碳排放权交易制度的建立提供了有益的参考价值。

澳大利亚政府非常重视经济手段在可持续发展中的作用,在推进环境保护时,实施了征收环境费和环境税、经济补贴和税收减免、经济刺激、押金返还制度、财产权和市场创建、可交易许可权、环境责任等一系列经济措施,通过政策参数引导市场主体参与到可持续发展的建设中来,取得了许多成功的经验。同时,澳大利亚政府极力推行清洁生产,采取了鼓励性措施,包括财政资助、补贴、奖励等手段,如对实施清洁生产的企业减免排污费、提供无息贷款,以刺激清洁生产,并设立了"清洁生产奖"。澳大利亚多所大学开办了与清洁生产相关的课程,进行理论研究和人才培训。现在,澳大利亚通过制定国家清洁生产计划,率先在汽车工业、玻璃工业、印刷工业和塑料工业等领域进行清洁生产试点。

二、澳大利亚排污权法律机制的特点

澳大利亚排污权有关法规的规定有以下特点:一注意预防,法规中有关污染企业自我监控的预防措施内容比较重大。二是法律条款很细,可操作性强,既避免了执法的随意性又避免了摩擦。三是处罚面广且处罚严厉,对法人可以判处100万澳元的罚金,对自然人可判处25万澳元的罚金。四是鼓励公众参与,所有单位与个人都有权对排污企业的违法行为提出诉讼。五是重视运用经济手段,国家在节省能源、保护生态环境方面,制定了一系列经济鼓励措施。

三、澳大利亚排污权交易法律机制的模式

澳大利亚生态环境建设属于典型的政府主导模式。健全的机构体系

为澳大利亚政府主导生态环境保护和建设奠定了基础。澳大利亚是世界上最早设立政府环保部门的国家之一。早在1970年,维多利亚州就成立了环境保护局。目前,澳大利亚在联邦政府、州政府、地方政府三个层次都设有专门的环保机构。联邦政府设有环境与遗产部。州一级的环保机构较为复杂,以维多利亚州为例,政府设立了自然资源与环境厅,下设环境保护局、自然资源局和生态再循环局。

充足的人力和资金投入为澳大利亚政府主导生态环境保护和建设提供了条件。澳大利亚联邦环境与遗产部有500名工作人员,各州环境部门的工作人员都在1 000人以上。近年来,澳大利亚每年的环境保护投资都超过85亿美元,约占GDP的1.6%。维多利亚州环保局每年的经费预算为3 200万美元,其中大部分来自州政府拨款,一部分来源于排污收费。统管生态环境保护、建设的发展规划和实际运行是澳大利亚政府主导生态环境保护和建设的具体表现。联邦政府与州政府之间主要通过协商和合作方式来实现国家环境发展规划,州政府和地方政府之间则主要采取直接干预方式使州环境规划得以实施。各级政府都直接主导相应层次生态环境保护和建设工作的实际运行,绝大部分环保工作由政府直接参与完成。

通过多年持续建设,澳大利亚的生态环境得到很大改善。墨尔本市被评为全球最适合人居住的城市之一,每年有大大小小的国际会议和国际活动在这里举行,大大促进了旅游业和相关产业的发展。维多利亚州国立农业生态研究所发展到60余家,科研成果得到广泛推广,保护生态环境的农业技术成果得到普遍应用。在农村,农户的房前屋后也布满花草树木,农牧区空气新鲜。

四、国外排污权法律属性评析

无论是美国、欧盟还是澳大利亚,虽然具体措施不尽相同,但都取得了不错的成果。他们也各自有其特点,如美国更偏重市场刺激下企业从自身利益出发的自愿性,欧盟更偏重给成员国订立具体目标的"强制性",而澳大利亚则更多地注重发挥政府的主导作用,但从各国具体的法律规定不难看出,国外关于排污权的属性在法律上并未给出明确的界定。

这是由于国外法律传统使然,国外法律更重视其实践性,相比起排污权的法律性质界定,他们热衷于针对实践中可能发生的排污权交易问题予以立法,以便为具体实践提供法律支撑。此外,由于排污权属性的复杂性,国际上现阶段也无法对排污权作出具体准确的界定。

第七章　排污权交易法律机制在国际法下的协调发展

"气候变化是国际社会最大的威胁之一,使地球环境面临严重挑战。"[①]经济合作与发展组织(简称经合组织,OECD)于20世纪90年代就提出了应对气候变化的经济手段,作为市场机制的"可交易的许可证"制度和作为行政机制的税收制度为各国减排提供了选择方法。[②] 当市场经济成为全球经济发展基本模式之后,排污权交易的方式自然成为各国首选的应对气候变化经济手段。京都排污权交易机制是应对气候变化国际法创设的市场化减排机制,它是气候正义下的环境容量博弈的成果,也是市场机制下的排放权分配的典型模式。在京都机制内外迅速发展起来的排污权交易机制与世贸组织规则产生了广泛的议题交叉,具体表现包括:京都机制下形成的排污权(碳排放权)交易市场所产生的区别原则与贸易自由的冲突;碳交易单位的法律性质所引发的货物与服务的区分;基于项目或配额的碳交易引发的贸易抑或投资的辨析;碳交易配额的初始分配所引发的补贴与反补贴适用问题等。国际社会协调排污权交易机制与世贸组织规则的议题交叉需要从国际法层面认同可持续发展原则的共同意旨,平衡共同但有区别责任与国民待遇的关系,择机将排污权交易机制纳入世贸组织贸易与环境议程。

---

① 参见《哥本哈根协议》第1条。
② 经济合作与发展组织.国际经济手段和气候变化[M].曹东,张天柱,译.北京:中国环境科学出版社,1996:1-4.

第一节 排污权交易的创设与国际法发展

美国《国家科学院学报》2008年发表的评估报告《地球气候系统的引爆点》对影响未来气候系统发生变化的、具有多米诺骨牌效应的关键临界因素进行了分析,提出一旦气候变化突破"引爆点",就可能成为"压死骆驼的最后一根稻草",引发更为严峻的气候系统变化,并带来不可逆转的影响。[①] 科学已经证明了气候变化危机的严峻形势,以全球温室气体减排为核心的国际行动必须在国际法的框架下,充分利用经济、金融等市场经济手段,才能应对气候变化危机的同时促进可持续性发展。《京都议定书》创设了三种基于市场的灵活机制,促使排污权交易成为减排与贸易相互融合的创新机制和措施。世界银行发布的《2010年碳市场现状和趋势报告》表明,2009年全球碳市场同比增长6%,达到1440亿美元。欧洲排放交易体系仍然是全球碳市场的引擎,2009年交易量超过60亿欧盟配额,总价值达到1180亿美元。[②] 2010年全球碳排放权交易成交额同比增加了5%。

一、碳排放权的概念与内涵

应对气候变化已经成为当前国际关系发展中的重要问题,不仅是因为以《联合国气候变化框架公约》(以下简称《公约》)为核心的国际法进程正在全球范围内逐步发展,更重要的是,各国都试图通过在这一国际法进程中最大化地争夺"气候环境容量"。气候环境容量的稀缺性促使国际协调的集体行动屡受挫折。虽然《公约》框架体系的挫折发展凸显了大国间气候环境容量的博弈,但《京都议定书》(以下简称《议定书》)为不同发展

[①] Proceedings of the National Academy of Sciences. Tipping Elements in the Earth's Climate System[EB/OL]. (2008-02-12)[2021-12-21]. http://www.pnas.org/cgi/reprint/105/6/1786.pdf.

[②] World Bank. State and Trends of the Carbon Market 2010[EB/OL]. (2010-10-28)[2021-05-30]. http://siteresources.worldbank.org/INTCARBON FINANCE/Resources/State_and_Trends_of_the_Carbon_Market_2010_low_res.pdf.

第七章 排污权交易法律机制在国际法下的协调发展

程度的缔约方确立了以市场为基础的排污权交易机制,也确认了碳排放权的概念,建立了从"确权→交易"的国际法规则,使得福利经济学、制度经济学和法律经济学的理论研究,在国际法层面获得了空前的实践平台。

碳排放权的概念源于排污权的理论。经济学家戴尔斯进一步发展了科斯的理论,将产权概念引入污染控制领域,首次提出排污权交易的概念,成为排污权交易的理论基础。1968 年,戴尔斯在《污染、财产与价格》①一书中首次提出了排放权交易的设计并在 2002 年该书再版时重申了这一制度的重要性。戴尔斯提出了权利人在符合法律规定的条件下向环境排放污染物的权利。如果允许这项权利在特定条件下进行交易,便成为可交易的排放权。政府作为环境资源的所有者代表,可以在一级市场上拍卖排放权。在二级市场上,污染者们则可以出售或转让这些"污染权"。②蒙哥马利进一步证明在各种减排方式中,排放权交易的减排成本最低③。斯特恩指出从减排的动态激励来看,排放权机制的效率更高④。因此,不论是《议定书》还是各国减排立法(如美国《清洁能源和安全法案》及欧盟排放权交易计划),建立排放权交易机制已成为促进低碳经济发展的核心手段。

从国际法的角度看,碳排放权的所有权归属还是一个不确定性的问题。虽然《议定书》关于排放权的产生及交易的法律体制已经很明晰,但其所有权的相关规则却很模糊。迄今为止,被普遍采用并被项目开发商和减排额采购商接纳的方式是:如果没有法律或合约提出反对,则项目的所有者便是由此产生的减排额的合法所有者,并且有权对其独立处置。不过,在任何项目实施之前,项目各参与方应该对所有相关法律安排进行审查以确保对减排额的所有权没有被分配给其他方。例如,在造林项目中,减排额的权利和收益是否已经被土地所有者以租赁合同的方式保留?

---

① DALES J H. Pollution, Property and Prices: An Essay in Policy-Making and Economics [M]. Toronto: University of Toronto Press, 1968.
② 泰坦伯格. 排污权交易——污染控制政策的改革[M]. 崔卫国,范红延,译. 中国香港:生活·读书·新知三联书店,1992:23.
③ MONTGOMERY D. Markets in Licenses and Efficient Pollution Control Programs[J]. Journal of Economic Theory, 1972,5(3):395-418.
④ STERN N. The Economics of Climate Change: The Stern Review[M]. Cambridge: Cambridge University Press, 2006:23.

不管是什么项目,是否已达成协议将减排额出售给其他方? 在排放权的问题上有没有其他的相关合约? 对那些可能有实体对减排额提出主张的项目,参与方必须确认没有实体会对项目产生的减排额提出主张。随着法律体制的发展,排放权的合法所有权将日渐明晰,但与此同时,必须保证其能够得到维护和清楚地确认,但既有的国际法却在刻意回避这一问题。

二、市场机制下的碳排放权分配机制及其发展

排放权本质上是对环境容量资源的限量使用权。排放权交易制度属于基于市场的环境政策工具,通过市场机制促使排放主体实现排放利益的同时,客观上完成减排的任务。这种政策工具力求使各个厂商的边际减排成本的增加额相等。因此,国际机制确立排放交易机制的前提和关键是碳排放权的分配问题。

(一) 借鉴排污权交易的碳排放权分配机制设计

在全球范围内分配碳排放权,也就是确定各国温室气体排放的财产权结构,将直接导致各国社会经济福利水平的变化,能否实现公平是制度设计的关键。因此,初始排放权分配机制设计成为最有争议的问题。目前,有三种比较典型的分配机制设计:①按照人均分配排放权,这体现了个体发展权的平等性。②按照排放的历史责任分配权利,发达国家的减排责任是主要责任。③按照现实排放现状无条件地平均分配。围绕这些原则的争论,实际上是发达国家和发展中国家关于减排温室气体经济利益的冲突和调和。为此,一些专家综合上述原则,提出排放权分配方式应综合考量公平原则下的支付能力以及"累积人均排放责任",从而建立一种"混合"分配原则。① 1990年,美国国会在关于《清洁空气法案(修正案)》的辩论中,也提出了三种初始分配方案:公开拍卖②、固定价格出售

---

① 曹海霞,张复明. 低碳经济国内外研究进展[J]. 生产力研究,2010(03):1-6.
② 对于某种特定的排污权,由于排污权拍卖属于同质多物品拍卖。在拍卖的分配方式中,排污权流向出价最高的排污企业。在三种分配方式中,许多研究者更倾向于采用拍卖方式,拍卖方式的成本效益要大于其他分配方式。FULLERTON D, HONG I, METCALF G. Environmental Controls, Scarcity Rents, and Pre-existing Distortions[J]. Journal of Public Economics, 2001, 80(2):249-267.

和免费分配①,其中公开拍卖和免费分配较为常见。

(二) 京都进程中的碳排放权分配机制设计方案

在1997年达成《议定书》之前的国际气候谈判过程中,各国单方或者联合提出了16种不同的指标分配方案。② 这些方案包括:英国提出的"面向未来的人均排放权分配方案"、巴西提出的"以历史责任为基础的有区别的排放权分配方案"、欧盟提出的"不同排放实体的针对性排放权分配方案"、美国提出的"以排放强度为基础的排放权分配方案"等。"面向未来的人均排放权分配方案"又称为"紧缩与趋同"方案。该方案提出,依据全球远期二氧化碳的稳定浓度,基于人均原则确定目标年的人均排放目标。各国从现在的实际排放水平出发,发展中国家逐步提高人均排放量,发达国家则逐步降低人均排放量,从而使全球的人均排放量在目标年达到趋同。然后全球继续共同减排,最终实现稳定的碳浓度目标。"以历史责任为基础的有区别的排放权分配方案"的核心则是在对全球升温的相对责任进行研究的基础上确定的减排指标的分配,此方案要求发达国家率先减排以承担历史责任。"不同排放实体的针对性排放权分配方案"是用于欧盟内部之间指标分配的针对不同排放实体的"三要素"方法。③ 该方案基于欧盟各成员国在人口、经济发展水平、经济结构、燃料结构、能源效率等与减排成本密切相关的众多因素的差异性基础,将排放实体划分为电力产业、出口导向的能源密集型工业和民用工业三大部门。为充分考虑各成员国在具体国情上的差异,还根据不同产业部门的不同能源消费结构,采用不同分配原则。"以排放强度为基础的排放权分配方案"则是以排放强度为基础确定的温室气体减排方案,

---

① 与拍卖相比,免费分配削弱了低碳技术研发的积极性,因为技术革新将降低排污权的价值,从而降低排污权所有者所拥有的价值。MILLIMAN S R, PRINCE R. Firm Incentives to Promote Technological Change in Pollution Control[J]. Journal of Environmental Economics and Management, 1989, 17:247-265. 同时,免费分配政策下,新进入市场的企业不得不向老企业购买排放权。使老企业可能利用排污权阻挠新企业进入市场。CHARLES W HOW E. Taxes Versus Tradable Discharge Permits: A Review In The Light of The U. S. and European Experience[J]. Environmental and Resource Economics, 1994, 4(2):151-169.

② TORVANGER A, GODAL O. A Survey of Differentiation Methods For National Greenhouse Gas Reduction Targets[R]. Oslo: CICERO Report, 1999:5.

③ SIMAKALLIO, SAVOLAINEN, SANNA S. GHG Emission Development In The EU and Assessment Applicability For The EU Internal Burden Sharing[R]. Research Report, 2005.

以单位GDP的温室气体排放量作为排放强度的一种常用指标。它主要包括两种方式：一种是"自上而下"的方式，即依据排放强度指标进行全球排放权的分配，排放强度越低，取得的排放权就越多，这种方式体现了追求效率的原则。另一种则采用"自下而上"的方式，即在假设排放强度下降的前提下，建立全球、国家或地区的排放情景。美国主要采用的是第二种方式。

（三）《议定书》确立的排放权分配机制

《议定书》确立了国际法意义上的温室气体排放权分配方案，其核心是以1990年为基准年、以1990年的现实排放为基准排放，通过政治谈判确定各缔约国的具体减排目标。京都机制为所有发达国家缔约方分别规定了具体量化的温室气体减排指标和相应的减排时间表，体现了国际社会对气候变化的重视，促进了温室气体减排工作的国际合作。

《议定书》在第3条"量化的限制和减少排放的承诺"中，对排放权指标的分配和计算都进行了详细规定：①要求到2010年，所有附件一国家排放的温室气体的数量，要比1990年减少5.2%。具体来说，就是以1990年为基准，从2008年到2012年欧盟削减8%，美国削减7%，日本和加拿大削减6%，东欧各国削减5%～8%；新西兰、俄罗斯和乌克兰可以不必削减，将排放量控制在1990年的水平；允许爱尔兰，澳大利亚和挪威的排放量相比1990年，分别增加10%、8%和1%。依据第7款的规定：要求在从2008年至2012年第一个量化的限制和减少排放的承诺期内，附件一所列每一缔约方的分配数量应等于在附件B中对附件A所列温室气体在1990年内或按照上述第5款确定的基准年或基准期内其人均二氧化碳当量的排放总量所载的其百分比乘以5。

《议定书》确立和实施的分配方式尚无法确认对减缓气候变化的实际成效，但已经有学者认为其作用是很微弱的②。例如，与气候变化减缓行动无关的"热空气"③问题，可能促使各发达国家缔约方通过大量购买这些

---

① 参见《联合国气候变化框架公约京都议定书》第3(1)条。
② MCKIBBIN, WARWICK J, WILCOXEN P J. The Role of Economics in Climate Change Policy[J]. Journal of Economic Perspectives，2002,16(2):107-129.
③ 在《议定书》中，部分国家按照1990年的基准线确定的减排目标高于本国在承诺期内不采取任何减排措施的情况下的排放量，两者之间的差额就是热空气。

排放权指标来实现其减排承诺,从而造成发达国家并没有做实际的、有效的减排努力。再有就是碳汇问题①,在一定程度上降低了预期的减排效果和实际减排量。还有基准年的问题,从《议定书》的达成过程中可以看出,排放权指标的分配是政治妥协的结果,并没有科学的方式作为依据。另外,因对国际法创设的排放限额的法律性质尚不能确定,因此,为预防缔约方将这种分配的排放量限额指标过度资本化,《公约》缔约方大会第7届会议通过的《马拉喀什协定》(15/CP.7号决定)指出:《议定书》既没有创立也没有赋予附件一所列缔约方任何排放量方面的任何权利(right)、资格(title)或权利资格(entitlement)。上述规定使得这一新型贸易机制从一开始就处于法律性质不明确的状态。

三、京都机制下的排污权交易规则

《议定书》确立的排污权交易机制最早是由美国代表团在气候公约谈判中提出的。美国在巴西提出的为发展中国家减排和适应气候变化的拨款建议书的基础上修改而形成了一种可作为"补偿机制"的碳交易机制。② 美国代表团根据美国1995年《美国酸雨项目》以及《清洁空气法案》规范的二氧化硫排放交易计划,③希望在《议定书》的范围内采用市场化的交易机制。发达国家相信,通过交易向发展中国家转移资金,从而促使发展中国家也参与全球减排,会比改进发达国家本身的能源基础设施成本要低。④《议定书》建立的"灵活机制"包括《议定书》第17条规定的"排放贸易机制"(ET)、第6条规定的"联合履行机制"(JI)以及第12条规定的"清洁发展机制"(CDM)。ET是基于配额的交易机制,买家在"限量与贸易"体

---

① 《议定书》第3条第3款规定,发达国家缔约方可以从造林、新造林和砍伐森林活动中产生的温室气体的排放和清除,用来达到其限制或减少排放的目标;第4款还规定了可以通过谈判额外的汇的活动,不仅包括第3款规定的活动,还包括其他额外的汇的活动,但是这些活动必须从1990年开始进行。

② OBERTHUR S, OTT H E. The Kyoto Protocol: International Climate Policy for the 21st Century[M]. New York: Springer,1999.

③ LABATT S, WHITE R R. Environmental Finance: A Guide to Environmental Risk Assessment and Financial Products[M]. New Jersey:John Wiley & Sons, 2002.

④ BURTRAW D. Innovation Under the Tradable Sulfur Dioxide Emission Permits Program in the US Electricity Sector[EB/OL]. (2000-09-01)[2021-06-30]. http://www.rff.org/documents/RFF-DP-00-38.pdf.

制下交易由管理者制定和分配数量单位(AAUs)。在京都机制之外,欧盟排放交易体系(EU ETS)下的欧盟配额(EUAs)也属于基于配额的交易机制。清洁发展机制和联合履行机制则是基于项目的交易。买主向可核证的减低温室气体排放的项目购买减排额,其交易对象是清洁发展机制下的"核证减排量"(CERs)以及联合履行机制下的"减排单位"(ERUs)。

(一)《议定书》创制的三种排污权交易规则

《议定书》提出的三种灵活机制都涉及不同国家之间的碳排放权交易,他们是实现减缓气候变化国际合作的重要机制,它可以给予各国在温室气体减排费用上的灵活性,从而实现全球气候变化成本的有效性分配[①]。分配数量单位、减排单位、核证减排量等都属于可交易的碳信用范围,京都机制基于此而正式创建了碳信用市场。其中清洁发展机制当时预期将在2012年前年减少二氧化碳当量515亿吨。京都机制利用市场手段,以实现高效率的基础广泛的应对气候变化的经济模式。这些新兴市场从污染源交易中创造新的财富。通过确立包括成本、价格等因素的碳交易机制,以及不同类型的配额和排放减少信用,为各经济体创造新的发展模式并赢得竞争优势。

1. 排放贸易机制

按照《议定书》的规定,"排放贸易机制"仅限于议定书附件B国家才可参与,因为议定书附件B国家被分配了"量化的限制和减少排放的承诺"的基准年或基准期百分比,他们可于第一承诺期(2008—2012年)进行分配数量单位的交易。《议定书》规定,任何此种贸易应是对为实现该条规定的量化的限制和减少排放的承诺之目的而采取的本国行动的补充。不同于联合履行机制以及清洁发展机制,"排放贸易机制"不涉及实体的投资。基于"排放贸易机制"的确立,一种以排放减少或消除量为形式的新的商品被创造出来了。公约附件一国家如果需要超过其被许可的排放量,可以从拥有富裕排放量的附件一国家以现货交易的方式购买分配数量单位。通过将减排的温室效应气体量转化为一种商品量,附件一国家

---

① 刘伟平,戴永务.碳排放权交易在中国的研究进展[J].林业经济问题,2004(04):193-197.

可以最低的成本满足其减排的指标义务。由于二氧化碳是主要的温室气体，此类交易被统称为"碳交易"。由于"碳"成了和其他商品一样受人们关注和交易的对象，"碳市场"就自然形成了。

2. 联合履行机制

联合履行机制规定于《议定书》第 6 条，授权附件一国家为了达成第 3 条中所规定的减排承诺，得以自其他附件一国家交易或经由碳汇机制所产生的"减排单位"的机制。联合履行机制所提供的排放减量或增加碳汇功能必须是"额外所取得的"，也就是对于被投资国，原本就必须有的相关减排行动正进行规划，而通过例如资金或技术的投资注入，使得该减排行动比基期排放量可以减低或是原本估计的碳汇功能可以加强。此外，为了达到各附件一国家于议定书中所承诺的减量义务，取得减排单位必须是国内减排行动的"附加"，换句话说，负有减排义务的附件一国家，必须采取一定的国内行动以达减量的目标，不能完全通过联合履行机制所获得的减排单位作为其达成减排的具体义务。联合履行项目在运行前必须进行审定，以确保环境效益的实现，并且每年须对温室效应气体减排量进行核证，核证工作需由独立的第三方机构完成。《公约》蒙特利尔会议于 2005 年成立了联合履行机制监督委员会，对联合履行机制项目活动进行监控。

3. 清洁发展机制

清洁发展机制是所有的京都机制中最为人所讨论的重点项目。依据议定书第 12 条的规定：附件一国家的政府或私人经济实体在非附件一国家开展温室气体减排项目，并据此获得"核证减排量"（CERs），附件一国家可以用所获得的核证减排量来抵减本国的温室气体减排义务。清洁发展机制可以协助非附件一缔约方达成可持续发展的目的以及达成公约的最终目标；也可以协助附件一缔约方达成议定书第 3 条规定的减排义务。在清洁发展机制之下，非附件一缔约方将由"核证减排量"的交易获利，而附件一缔约方则可以因投资此种机制而获得核证减排量，用以完成《议定书》承诺的部分减排义务。《议定书》第 12 条第 4 款指出，清洁发展机制应受到缔约方大会的指导以及一个清洁发展机制执行委员会的监督。第 12 条第 5 款规定，所有的核证减排量都必须经过由缔约方大会指定的运作机构的认证,此外,所有的当事缔约方参与清洁发展机制都必须是自愿性的,而清洁发展机制所提供的排放减量必须是"额外所取得的",此一要件与第6条联合履行机制的规定相同。

清洁发展机制项目必须经过第三方独立机构的审定和核证。这个机构被称作"指定的经营实体"(DOE),它必须经过《公约》下清洁发展机制执行理事会批准。《议定书》签署以来,尤其是2001年在摩洛哥马拉喀什举行的《公约》第7次缔约方大会就清洁发展机制体制、运行规则和监测核实公证程序达成了高级别的政治协议之后,清洁发展机制的实施进入实质性的操作阶段,而以履约为主要目的的国际温室气体排放权交易也开始活跃起来。

在上述三种灵活机制的排污权交易市场之外,《议定书》还包括一种称为清除单位(removal unit,RMU)的排放单位,可以通过来自土地利用、土地利用变化和林业活动的方式履行承诺,如植树造林。清除单位也是《议定书》下的1个单位,1个清除单位等于1吨二氧化碳的当量。附件B缔约方通过土地利用、土地利用变化和林业活动来减排二氧化碳,从而产生清除单位。只有附件B缔约方可以使用清除单位帮助实现其《议定书》的减排承诺。①

(二) 京都排污权交易机制的运行规则

1.《公约》附件一国家的实施条件

按照《议定书》的规定,《公约》附件一国家要想通过排污权交易机制部分完成减排承诺,必须达到以下5项基本条件。第一,该国必须是《议定书》的缔约方。第二,该国已经以1吨二氧化碳当量为单位计算出分配给它们的排放量(Assigned amounts)。第三,该国已经建立了估算其境内温室气体排放及移除的国内体系。第四,该国已经设立了用于记录和跟踪各种碳排放单位的生成及流通的国家登记簿(National Registry),并每年向秘书处报告上述信息。第五,该国须每年向秘书处报告有关温室气

---

① UNFCCC. Emission Trading[EB/OL]. (2009-02-22)[2021-04-30]. http://unfccc.int/kyoto_protocol/mechanisms/emissions_trading/items/2731.php.

体排放及移除的信息。① 除了自身参与外,附件一国家也可授权本国的企业、非政府组织及其他法律实体参与上述机制。

2. 排污权交易的核证制度

为了确认参与排放权交易的排放主体的温室气体减排量的真实性,核证制度确立了一种核查和认证制度。核证需经过认证的、独立的第三方实体来实施。在联合履行机制下,减排单位的核证制度要求:减排单位必须根据联合履行机制、经东道国审查批准和认证或者经该国与"联合履行监督委员会"②共同审查批准和认证才能颁发。实施联合履行机制项目,可以采用两种方式:第一种方式是允许东道国政府采用他们自己的程序,要求东道国政府符合《马拉喀什协议》中的相关合格性要求;另一种方式是在东道国没有达合格性要求的情况下采用的方式。在这种情况下,联合履行机制项目产生的减排单位的数量必须经过联合国监督委员会的核证。整个核证程序分为初始核证、核证声明和核证报告三阶段。③ 在清洁发展机制下,针对其信用单位核证减排量的核证制度要求核证减排量是根据经过东道国和联合国清洁发展机制执行理事会④严格执行审查批准和认证程序颁发的指标。核证是指由指定经营实体对清洁发展机制项目的减排量核证减排量进行周期性审查和核证的过程,并根据核证的监测数据、计算程序和方法来计算清洁发展机制项目产生的核证减排量。根据经过核证的监测数据以及经过注册的计算方法和程序,指定经营实体就可以计算出清洁发展机制项目的减排量。⑤ 其核证程序包括初

---

① UNFCCC. Mechanisms under the Kyoto Protocal[EB/OL]. (2009-03-06)[2021-08-30]. http://unfccc.int/kyoto_protocol/mechanisms/items/1673.php.

② 联合履行监督委员会(JISC)是在《议定书》生效后,为了落实联合履行机制而成立的专门机构,其承担的职能相当于清洁发展机制中的执行理事会。项目参与主体必须准备项目设计文件,由监督委员会认证的独立核证机构来评估。该评估是为了确保项目具备适当的基准线和监测计划,从而能够保证减排温室气体能得到精确的评估。

③ UNFCCC. Joint Implementation[EB/OL]. (2009-08-02)[2022-05-25]. http://ji.unfccc.int/index html.

④ CDM执行理事会(CDM EB)是根据议定书/公约缔约方会议(COP/MOP)的授权和指南,监督CDM项目的实施,并负责批准新的方法、认证第三方审定和验证机构、批准项目并最终为CDM项目签发碳排放信用。UNFCCC. Clean Development Mechanism[EB/OL]. (2009-08-02)[2022-08-30]. http://cdm.unfccc.int/index html.

⑤ UNFCCC. CDM Designed Operational Entities[EB/OL]. (2009-08-02)[2021-07-30]. http://cdm.unfccc.int/DOE.

始核证、周期性核证、文件评审、现场评审、改正行动、初始核证申明、核证报告等7个步骤。

3. 交易登记结算制度

《议定书》规定的温室气体排放权强制交易体制的登记结算系统包括：国家注册系统、国际交易日志和清洁发展机制登记系统。

《议定书》每个附件B缔约方必须建立一个国家注册系统，以说明该方及该方授权实体的排放配额持有情况。该系统还包含各种账户，以记录各方履约之下的排放单位减除情况。各账户持有者之间及各缔约方之间的转让交易通过这些国家注册系统进行。注册系统包括电子数据库，将跟踪、记录《议定书》排污权交易系统下各种机制的所有交易。

联合国国际交易日志(ITL)[①]是法定的碳交易的中央注册系统，与各国注册系统和欧盟排放独立交易日志系统(CITL)相链接，用以记录京都承诺期间排放配额的发放、国际转让和注销等信息数据。该系统还能确保每个缔约方注册系统在每笔交易上遵守《议定书》的规定。联合国国际交易日志于2008年10月16日实现了与欧盟排放交易登记机关的对接，使得欧盟企业进口经联合国认可的碳信用额成为可能。

清洁发展机制登记系统主要适用于没有减排义务的国家或实体（即非附件一国家），该登记系统由《公约》秘书处在清洁发展机制项目执行理事会的授权下进行管理，主要负责登记和签发清洁发展机制产生的减排信用并将它们分配到国家登记系统。清洁发展机制登记系统内的账户只能由清洁发展机制项目的参与方持有，因为该登记系统不接受账户之间的排放权交易。[②]

（三）京都排污权交易机制贯彻的"共同但有区别的责任原则"

为更好地促进发达国家履行减排承诺，也为发展中国家更好地参与多边协作，三种市场化的排污权交易机制在发达国家之间、发展中国家与发达国家之间、《公约》附件一国家与非附件一国家之间有区别地进行，贯彻了《公约》共同但有区别的责任原则。在1992年联合国环境与发展大

---

① UNFCCC. International Transaction Log[EB/OL]. (2009-08-02)[2021-08-30]. http://unfccc. Int/kyoto_ protocol/registry_systems/itl/items/4065. php.

② 李威. 国际法框架下碳金融的发展[J]. 国际商务研究, 2009, 30(04): 42-53.

会上通过的《联合国环境与发展大会宣言》第 7 项原则确立了共同但有区别的责任原则。该原则明确规定:各国应本着全球伙伴精神,为维护、保护和恢复地球生态系统的健康和完整进行合作。鉴于导致全球环境退化的各种不同因素,各国负有共同但有区别的责任。此次大会签署的协议在序言中明确提出了"共同但有区别责任原则"概念:地球气候的变化极其不利影响是人类共同关心的问题。注意到历史上和目前全球温室气体排放的最大部分源自发达国家……承认气候变化的全球性,要求所有国家根据其共同但有区别的责任原则和各自的能力及其社会和经济条件,尽可能开展最广泛的合作,并参加有效和适当的应对行动。

《公约》第 3 条更明确提到了"共同但有区别责任":各缔约方应当在公平的基础上,根据它们共同但有区别的责任和各自的能力,为人类当代和后代的利益保护气候系统。因此,发达国家缔约方应当率先应对气候变化极其不利影响。这段话明确了"共同但有区别责任"的法理基础。《公约》第 4 条规定了"共同但有区别责任"的实质内容:即发达国家应在承担共同责任方面起表率作用,如该条的第 7 款规定,发展中国家有效履行公约承诺的程度,取决于发达国家对其资金和技术转让承诺的有效履行。1997 年达成的《议定书》以"共同但有区别责任"及各自能力为基础就温室气体的排放量对《公约》附件一国家做出了数量上的限定,这是国际环境法历史上首次对特定的污染物排放量做出数量上的限定。[①] 共同但有区别的责任原则中强调的是"区别原则"的优先性,[②]不论是减排承诺指标的分配,还是为履约而设置的排放贸易机制、清洁发展机制以及联合履行机制,区别对待发达国家和发展中国家是各项机制得以顺利实施的前提。

当前,全球碳交易市场存在许多问题,亟待在多边环境协议的框架下及时解决,否则可能发生的"市场失灵"将使得国际减排温室气体的目标陷入短视的利润最大化追求中,丧失《公约》应对气候变化和促进全球可持续发展的宗旨和原则。首先,排污权交易机制产生的交易市场可能造

---

① 边永民.论共同但有区别的责任原则在国际环境法中的地位[J].暨南学报(哲学社会科学版),2007(04):9-16,153.
② 李威.论"碳政治"博弈的国际法治理[J].时代法学,2010,8(05):116-121.

成"碳殖民主义",①因为交易机制允许了污染者以付费的方式取得"污染权",对减排本身毫无益处。有学者认为,此类机制无法阻止气候变化危机,因为这些机制实际上是低效的。② 当一个发展中国家向发达国家转移碳信用,后者以其抵消自身增加的排放量。实际上,这只是以国外减排量抵消其国内增排量,导致全球温室气体排放量的净减少为零。因此,有些非政府组织如世界雨林运动和国际河流组织,极力反对二氧化碳排量交易,甚至认为,"温室气体排量交易是一个世纪骗局"。③ 每一个所谓"减少排放量"的补偿贸易,其实只是容许发达国家继续进行污染。正是基于上述考虑,发达国家的学者和政府提出,应当将排污权交易的资金用于推广再生能源的利用,或是将付费机制交由各国政府法规约束之下,以污染税或是治理费的方式进行控制。另外,当前金融危机引发全球经济衰退,全球碳市场价值已缩减了三分之一。④ 发达国家普遍认为排污权交易增加了他们的负担,其国内企业为此支付的资金影响了其产业的竞争力,亦开始对排污权交易提出了改革甚至废止的主张。再有,排污权交易的计价需要有全球一致性的商品碳排放计算标准,需要非附件一国家也建构温室气体盘查及交易能力,然而发展中国家执行碳交易成本较高且不易与国际接轨,更无法掌控碳交易市场,使得其通过排污权交易获得的少量资金却以牺牲未来发展的产能为代价,近年来已经引起了发展中国家的重视。正是上述原因的影响,近来各国普遍关注的应对气候变化的经济手段开始从一度蓬勃发展的排污权交易转向碳税应用的合理性上,引发了国家间的激烈论辩。⑤

---

① BACHRAM H. Climate Fraud and Carbon Colonialism: The New Trade in Greenhouse Gases[J]. Capitalism Nature Socialism,2004,15(04).
② SCHATZ A. Discounting the Clean Development Mechanism, Georgetown International Environmental Law Review[J]. 2008,20(04):704.
③ 帕特里克·麦卡利.碳补偿贸易的世纪骗局:碳信用额度对京都议定书的破坏及将之废除的理由[EB/OL].邹颂华,译. (2009-10-13)[2020-07-20]. http://www. internationalrivers. org/files/DRPCh2008. pdf.
④ Point Carbon. Carbon Market Value Set to Shrink in '09, December 18, 2008[EB/OL]. (2009-02-10)[2020-12-30]. http://www. carbon-fina nceonline. com/index. cfm? section= lead&action=view&id=11870.
⑤ 李威.排污权交易与碳关税的国际法协调[M]//于宏源,等.低碳创新与城市责任:2010年上海青年学者城市体坛研究报告.北京:海洋出版社,2010:150.

第二节 排污权交易法律机制与世贸组织规则的议题交叉

迄今为止,从没有一个多边环境条约如《议定书》般深刻影响着包括货物贸易和服务贸易在内的一国的经济利益。[①] 特别是京都机制下的三种排污权交易规则的实践应用,直接与世贸组织规则产生了议题交叉。例如,前述三种作为履约机制的排污权交易措施是否同时构成世贸组织所管辖的事项,与世贸组织体系规则下的《关税与贸易总协定》(GATT)等一系列贸易规则产生交集。如果将排污权交易视为一种新型贸易形式,那么,分配数量单位、减排单位、核证减排量以及欧盟 EU ETS[②] 下的欧盟配额[③]等碳信用单位的交易又如何界定"货物"与"服务"贸易的类型;世贸组织《补贴与反补贴措施协议》如何管制缔约方排放权的分配;《议定书》下排污权交易机制所遵行的共同但有区别的责任原则与世贸组织非歧视原则是否存在不可调和之处。正是因为《议定书》下的排污权交易机制与国际贸易规则存在上述诸多议题交叉,《公约》体系和世贸组织体系都已经开始关注这些交叉议题,并试图在各自的框架内进行协调。不论京都机制在 2012 年之后是否还能延续[④],全球排污权交易机制已经创建的碳市场都将继续发展,这也为世贸组织最终以其完备的多边贸易纪律

---

① WERKSMAN J. Greenhouse Gas Emissions Trading and the WTO[J]. Review of European Community & International Environmental Law, 1999, 8(3):251-252.

② 欧盟于 2005 年 1 月 1 日启动温室气体排放贸易机制(EU ETS)。该机制属于"总量控制与贸易"的交易类型,对境内排放温室气体的企业施加排放额度限制并允许企业间进行排放配额的交易。此外,还有两类主体也可以参与碳排放配额的交易,一类是欧盟内的任何其他个人、机构、NGOs 或经济组织;另一类是已建立温室气体排放贸易机制,并与 EU ETS 相互认可碳排放配额的第三国的个人、企业及其他任何组织。Directive 2003/87/EC of the European Parliament and of the Council of 13 October 2003, art. 12.

③ 在 EUETS 中,排放 1 吨二氧化碳的权利被界定为一个单位的 EUA(EU Emission Allowance)。通过此项机制,欧盟希望能以低于 GDP0.1% 的成本实现其根据《议定书》所承诺的减排目标。The European Commission, EU Action Against Climate Change: The EU Emissions Trading System, Luxembourg: Office for Official Publications of the European Communities, 2008:5.

④ 《议定书》规定,第一阶段减排承诺于 2012 年到期,截至 2011 年年底的 COP17,虽然京都第二承诺期得以延续,但谈判未取得实质性进展,双轨制下的"《议定书》进一步承诺特设工作组"也未取得一致。

管制排污权交易提供了基础。

一、"货物"抑或"产品":排污权交易法律机制与 GATT 的议题交叉

京都机制下的交易单位,不论是分配数量单位、减排单位、核证减排量还是欧盟 EU ETS 下的欧盟配额等,都面临法律性质不明确的问题。鉴于世贸组织规则是当前最权威的多边贸易纪律体系,以世贸组织的视角研究这一问题,必然会提出这样的疑问:这些交易单位属于"货物""产品"抑或属于"服务"甚至"投资"?《公约》和《议定书》创建的国际排污权交易的法律框架并未明确上述问题,从而给世贸组织解决排污权交易相关的法律问题提供了机会。① 这些问题也是气候与贸易国际法进程中议题交叉的核心问题。要明确《议定书》规定的三种排污权交易机制是否属于世贸组织体系规则下的国际贸易,首先必须明确《议定书》排污权交易机制下的交易单位是否属于 GATT 下的"商品"。如果属于,则《公约》下的排污权交易机制至少会涉及世贸组织体系规则下的《关税与贸易总协定》(GATT1994)《海关估价协定》《原产地规则协定》《进口许可证程序协定》《关于执行 GATT1994 第 6 条的协定(反倾销协定)》《补贴与反补贴措施协定(ASCM)》《与贸易有关的投资措施协议》《贸易技术壁垒协定》《政府采购协议》等所有与货物贸易有关的世贸组织涵盖协定。

(一)碳交易单位的商品属性与 GATT 的管辖范围

分配数量单位、减排单位、核证减排量等排污权交易的交易单位都具有市场价值并形成了交易机制,因而具有"商品"(commodities)的属性。"商品"的概念在世贸组织体系规则中被称为"货物"或"产品"。世贸组织体系规则主要调整国际贸易关系,其内容可大致分为国际货物贸易规则与国际服务贸易规则两大类,其中的货物贸易规则以 GATT 为核心,服务贸易规则以 GATS 为基础。GATT 作为多边货物贸易机制,其管辖的

---

① ROBINSON J, BARTON J, DODWELL C, HEYDON M, MILTON L. Climate Change Law: Emissions Trading in the EU and UK[M]. London: Cameron May, 2006:173.

对象就是国际货物贸易。① 例如，GATT1947 的序言指出，GATT 的主要宗旨之一就是扩大货物（Goods）的生产和流通。此外，GATT1947 的第1条的最惠国待遇条款、第3条的国民待遇条款、第11~14条的禁止数量限制条款都明文针对产品（Products）而规定。同时，从各成员在 GATT 项下承诺的关税减让表可以看出，GATT 关税减让所针对的全部是有形的货物。因此，世贸组织对于 GATT 管辖范围应明确为"有形货物的多边贸易"。② 但与世贸组织 GATT 规则规定下的有形货物相比，分配数量单位、减排单位、核证减排量等交易单位又具有典型的虚拟资产（无形物）的特征。基于上述原因，排污权交易的交易单位本身不属于 GATT 管辖下的有形的货物或产品。③

（二）碳交易单位不属于 GATT 的货物或产品范畴

国外学者已经开始研究这一问题，例如，有学者认为与 GATT 管辖下的"有形货物"相比，碳交易单位虽然可以视为"商品"，但是这些交易单位实际上属于"经政府颁发的许可证"，而不是"商品"。④ 另有学者指出，《议定书》确立的可以通过排污权交易进行的减排承诺是一种"可交易的主权义务"，而基于三种排污权交易机制而产生的分配数量单位、减排单位、核证减排量等交易单位则是一种"履行主权义务下的法律出价"，而非 GATT 管辖下的"产品"⑤。还有学者通过对清洁发展机制的研究，也指出清洁发展机制项目产生的交易单位核证减排量应当被认为是一种"许可证"而非商品。⑥

---

① WTO. GATT and the Goods Council[EB/OL]. (2009-03-03)[2021-12-30]. http://www.wto.org/english/tratop_e/gatt_e/gatt_e.htm.

② WERKSMAN J. Greenhouse Gas Emissions Trading and the WTO[J]. Review of European Community and the International Environmental Law,1999,8(3):255.

③ MARTIN M. Trade Law Implications of Restricting Participation in the European Union Emissions Trading Scheme[J]. Georgetown International Environmental Law Review,2007,19(3):446.

④ WERKSMAN J. Greenhouse Gas Emissions Trading and the WTO[J]. Review of European Community and the International Environmental Law, 1999,8(3):255.

⑤ PETSONK A. The Kyoto Protocol and the WTO：Integrating Greenhouse GasEmissions Allowance Trading into the Global Marketplace[J]. Duke Environmental Law and Policy Forum, 2000,10(1):199-200.

⑥ WISER G. The Clean Development Mechanism Versus the World Trade Organization：Can Free Market Greenhouse Gas Emissions Abatement Survive FreeTrade? [J]. Georgetown International Environmental Law Review, 1999,11(3):558.

综上述观点,可以认为,京都机制下的排污权交易形成的交易单位并未创造了一个新的"商品"市场。因排污权交易机制而产生的分配数量单位、减排单位、核证减排量等交易单位基本上都以配额和项目的方式存在,而配额与信用作为一种抽象的、由法律创制的权利载体,自然也不属于 GATT1994 定义的"货物"和"产品",排污权交易也就不应受 GATT 规则的管辖。① 另外,国际海关组织的商品描述和编码协调系统②这一权威的关于 GATT 管辖范围的文件中并没有任何与排污权交易下的交易单位命名的条目。

综上所述,排污权交易机制下产生的交易信用单位在理论上不能被认定为一种符合与货物贸易有关的包括《关税与贸易总协定》《海关估价协定》《原产地规则协定》《进口许可证程序协定》《关于执行 GATT1994 第 6 条的协定(反倾销协定)》《补贴与反补贴措施协定》《与贸易有关的投资措施协议》③《保障措施协定》《贸易技术壁垒协定》《政府采购协议》等规则管辖范围的产品,亦不会与相关的世贸组织规则产生议题交叉。

二、"服务"贸易辨析:排污权交易法律机制与 GATS 的议题交叉

既然排污权交易机制下的交易信用单位不是 GATT 管辖下的货物或产品,《公约》框架下形成的排污权交易机制就不会与世贸组织多边货物贸易机制的相关规则发生实质意义上的议题交叉。然而,当排放贸易

---

① WERKSMAN J. Greenhouse Gas Emissions Trading and the WTO[J]. Review of European Community and the International Environmental Law, 1999,8(3):2-3.

② 1983 年 6 月海关合作理事会第 61 届会议上通过了《商品名称及编码协调制度国际公约》及其附件《协调制度》,以 HS 编码"协调"涵盖了 CCCN 和 SITC 两大分类编码体系,于 1988 年 1 月 1 日正式实施。这样,世界各国在国际贸易领域中所采用的商品分类和编码体系有史以来第一次得到了统一。

③ 有学者曾指出:因《议定书》第 6 条第 3 款规定,附件一缔约方可以授权其国内的法人参与 JI 机制,以生产、移转或获取经由 JI 机制所产生的减排单位,第 12 条第 9 款则规定,CDM 的参与者可以包括公、私法人(private and/or public entities)。因此,京都机制可能使排放信用在《公约》缔约方之间,或者缔约方法人之间流转,并可能涉及投资。若缔约方针对 CDM 以及 JI 投资项目,要求投资者必须使用国内生产的特定产品等,就可能违反 TRIMS 协定,例如第二条的国民待遇原则或数量限制禁止原则。但根据 TRIMS 协定第 1 条的规定,该协定只适用于与货物贸易有关的投资措施(investment measures related to trade in goods)。那么,既然排污权交易下的交易单位不能被界定为产品或者货物,也就不会与 TRIMS 产生议题交叉问题了。

机制下的一个附件一国家利用其富余的排放额度通过分配数量单位的交易满足了另一个附件一国家的短缺的排放额度,使其能够实现《议定书》下的减排承诺,从而采取灵活性的市场机制实现了履约的情况下,此类交易是否属于一种"跨境交付"? 又如,清洁发展机制下的一个非附件一国家通过国内减排项目申报而获得的核证减排量与另一个附件一国家交易,使得其灵活性地部分实现减排承诺的同时,为非附件一国家协同参与减排提供了资金和技术支持的状况,是否是一种"商业存在"呢? 如果这种新型贸易形式属于服务贸易,那么,《服务贸易总协定》(GATS)规则将与《公约》框架下的排污权交易机制产生议题交叉。

(一) GATS管辖下的服务贸易与排污权交易法律机制的关系

世贸组织乌拉圭回合谈判达成了《服务贸易总协定》(GATS),按照GATT秘书处"服务部门分类表"的规定,受GATS管辖的服务部门包括商业性服务、通信服务、建工服务、分销服务、教育服务、环境服务、金融服务、健康与社会服务、旅游服务、娱乐文化与体育服务、交通服务和其他服务共12个部门,共包含155个具体的服务形式。"服务部门分类表"是方便世贸组织成员在此基础上做出有关市场准入的具体承诺,并非穷尽服务概念,正如GATS第1条规定:"服务包含任何部门的任何服务,但行使政府权能时提供的服务除外。"这种对服务的定语性解释说明了GATS管辖下的服务部门具有广泛的开放性。① 服务贸易与货物贸易有明显的区别,例如,服务贸易主要是无形物贸易;服务贸易有生产、销售与消费的同时性、非储存性和非转移性等特征;服务贸易具有服务标的物不同批次的异质性;服务贸易的统计数字无法在国家海关的进出口统计表中显示出来。服务贸易不通过海关,无法以关税手段进行监督。②

1. 排污权交易法律机制可能涉及的服务部门

排污权交易机制可能涉及商业性服务、环境服务和金融服务部门。例如,商业性服务包含研究与开发服务以及管理咨询服务。当前,排污权交易机制的周边产业已经积聚了大量的私营实体,从事相关排污权交易单位的

---

① WOLFRUM R. WTO: Trade in Services[M]. Leiden: Martinus Nijhoff Publishers, 2008:43.
② 曹建明,贺小勇. 世界贸易组织[M]. 北京:法律出版社,2004:234.

开发与研究、认证与咨询服务活动。以减排为名的管理服务已经成为一种新型服务产业。美国的碳管理服务部门和业务的产生和发展就是最好的例证。根据奥巴马的行政命令(Executive Order 13514)以及美国国家环保局的《强制报告规则》,联邦政府也是温室气体减排的重点对象单位。总统行政命令与环境署的计划将为碳管理软件开发与服务的增长创造重要机遇。清洁市场情报公司预计,美国联邦政府部门的碳管理市场将从2010年的3 600万美元增长到2017年的2.94亿美元,年增长率将达到46%。有分析家指出,到2017年,碳管理行业将创造300亿美元的市场。

另外,基于应对气候变化而设计的排污权交易机制下的交易行为也与环境服务存在密切联系,如在清洁发展机制下,一项清洁发展有关的项目开发、审批及交易过程,其本身就是一种典型的环境服务过程。国际社会对环境污染从末端治理转向前端的防范治理,因而环境服务不仅应包括污染治理服务,还应包括防治环境损害的新型服务贸易。① 包括排污权交易的应对气候变化的国际法规则正是本着"预防原则"而对气候变化危机进行的前端治理活动,因此,应促使WTO秘书处关于"服务贸易分类"及联合国"产品中央分类制度"与时俱进,尽快修订和增设相关服务贸易分类。② 再有,排污权交易机制下形成的一级和二级交易市场以及大量衍生品和期货市场的产生与发展,已经使大量金融机构参与其中,包括经纪服务、银行和金融机构的信托服务等周边业务都属于GATS金融服务附件中管束的金融服务范畴,使排污权交易具备了典型的金融服务的特征。例如,世界银行成立了专门的碳金融部门(CFU),使用OECD国家政府和企业的资金,向发展中国家和经济转型国家购买以项目为基础的减少温室气体排放量。减少的排放量由碳金融部门的一个碳基金出资购买,同时在《议定书》清洁发展机制或联合履行框架内进行。国际金融公司专设碳金融机构(IFC),直接为合格的买家和卖家提供碳融资服务。IFC的碳融资产品和服务包括:碳交付保险、销售碳信用额度现金流的货币安排、富碳产品与营业的债权和资产安排,与气候中介机构与政府合作以各种

---

① 参见《服务贸易总协定》。
② 曹建明,贺小勇.世界贸易组织[M].北京:法律出版社,2004:251.

资本运营手段促进碳信用的实现。①

2. 排污权交易法律机制符合服务贸易的各项特征

京都机制下的分配数量单位、减排单位、核证减排量等交易单位,都表现为一种无形资产,这符合服务贸易的首要特征。排污权交易机制下的交易单位亦不需要货物贸易所必须的从存储、运输、批发和零售到消费的过程,具备服务贸易在生产、销售与消费的同时性、非储存性和非转移性等特征;排污权交易机制下的交易也具有异质性。对于不同的清洁发展机制项目交易来说,一个基于污水处理项目的清洁发展机制下产生的核证减排量和一个基于煤层气开发的清洁发展机制下产生的核证减排量,从项目申报、审批到交易的全过程都不尽相同而存在服务贸易特有的异质性。排污权交易机制虽然经过登记结算系统,但是不经过各国的海关,不能使用海关监管措施。因此,排污权交易机制符合国际服务贸易的全部特征。

有学者指出,清洁发展机制允许附件一国家为非附件一国家提供财政援助以推动清洁发展,并通过项目取得核证减排量,它可以被看作是在发展中国家领土内向发达国家的减排服务的消费者提供的一种"境外消费"。② 也有学者以清洁发展机制为例,指出因清洁发展机制下的项目的所在地与核证减排量的购买方分属附件一和非附件一国家,因此核证减排量的交易就属于 GATS 下的"跨境交付"类型的服务贸易。③ 我国官方文件中甚至已经将排污权交易中的外汇问题界定为了"跨境交易"。另外,清洁发展机制下的一个非附件一国家通过国内减排项目申报而获得的核证减排量与另一个附件一国家交易,使得其灵活性地部分实现减排承诺的同时,为非附件一国家协同参与减排提供资金和技术支持,也是以一种"商业存在"的方式提供的服务贸易。因此,虽然 GATS 秘书处和世

---

① 李威. 国际法框架下碳金融的发展[J]. 国际商务研究,2009,30(04):42-53.
② DUNCAN B, MICHAEL G, CRAIG W. International Trade and Climate Change Policies[J]. Earthscan Publications,2000:19-20.
③ WISER G. The Clean Development Mechanism Versus The World Trade Organization: Can free-Market Greenhouse Gas Emissions Abatement Survive Free Trade? [J]. Georgetown International Environmental Law Review,1999,1(3):559-562.

贸组织成员还都没有将排污权交易列为服务贸易①，但是，基于GATS管辖下的服务部门和服务贸易的特征，排污权交易机制应当属于国际服务贸易，是一种新兴的服务贸易类别。

（二）排污权交易法律机制与GATS的议题交叉

既然排污权交易机制属于服务贸易，《公约》框架体系下建成的排污权交易机制必然与世贸组织的GATS产生议题交叉，并促使两大规则体系有必要进行体系上的协调。

1. 排污权交易法律机制与GATS的一般原则与具体义务

GATS第1条第1款规定，"本协定适用于成员方为影响服务贸易所采取的各种措施"。这些措施既包括中央、地区或地方政府当局所采取的措施，也包括代中央、地区或地方政府当局行使权力的非政府机构所采取的措施。政府采取影响服务贸易的措施必须遵循GATS中最惠国待遇的规定。GATS第2条第1款规定，在本协定所涉及的任何措施，每一成员给予任何其他国家服务和服务提供者的优惠待遇，应立即和无条件地给予任何其他成员同服务和服务提供者。GATS第17条第1款规定了国民待遇："在列入服务贸易减让表的服务门类中，在遵守其中所列条件与限制的情况下，每个成员方给予任何其他成员方和服务提供者的待遇，在影响服务提供的所有措施方面，在优惠上不得低于它给予本国相同服务和服务提供者的待遇。"有学者指出，以清洁发展机制为例，如果清洁发展机制项目被看作是GATS下的服务，那么这种服务贸易就应该符合最惠国待遇和国民待遇的规则。如果非附件一的国家在选择清洁发展机制下的项目时，主要考虑项目的不同提供国，那么此非附件一国家就可能被认为违反了最惠国待遇原则。如果非附件一国家对清洁发展机制项目和国内的同类项目设置不同的规则，则会违反国民待遇原则。然而，上述观点并未深入分析GATS的最惠国待遇和国民待遇与GATT的区别，想当然地套用这两种非歧视待遇原则，混淆了GATT与GATS的区别。

（1）京都排污权交易机制构成GATS最惠国待遇的例外。GATS规

---

① WISER G. The Clean Development Mechanism Versus The World Trade Organization: Can free-Market Greenhouse Gas Emissions Abatement Survive Free Trade? [J]. Georgetown International Environmental Law Review, 1999,11(3):560.

定的最惠国待遇有一个例外,即"政府当局执行其职责时所提供的服务"不在 GATS 管辖范围之内。"政府当局执行其职责时所提供的服务"是指任何既不在商业基础上也不在同任何其他服务提供者竞争的情形下提供的服务。① 排污权交易机制由国际法创设,其目的是促进各国政府履行减排承诺。因此,京都机制下的排污权交易大都有政府机构的参与并依据职权进行,符合这一最惠国待遇的例外情形。以排污权交易机制中最具代表性的清洁发展机制为例可以充分说明上述观点。

根据《马拉喀什协议》第 2/CP7 号关于"发展中国家的能力建设"的决定,发展中国家应酌情加强或建立国家气候变化秘书处或国家协调中心。② 1992 年 6 月,中国签署了《公约》,全国人大常委会于 1993 年 3 月审议并批准了《公约》。1996 年 2 月,中国政府专门成立了"国家气候变化协调小组",负责协调、制订与气候变化有关的政策和措施。1998 年,国务院对国家气候变化协调小组进行了调整,成立了由国家发展和改革委员会牵头,包括 13 家政府机构参与的"国家气候变化对策协调小组"。2003 年,根据政府部门改革的要求,协调小组被调整为 15 个政府部门参与的联合机构。2005 年 10 月 12 日,中国开始实施《清洁发展机制项目运行管理办法》(以下简称《管理办法》)。《管理办法》规定国家气候变化对策协调小组是中国清洁发展机制重大政策的审核协调机构,其法定职责是:审议清洁发展机制项目的相关国家政策、规范和标准;批准项目审核理事会成员等事项。《管理办法》规定国家发展和改革委员会是中国政府开展清洁发展机制项目的主管机构,其法定职责是:受理清洁发展机制项目的申请;依据项目审核理事会的审核结果,会同科学技术部和外交部批准清洁发展机制项目;代表中国政府出具清洁发展机制项目批准文件;对清洁法机制项目实施监督与管理;与有关部门协商成立清洁发展机制项目管理机构以及其他相关的涉外事务。③《管理办法》还规定,国家气候变化对策协调小组下设国家清洁发展机制项目审核理事会,并在理事会

---

① 参见世界贸易组织《服务贸易总协定》第 1 条第 3 款(C)项。
② 参见《联合国气候变化框架公约》第 7 次缔约方大会报告非附件Ⅰ国家 Decision 2/CP.7.条款。
③ 参见国家发改委、科技部、外交部、财政部:《清洁发展机制项目运行管理办法》第 15 条,2005 年第 37 号令。

设立一个国家清洁发展机制项目管理机构。其法定职责是:审核清洁发展机制项目;向国家气候变化对策协调小组报告清洁发展机制项目执行情况和实施过程中存在的问题并提出相应的建议;提出和修订国家清洁发展机制项目的运行规则和程序的建议。在审核清洁发展机制项目时,从项目的参与资格、设计文件、确定基准线的方法准则、温室气体减排量、可转让温室气体减排量的价格、资金和技术转让条件、预计转让的计入期限、监测计划和促进可持续发展的效果等各方面进行全面审核。①

《议定书》规定,任何清洁发展机制项目都必须得到东道国政府的批准。根据《清洁发展机制项目运行管理办法》的规定,国家发展和改革委员会被指定为中国的清洁发展机制项目主管机构(DNA),代表中国政府出具清洁发展机制项目的官方批准文件。另外,即便是清洁发展机制经过国内审批后进入独立第三方核证程序,作为承担核证职责的独立的第三方即指定经营实体也必须根据《议定书》和国内相关法律法规规定的程序,对项目设计书和任何辅助文件进行评审,以证实其符合国际规的要求。其服务性质仍然是基于授权的政府职能。清洁发展机制项目经过核证之后就成为签发项目所产生的核证减排量。联合国清洁发展机制执行理事会负责核证减排量的登记、签发与复审。因此,清洁发展机制下的交易单位核证减排量的创设必须经由政府部门(国内政府以及《公约》专门机构)依据国内法和国际法预设职权下的审批、核证和签发才能产生,也即此类服务贸易的提供因属于"政府当局执行其职责时所提供的服务",因而不在 GATS 管辖范围之内。

(2) 京都排污权交易机制与 GATS 国民待遇的关系。如果说最惠国待遇属于 GATS 关于服务贸易的一般义务,那么国民待遇就是 GATS 中具体义务②。GATS 将国民待遇规定为具体承诺的内容,以谈判的结果为基础。GATS 第 17 条第 1 款是关于国民待遇的规定,而 GATS 中的国民待遇属于具体承诺的义务。因此,GATS 对于国民待遇的适用义务是原则性的,允许成员方在其服务贸易减让表中就国民待遇条件和限制进行

---

① 参见国家发改委、科技部、外交部、财政部:《清洁发展机制项目运行管理办法》第 14 条,2005 年第 37 号令。
② 曹建明,贺小勇.世界贸易组织[M].北京:法律出版社,2004:249.

具体谈判和规定,除谈判同意的条件和限制外,任一成员须给予其他成员方的服务和服务贸易提供者不低于本国相同服务和服务提供者的待遇。

有学者指出,如果非附件一国家对清洁发展机制项目和国内的同类项目规定了不同的项目规则,那么非附件一国家可能违反国民待遇原则①。这一观点其实未能理解 GATS 国民待遇原则的特点。由于排污权交易机制是《公约》框架体系下创设的国际机制,世贸组织体系规则尚未涉及任何与气候有关的议题,GATS 下各成员的服务贸易减让表中从未出现过排污权交易服务的内容,也即作为新兴国际服务贸易的排污权交易尚未成为 GATS 中的具体义务,因此,处于具体义务项下的国民待遇原则并不适用于京都机制下的排污权交易。另外,以清洁发展机制为例,我国国内法对清洁发展机制项目审批作出了法律规定,针对不同的项目申请适用同样的规则进行行政审批②,亦不会产生不同项目不同待遇的情形,至于主管机构在不同时间对不同项目的申请审批作出的不断修订的指南,也是根据联合国清洁发展机制执行委员会的签发调整而做出的安排,并非审批机构的歧视待遇。因此,由于排污权交易机制属于新兴国际服务贸易形式,GATS 下各成员并未就此种服务贸易确立市场准入和国民待遇承诺,目前不会发生京都机制下的排污权交易与 GATS 在国民待遇原则上的议题交叉。

2. 排污权交易法律机制与 GATS 的尴尬关系与协调途径

上文论及排污权交易属于一种新型的服务贸易,但是排污权交易却因不同原因而不必遵行 GATS 下的最惠国待遇一般原则和国民待遇具体义务,使得排污权交易机制表面上未与 GATS 议题交叉,实质上使得排污权交易机制游离于多边服务贸易约束之外,会对世贸组织规则的统一性和权威性产生影响。而排污权交易机制与 GATS 的尴尬关系也是未来两大机制协调发展所必须关注并加以解决的问题之一。未来世贸组织的多边服务贸易谈判应将属于服务贸易的排污权交易问题纳入谈判议题,而

---

① CARLAME C. The Kyoto Protocol and The WTO: Reconciling Tensions between Free Trade and Environmental Objectives[J]. Colorado Journal of International Environmental Law and Policy,2006,17(1):67.

② 参见国家发改委、科技部、外交部、财政部:《清洁发展机制项目运行管理办法》,2005 年第 37 号令。

排污权交易议题的纳入必须找到切入点,从服务部门的确定入手应是一个正确的选择。

作为一种新型的服务贸易形式,排污权交易可以被归入商业性服务、环境服务或者金融服务的服务部门之中。可以归入商业性部门的主要是排污权交易的核证、咨询等周延业务。关于金融服务的问题下文有专论,此处只针对归入环境部门的排污权交易机制与GATS产生的问题做一分析。

根据《议定书》的规定,三种排污权交易机制的运行都要求能产生"额外性"①,促进附件一国家实现减排承诺,并有效地保护东道国的气候环境容量。因此,京都排污权交易机制所构成的温室气体减排服务应归入12类服务部门中的"环境保护服务"。然而,排污权交易目前并未进入GATS下各国的服务贸易减让表,实践中可能将排污权交易服务视为环境服务部门中"其他环境保护服务"子项中的一项,或者是在环境服务部门中新增一个排污权交易服务分部门。当前,联合国中心产品分类系统(CPC)将"其他环境保护服务"确定为代码9409,但未对"其他环境保护服务"的内涵进行解释。如果将排污权交易视为环境保护服务,对于已经在"其他环境保护服务"分部门做出具体承诺的世贸组织成员而言,他们承诺的义务就会自动扩展至排污权交易服务。那么,许多国家会因新增的"不能预见"的义务而加以反对,即便是认同这样的安排,相关国家的国内法也需要通过立法程序进行调整。以我国为例,我国在GATS具体承诺表中对"其他环境保护服务"的市场准入提出如下限制:"仅允许从事环境服务的外国服务提供者通过合资企业的形式提供服务,但允许外方持有多数股权。"同时,我国《清洁发展机制项目运行管理办法》规定,清洁发展机制项目实施机构仅限于中资和中资控股企业。这意味着,

---

① "额外性"是指如果一个项目是常规性的发展项目,如政府或企业本来就打算上马的一个项目,无论在财务上、技术上等都有条件和能力开展的项目,这样就不能申请CDM的支持。必须是在以上条件或者其他方面存在困难或者障碍而无法独立开展的项目才可以申请。因为企业可以独立进行的项目所产生的减排量不属于额外的,也就不具备"额外性",而通过CDM的支持克服障碍使本来无法实施的项目得以实施,这样产生的减排量才是额外的。参见国家发改委清洁发展机制网,http://cdm.ccchina.gov.cn/.

持有多数股权的外方没有资格实施清洁发展机制项目。① 这种针对排污权交易的国内立法规定显然与我国在 GATS 的具体承诺表中的承诺不相符合。因此,将排污权交易服务视为环境服务部门中"其他环境保护服务"子项中的一项,面临诸多困难。相比之下,直接在多边谈判中将环境服务部门中新增一个分部门——排污权交易服务,进而展开相关多边谈判,即可避免上述问题的掣肘,促进排污权交易纳入 GATS 多边服务贸易框架的进程。

(三) 碳金融:排污权交易延伸出的金融服务

排污权交易机制的发展已经吸引了大量的金融机构参加进来,排污权交易的交易市场也从现货交易走向期货交易、从场内交易走向场外交易、从基本信用单位交易走向期货金融衍生品的交易。排污权交易机制已经延伸到了全球金融服务的层次和深度。而碳金融的诞生和发展也为排污权交易机制纳入 GATS 国际贸易服务的多边机制管理开辟了空间。

1. 从排污权交易到碳金融的机制发展

除资金融通的基本业务外,金融服务领域还包括金融衍生交易以及分散风险和弥补损失的保险活动等。② 按照联合国统计署有对金融及相关服务的统计,金融服务包括金融中介服务;投资银行服务;非强制性的保险和养老基金服务;再保险服务;房地产、租借、租赁等服务。世界贸易组织 GATS 的金融服务附件③规定,金融服务包括所有的保险和与保险有关的服务、所有的银行和其他金融服务(保险除外)④。随着国际经济一体化的发展,国际金融日益成为以国际贸易为核心的国际经济发展的重要支撑力量。同时,为使日益严重的环境问题和各国经济发展的需求相协调,基于"可持续发展原则"指引的发展路径必然需要在市场经济框架下寻求成本效益的均衡点。当经济手段通过法律的确认而广泛应用于

---

① 参见国家发改委、科技部、外交部、财政部:《清洁发展机制项目运行管理办法》第 17 条,2005 年第 37 号令。
② 韩龙.金融性与国际性:国际金融法本质特征之所在[J].云南大学学报(法学版),2007(04):108-115.
③ 参见世界贸易组织《服务贸易总协定》金融服务附件。
④ 韩龙.国际金融法[M].北京:法律出版社,2004:2-6.

解决环境问题的时候,以资金融通为核心的金融因素顺其自然地与环境问题联系起来了。

(1)环境金融的产生与发展。按照 1993 年创立的美国环保局环境金融中心(CEF)①的理解,由于解决环境问题的成本在迅速增大,国家需要充分利用金融工具规制环境问题。《美国传统英语字典》将"环境金融"解释为:"旨在应对环境危机的诸多问题,以研究如何使用多样化的金融工具来保护环境。"索尼亚·拉巴特和罗德尼·怀特在 2002 年出版的《环境金融:环境风险评估及金融产品指南》一书中认为,环境金融是由金融机构主导的,将环境因素引入金融理论和实践中,开发"为转移环境风险的以市场为基础的金融产品"。《环境金融杂志》则将范围广泛的涉及金融的环境问题,概括为天气风险管理,可再生能源证书,排放市场和"绿色"投资等内容。他们从金融产品的角度认识环境金融问题,认为环境金融研究所有为提高环境质量、转移环境风险设计的,以市场为基础的金融产品。这些金融产品有绿色抵押在内的银行产品、②天气衍生产品、③社会责任投资市场中的绿色基金、④可交易的排放减少信用、⑤巨灾

---

① 美国国家环保局(EPA)的环境金融中心援助公共和私营部门探寻创新性方法和路径,以促进环境项目和活动的融资。该中心有三个密切相关的组成部分,面向机构客户及相关单位提供金融推广服务,包括:金融环境咨询委员会(EFAB,联邦特许咨询委员会);环境金融中心(EFC)网络(网络覆盖九个大学,以美国国家环保局划定的 8 个地区为基础)。环境融资信息网(EFIN)可通过网络浏览 EFIN 图书馆。

② 发达国家的许多银行已经把环境、可持续发展因素纳入贷款、投资和风险评价程序。一般情况下,环保企业可获得绿色抵押贷款,一些银行还会给予有很好环境记录的客户以更多的优惠。2003 年 7 个国家的 10 个主要银行宣布实行"赤道原则"——旨在管理与发展项目融资有关的社会和环境问题的一套自愿性原则。目前赤道原则已经成为项目融资的新标准。

③ 利用天气衍生品对天气风险进行控制以避免天气的不确定性对经济的影响始自 1997 年,目前天气衍生品市场已成为金融衍生品市场中最新、最具活力的市场。美国、欧洲、亚洲、拉美的金融机构都纷纷进入这一市场,利用航空港、海港的天气指数与大豆、原油、汽油等大宗商品的期货价格之间的差价进行套利。

④ 类似可持续基金、生态基金等基金是由基金管理公司管理的专门投资于能够促进环境保护、生态环境和可持续发展的共同基金。这类基金产品将投资者对社会以及环境的关注和他们的金融投资目标结合在一起,随着低碳经济的发展,这类基金的总体的投资收益将高于一般的投资基金。

⑤ 排放减少信用是指若排污者治理污染而使其实际排污量低于允许排污量,该排污者可以向主管机构申请排放减少信用(即实际排污量与允许排污量之间的差额)。美国已立法确立了排污权(排放减少信用)的金融衍生工具地位,可以有价证券的方式在银行存储,并且可出售。

债券①以及基于温室气体减排信用而开创的金融产品。②

（2）《公约》框架下碳金融的创设。《公约》规定发达国家（附件二缔约方③）必须提供新的和附加的资金来源，以协助发展中国家缔约方履行《公约》。为推动这一议题，《公约》建立了向发展中国家分配资金的融资机制。该机制由公约缔约方会议（COP）指导下的全球环境基金（GEF）运营。除了上述原则性的规范了融资机制之外，《议定书》为有效应对气候变化设计了以市场为基础的三种灵活机制，④使得市场化手段开始在全球范围内为提高"气候公共物品"的稀缺性资源配置的效率而发挥作用。随着碳信用的产生，碳市场和碳交易开始发展。同时，与碳交易相关的贷款，保险，投资等金融问题相应产生。《议定书》规制的碳排放信用而开发的金融衍生工具属于上述环境金融的组成内容，但具备了碳金融的独特内涵。碳金融包含了市场、机构、产品和服务等要素，是金融体系应对气候变化的重要环节。为实现可持续发展、减缓和适应气候变化、灾害管理三重环境目标提供了一个低成本的有效途径。⑤ 深入研究碳金融问题，需要从经济、金融、国际法等多个层面综合考量，为进一步研究其存在问题和未来发展奠定基础。

（3）国际金融组织推动下的碳金融发展。世界银行碳金融部门认为，碳金融提供了各种金融手段，利用新的私人和公共投资项目，减少温室气体的排放，从而缓解气候变化，同时促进可持续发展。因此，碳金融可以理解为应对气候变化的金融解决方案。世界银行成立专门的碳金融部门，使用 OECD 国家政府和企业的资金，向发展中国家和经济转型国家

---

① 巨灾债券于 1997 年推出。巨灾风险证券化成为将巨灾保险风险向资本市场转移的有效途径，有利于投资品种的多样化，使资本市场的充足资金应用于保险业，消除了政府直接承受巨灾赔偿资金的负担。
② LABATT S, WHITE R R. Environmental Finance: A Guide to Environmental Risk Assessment and Financial Products[M]. Hoboken: John Wiley & Sons, 2002:10.
③ 《公约》附件二列出了 1990 年 OECD 的所有成员国。根据《公约》第 4.2(g) 款，这些国家必须提供财力，协助发展中国家履行其义务，例如编制国家报告等。同时期望附件二国家加快向发展中国家转移有益于环境的技术。
④ 参见《联合国气候变化框架公约京都议定书》第三条。
⑤ LABATT S, WHITE R R. Carbon Finance: The Financial Implications of Climate Change[M]. Hoboken: John Wiley & Sons, 2007:12.

购买以项目为基础的减少温室气体排放量。减少的排放量由碳金融部门的一个碳基金出资购买，同时，也在清洁发展机制或联合履行机制框架内进行。与世界银行其他发展产品不同，碳金融部门不向有关项目贷款或赠款，而是采用类似商业交易的模式通过合同进行减排量的交易。同时，这些交易将定期核实，并由第三方审计。减排量交易不但可以增加项目的资金融通能力，还能降低纯粹商业贷款或赠款的风险。因此，碳融资提供了一种手段，利用新的私人和公共投资项目，减少温室气体的排放，从而缓解气候变化，同时促进可持续发展。一个至关重要的环节是确保发展中国家和经济转型国家在新兴的碳市场中扮演重要角色。另外，世界银行还通过"碳金融援助计划"来确保发展中国家和经济转型国家能够充分参与京都议定书规定的灵活机制，并受益于可持续发展的成果。同时，世界银行集团的"清洁能源投资框架"通过投资致力于扩大能源服务，探索选择低碳增长、增强适应气候变异与变化的能力建设。2007年，世界银行集团还发起了"碳伙伴关系基金"，并在2007年年末开始发展一项名为"气候变化与发展战略框架"的计划。①

国际金融公司（以下简称IFC）是联合国的专门机构，为发展中国家私营部门的项目提供多边贷款和股本融资。国际金融公司致力于开发碳市场，通过设立专门机构开展"可持续发展和减轻气候变化领域的金融服务"。IFC认为气候变化特别对发展中国家造成巨大风险。国际金融公司应帮助他们应对这些风险，并确定融资方案，以减轻气候变化对他们的影响。通过超过400家金融中介机构，IFC为可再生能源开发定制金融和信贷额度，帮助中小型企业提高能源效率，投资于清洁生产技术，将可持续性标准纳入供应链，并强化公司治理标准。IFC为此专设碳金融机构，直接为合格的买家和卖家提供碳融资服务。该机构指导并支持私营部门参与不断变化的碳市场，通过碳融资项目的碳信用额度，创建长期信贷风

---

① WRI Issue Brief. Correcting the World's Greatest Market Failure：Climate Change and the Multilateral Development Banks[EB/OL]．(2008-12-15)[2019-08-30]. http://pdf.wri.org/correcting_the_worlds_greatest_market_failure.pdf.

险的新兴市场。IFC 的碳融资产品和服务包括：碳交付保险①、销售碳信用额度现金流的货币安排②、富碳产品与营业的债权和资产安排、气候中介机构与政府合作以及资本运营等手段促进碳信用的实现。

2. 碳金融与《全球金融服务贸易协定》的议题交叉

金融服务是服务贸易的重要组成部分，在 GATS 中被定义为包括所有保险及与保险相关的服务和所有银行及其他金融服务(保险除外)。乌拉圭回合谈判虽然没有达成永久性金融服务贸易协定，但是制定了两个金融服务的附件(《金融服务附件》与《金融服务的第二附件》)和《金融服务承诺谅解》，为世贸组织成立后继续就金融领域的谈判安排了相关机制渠道。《金融服务附件》是 GATS 的组成部分，其重要意义首先在于将金融服务纳入 GATS 规则框架，并对 GATS 在金融服务领域适用涉及的重要概念、规则做出解释；其次是确定了 GATS 调整的金融服务范围，将银行、证券、保险服务都纳入了多边贸易规则管辖；再次是允许各成员为维护金融安全而采取"审慎措施"。《金融服务的第二附件》主要是为促使各方在 WTO 成立后继续进行金融服务谈判。1997 年 4 月至 1997 年 12 月 31 日，世贸组织成员就金融服务贸易进行第二轮谈判，最终达成了新的金融服务协定，即 GATS 第五个议定书。美国撤销了它在金融领域的最惠国待遇豁免清单，世贸组织 70 个成员改善或首次做出金融服务开放承诺。这些金融领域开放承诺成为 GATS 第五议定书实质部分，也就是所谓的《全球金融服务贸易协定》。可见，我们通常所说的《全球金融服务贸易协定》实际上是

---

① 在清洁发展机制下，CER 项目开发商、投资者和购买者都需要减小 CDM 的项目风险。UNEP、全球可持续发展项目(GSDP)和瑞士再保险公司"温室气体风险解决方案"于 2004 年推出碳金融工具——"碳交付保证保险"。它由保险或再保险机构担任未来核证减排量(CER)的交付担保人，当事方不履行核证减排量时，担保人承担担保责任。该保险的设置主要针对"合同落空"的情形，例如政治风险保险(包括支柱产业破产，卖方破产，政治和国家风险)和营业中断。合同不能履行保险则为东道国政府违背或拒绝履行合同而使投资者产生的损失提供补偿。如果在规定的时限内，投资者因东道国政府的原因没有收到付款或争端解决机制未能发挥作用，保险公司将支付赔偿金。

② 作为碳交付保险的补充，此金融工具的创制主要为销售碳信用额度的现金流提供夹层融资。夹层融资(Mezzanine Financing)是一种介于优先债务融资和股权融资之间的融资方式。企业融资方式的选择主要依据是各种融资方式的成本与收益的比较，根据企业融资理论和发达国家企业融资实践，企业融资的顺序一般为：内部融资、外部债务融资、股权融资。夹层融资作为一种介于优先债务和股权融资之间的融资创新安排，能够满足特定企业或项目的特殊融资需要，也能满足特定投资主体的收益和风险要求。

各成员承诺的并被其他成员认可了的金融开放承诺表。①

从虚拟经济的角度看,金融机构为了防范气候变化的不确定性带来的风险以及为了获得更多、更可持续的利润开发了一些基于碳排放权的保险产品、衍生产品及结构性产品,于是碳排放权逐渐成为一种金融工具,其价格越来越依赖金融市场,当金融资本大规模进入排污权交易市场之后,碳排放权交易就不再是简单的服务了。② 按照《金融服务的附件》的划分,金融服务包含2大类12小类服务内容。对于经由排污权交易而引发的碳金融来说,其涉及银行和保险业两大类金融服务,必然要受GATS金融服务规则调整。世贸组织成员应当遵守《金融服务附件》及《全球金融服务贸易协定》的规定,不得对排污权交易及金融服务施加数量限制或市场准入限制。在排污权交易一级市场上进行交易的碳信用单位虽然尚未明确其法律性质,但是对于二级市场上以排放配额或信用为基础的期权、期货、互换等金融衍生品交易,很明显应属于GATS金融服务的调整范围。WTO成员方应当允许成员的金融服务提供者购买、持有、转让配额衍生品,并保证其他成员的服务和服务提供者的最惠国待遇或国民待遇。

正因为如此,有学者认为,欧盟排放交易体系对参与人的限制规则有损其世贸组织下的义务,《欧盟排放配额交易指令》(以下简称《指令》)可能构成GATS下的影响服务贸易的措施。③《指令》第12条第1项规定:成员国应确保配额能在下述自然人或法人之间转让:①共同体内的自然人或法人。②共同体内的自然人或法人与第三国的自然人或法人之间,且该第三国按第25条所规定的程序对欧盟配额予以不加限制地认可,但《指令》规定的限制或依据本指令所采取的限制除外。

《指令》第25条规定了欧盟与《议定书》附件B中其他已批准议定书且建立了温室气体排放贸易机制的国家之间相互认可碳排放配额的程

---

① 曹建明,贺小勇.世界贸易组织[M].北京:法律出版社,2004:260-261.
② 杨志,郭兆晖.低碳经济的由来、现状与运行机制[J].学习与探索,2010(02):124-128,2.
③ MARTIN M. Trade Law Implications of Restricting Participation in The European Union Emissions Trading Scheme[J]. Georgetown International Environmental Law Review, 2007,19(3):438.

序。因此,《指令》实际上使某些国家的金融中介机构无法向欧盟输出欧盟配额期货或期权交易的中介服务。这意味着禁止非欧盟成员和包括美国在内的未批准《议定书》国家的经纪商在欧盟提供排放配额交易经纪服务。例如,在欧洲气候交易所,如要从事欧盟配额期货或期权交易的中介服务,就会涉及欧盟配额的交割,这就要求服务提供商本身必须具备转让欧盟配额的资格,并在共同体的任一成员国的国家登记系统内设有欧盟配额账户,这就很可能违反了在 GATS 下的金融服务贸易规则。也就是说,欧盟指令中有关参与人的限制规则违反了欧盟在 GATS 第 17 条国民待遇、第 2 条最惠国待遇、第 16 条市场准入规定项下的义务。虽然 GATS 第 14 条与 GATT1994 第 20 条一样规定了"为保障人类、动植物生命、健康所必需的措施"的一般例外条款,但禁止其他缔约方提供排放配额交易服务不属于该项例外的适用范围,因为这种禁止本身并不能对欧盟产生任何环境利益,不能认定属于保护人类、动植物生命和健康的措施。即使欧盟计划以《指令》的执行来履行《议定书》规定的义务,也不能豁免其 GATS 下的责任,因为非世贸组织法不能用来解释世贸组织规则。所以,欧盟应修改其现有碳排放交易体系,废除参与限制,向美国等其他非《议定书》缔约方的主体开放欧盟排放交易市场。但也有观点认为,如果欧盟的指令如能符合 GATS 第 14 条的例外条款,则可以合法地存续。

另外,碳金融如果能够被定性为金融服务贸易,将允许世贸组织成员通过采取审慎的措施保护碳金融市场。《金融服务的附件》第 2 条"国内法规"规定,不得阻止成员因审慎原因而采取措施,包括为保护投资人、存款人、保单持有人或金融服务提供者对其负有信托责任的人而采取的措施,或为保证金融体系完整和稳定而采取的措施。如果碳金融市场的"完整和稳定"受到威胁,世贸组织成员将根据 GATS 附件第 2 条采取措施保护碳金融市场,这样就会减损碳金融市场作为一个以市场为基础的自由的碳排放减让工具的价值。[①] 这一结果就与《公约》框架下创设排污权交易

---

① COTTIER T, NARTOVA O, BIGDELI S Z. International Trade Regulation and the Mitigation of Climate Change[M]. Cambridge: Cambridge University Press ,2009:54.

机制的初衷背道而驰了。因此,两大规则体系应尽快协调排污权交易和碳金融层面上的议题交叉,以避免冲突并促进各自发展。

三、排放权分配：排污权法律交易与 ASCM 的议题交叉

排污权交易的前提就是碳排放权的分配,《议定书》下的碳排放权分配机制是一种被国际法确立的、经各缔约方承诺的约束性指标。然而,京都机制下的这一分配机制并未对各国如何在国内二次分配排放权作出具体规定。因此,各国国内碳排放权的分配仍然自行决定,并以免费分配、拍卖等方式进行。对于承担减排承诺的附件一国家来讲,国内的排放权分配政策和法律的实施,可能会导致不同国家的相同产业产生竞争力的"不公平",亦可能因此被视为是世贸组织《补贴与反补贴措施协定》(ASCM)下的补贴而引发贸易争端。

(一) 排放权分配与补贴的关系

ASCM 第1条第1款明确定义了补贴的概念,即"一成员方政府或公共机构向某些企业提供的财政资助或任何形式的收入或价格支持,并使相关企业获得利益的行为"。表面上看,与其他环境政策工具相比,碳排放贸易的"总量限制与贸易"机制并不违背世贸组织规则,然而,排放权的分配程序却可能影响国际贸易下的竞争关系。例如,政府鼓励可再生能源的减税政策可能将被视为补贴。如果分配程序损害了同一市场上相似产品的竞争关系,政府将被视为实施了补贴措施,会面临其他 WTO 成员提起争端解决程序,从而产生排污权交易机制与世贸组织规则的议题交叉,并引发贸易争端。

(二) 是否属于补贴的理论纷争

ASCM 下的"财政资助"主要有四种形式：一是政府提供的资金的直接转移(如赠款、贷款和入股)、潜在的资金或债务的直接转移(如贷款担保)；二是政府放弃或未收取应收取的收入(如减免税收的财政优惠)；三是政府提供了公共设施之外的货物或服务；四是政府的直接支付,或委托、指示私营机构履行前述三种在正常情况下属于政府的职能。按照上述标准分析,第一,排放权分配并未涉及政府资金的直接转移,不论是免费发放还是拍卖的排放权,只是基于政府按照在国际法上承诺的减排温

室气体的阶段性指标而安排的国家措施,这一措施的实施以国民经济平衡发展为基础,虽然针对不同产业设置了不同的分配方式和数额,但这一排放权的分配并非资金的直接转移。第二,碳排放权的分配也并非一种税收减免。因为即便是征收了碳税的北欧国家,其税收征收的范围和税率都是基于本国情况随时变化的,税收减免的原因并非实施了排污权交易,北欧国家同样在欧盟统一排污权交易机制下分配碳排放权。第三,即便是通过免费发放而分配的排放权,也并非政府提供的一种收入,因为对于全体产业来讲,不可能牺牲国民经济的发展从事减排活动,而是应区分轻重缓急地对高碳产业在初始分配时予以免费分配。这并不是对这类企业的支持,反而在实质上是一种限制,促使其采取新技术向低碳发展过渡。因此,排放权的分配并不属于"财政分配",也不应看作"收入或价格支持"。既然向私人实体分配排放权与该实体的温室气体减排义务直接联系,那么向私人实体转让排放权视为构成 ASCM 第 1 条规定的"利益"就缺乏可予信赖的依据。

许多学者认为,排放权分配配额是一种补贴。[①] 他们认为,配额作为一种有价格的市场交易的标的,必然具有一定的市场价值。如果配额分配不公,就会造成不同行业、企业间的不公平竞争。因此,配额的分配构成 ASCM 第 1 条规定的"利益"。还有学者认为,没有分配到配额的企业在事实上反而得到了补贴,因为这些企业不需要承担减排义务,其产品的环保成本相对较低,因而具有竞争优势。由于美国没有批准《议定书》,使得美国能源密集型产业不必负担温室气体减排成本,事实上构成了一种隐形补贴,使美国产业在全球市场上获得了不公平的竞争优势,因此,欧盟以及其他世贸组织成员可依据 ASCM 采取反补贴措施。[②] 也有学者指出,碳排放分配及交易制度,实际上增加了碳排放,或转移了碳排放的主

---

① SHAH V. Note and Comment: the Allocation of Free Emissions Allowances by Germany to Its Steel Industry: a Possible Subsidy Claim under the WTO Agreemention Subsidiesand Countervailing Measures[J]. American University International Law Review, 2007, 22(3):445.

② Liana G. T. Wolf. Countervailing a Hidden Subsidy: The U. S. Failure to Require Greenhouse Gas Emission Reductions[J]. The Georgetown International Environmental Law Review, 2006, 19(1):83.

体,从而与应对气候变化的目的相违背。① 因此,对于排放权分配及排污权交易是否涉及世贸组织规则 ASCM 的问题还有待明确,其深入研究也将为排污权交易机制的未来发展提供新的理念和观点。

第三节 排污权交易法律机制与世贸组织规则的体系协调

作为一种新型贸易形式,排污权交易机制规范在《议定书》中,成为应对气候变化国际法中贯彻成本效益原则的市场化机制,也造成气候和贸易两类国际法进程中议题交叉的关键问题。虽然《议定书》2012 年后第二承诺期的国际谈判还不能在《公约》框架下形成国际共识,但国际社会已经就包括清洁发展机制在内的未来排污权交易机制的发展取得了共识,因此,国际社会需要在综合权衡的思路下寻求气候与贸易的国际法进程中有关排污权交易机制的规则体系的协调,促进未来排污权交易机制的良性发展。

一、京都机制下排污权交易法律机制的问题与困境

(一) 宏观无效性质疑

斯特恩在《气候变化经济学》中将气候变化称为"全球最大的市场失误"②。有学者认为,在市场体制下,以提高技术来减少污染的策略可能不能根本解决问题,因为它只能达到一般的、局部的和有限的污染转移而已。③ 例如《议定书》设置的联合履约机制和清洁发展机制,通过市场机制在发达国家间以及发达国家与发展中国家间建立碳排放权交易,期望通过资金和技术的转移促进排放的减缓。但是,这样市场化的安排,并没有实现真正意义上的全球减排,仅仅是将发达国家的任意排放改为付费的

---

① 龚柏华.可再生能源产业鼓励措施与 WTO 补贴合规性研究——以免费碳排放配额及交易措施为视角[J].世界贸易组织动态与研究,2010,17(06):5-11.
② STERN N. The Economics of Climate Change: The Stern Review[M]. Cambridge: Cambridge University Press, 2006.
③ 萨拉·萨卡.生态社会主义还是生态资本主义[M].张淑兰,译.济南:山东大学出版社,2008:143.

任意排放。同时,碳市场和碳信用的市场机制创设的碳投资和碳金融,也往往偏离了应对气候变化危机的目标,成为全球市场经济体制下,以投机为主的虚拟经济膨胀发展的体制。

　　灵活机制虽然促进发达国家在本国之外减少排放量,但气候不会识别减少排放的来源,此类机制最终可能无法阻止气候变化危机。就其性质而言,清洁发展机制和联合履约机制都没有有效制止气候变化,因为它们未能绝对减少全球温室气体的排放量。有学者指出,当一个发展中国家向发达国家转移碳信用,后者以其抵消自身增加的排放量。实际上,这只是以国外减排量抵消其国内增排量,导致全球温室气体排放量的净减少为零。发达国家的学者也对灵活机制多有诟病,有学者认为《议定书》的灵活机制无法最大限度地实现预计减排目标,因为清洁发展机制的成本过大,加之市场价格不能反映成本构成,创建一个清洁发展机制项目,发达国家通常要支付实际减排成本 10 至 100 倍的费用,因此侵占了本应用于更多温室气体减排的额外资金。帕特里克·麦卡利在国际河流组织的报告中甚至直接认为碳补偿贸易是一个世纪骗局,碳信用额度的设计是对《议定书》的破坏,而应将之废除。他也认为清洁发展机制不过是个零和游戏。每一个所谓"减少排放量"的补偿贸易,其实只是容许发达国家继续进行污染。

　　从《公约》和《议定书》将减排标准设置在 1990 年的基准上可以看出,市场化减排目标的采用,更多考虑的是效益问题,改变的可能只是气候危机的发展速度。现有气候国际法提出的"减缓"和"适应"制度,恰恰说明了以发达市场经济国家为主体的国际制度建构者,并不愿彻底地解决气候危机。但是这一推论又不能说明欧盟全力推进应对气候变化危机的国内法和国际法的事实。那么,是否需要重新审视制度设计本身的根源性问题呢?福斯特曾质疑资本主义的政治制度根本上无法消除环境危机①。在此,我们无意讨论社会制度的优劣问题,但为了真正实现全球环境权益,公平保护发达国家和发展中国家的利益,促进国际法为上述

---

①　约翰·贝拉米·福斯特.生态危机与资本主义[M].耿建新,译.上海:上海译文出版社,2006:86.

目标而完善发展，必须改善现有机制和国际法。按照制度经济学的观点，影响发展的关键因素包括制度和技术，而这两者相比较，科学的制度建设才是更为关键的因素。摆脱局限于市场机制下的真正生态化的制度设计，将为科技提供施展的舞台，真正促进经济持续发展和环境治理的均衡实现。①

（二）各自为政的交易机制对京都排污权交易机制的冲击

为了实现《议定书》确立的减排目标及要求，许多国家都出台了关于温室气体减排的法律法规，有些国家和地区还制定了关于排放权的交易计划和政策。其中，比较有代表性的交易机制有：英国排放交易计划、欧盟排放交易计划、澳大利亚新南威尔士州减排计划以及美国加州的全球变暖解决法案等，这些区域性的交易机制各有特点，自成体系。英国排放交易计划是为了及早获取减排经验，其适用范围局限在本国范围内；欧盟的温室气体排放交易计划虽然是为实现京都承诺而确立的排放权交易机制，并且还根据《议定书》确立的京都灵活机制进行了修正，但是它独立于京都体系，且不能互相进行交易。澳大利亚新南威尔士州减排计划也仅适用于该区域被纳入该减排计划范围内行业，不接受其他国家或区域的减排指标。美国加州的全球变暖解决法案虽然致力于将温室气体排放交易纳入全球统一的体系中，但目前也只局限在加州范围内。《议定书》的初衷是为了在世界范围内建立一个统一的排放权交易体系，从而提高减排效率、实现全球温室气体减排的效果。但是，现行的排放权交易体系基本局限在各区域围内，没有可以相互衔接的交易制度，《议定书》的实施效果大打折扣。

（三）京都机制本身存在的缺陷

京都机制本身存在的缺陷包括：第一，京都机制下的排放权分配及交易制度无法摆脱大国操纵。从某种程度上说，当前减缓气候变化是为了代际利益，而需要现在就付出成本，使各国政治家在集体行动中惰性十

---

① 李威.论国际环境法的科技生态化目标——以应对气候变化为视角（下）[J].世界贸易组织动态与研究，2009(06)：8-14.

足。① 第二,灵活机制有转嫁排放之嫌。表面上看起来似乎很公平的排污权交易机制,可能并不能实现全球减排的目标。第三,排污权交易的程序和方法学问题太复杂,增加了项目开发成本,提高了门槛,不利于机制的大规模开展。② 第四,《议定书》第二承诺期的谈判无法取得一致,《哥本哈根协议》又开启了采取自愿承诺的方式分配排放权的思路,造成排放权指标分配的标准不统一。第五,履约机制不完善。《议定书》虽然明确规定了发达国家减排的目标和履约时间,但是没有任何实质性的内容,对于不履行承诺的责任问题更无明文规定,《议定书》几成"贸易议定书",偏离控制全球气候变化的目标。

二、共同但有区别责任与非歧视原则的协调

(一) 从"区别责任优先"到"共同责任优先"的回归

20世纪60到70年代的一些国际法文件,为强调对人类共同遗产的保护而提出了"共同责任"的国际法概念,对环境而言即国际社会整体保护和改善全球环境的责任。③ 1988年12月6日联合国大会《为今世后代保护全球气候》的第43/53号决议指出:气候变化是人类共同关切之事项,因为气候是维持地球上生命的关键条件。1972年《联合国人类环境会议宣言》强调了人类对环境的共同责任,在第12项原则又规定了针对发展中国家的区别责任:应筹集资金来维护和改善环境,照顾到发展中国家的情况和特殊要求,照顾到它们由于在发展计划中列入环境保护项目而产生的任何费用,以及应它们的请求而供给额外的技术和财政援助的需要。

自此,共同责任和区别责任成为发达国家和发展中国家在环境问题上的争议的焦点。《议定书》生效后的5年以来,强调区别责任优先的"共同但有区别责任"原则越来越成为国际机制停滞不前的重要因素。自

---

① 唐更克,等.中国参与全球气候变化国际协议的立场与挑战[J].世界经济与政治,2002(08):34-40.
② 苏伟,赵军.蒙特利尔气候变化会议成果显著[J].气候变化研究进展,2006(01):45-46.
③ 如1959年《南极条约》的序言指出:"……承认为了全人类的利益,南极应永远专为和平目的而使用,不应成为国际纷争的场所和对象。"又如1967年《外层空间条约》的序言指出:"……确认为了和平目的发展、探索利用外层空间,是全人类的共同利益。"

2007年《巴厘行动计划》将所有国家纳入协同减排行动计划并承担"三可"责任,到2009年年末《哥本哈根协议》启动各国自愿申报减排量的机制,再到2010年年末《坎昆协定》仍不能达成有区别的京都第二承诺期减排承诺,代表发展中国家利益的基础四国也开始在协同减排上放弃绝对的区别责任原则。例如,哥本哈根国际法进程中,包括中国在内的新兴大国已公开承诺了自愿减排指标①,这正是新兴大国提升国力后,贯彻"各自能力"实现共同责任的例证。印度甚至在2010年坎昆会议期间发出愿意承担具有法律约束力的减排机制的声音。气候机制的未来发展,应通过国际谈判并依据"各自能力"的变化逐步推动越来越多的国家来实际履行共同的责任。② 鉴于哥本哈根国际法进程期间新兴大国的"各自能力"发生的变化,新兴大国仍然不承担减排责任的国际制度是有缺陷的。③ 正因为此,《公约》通过17年之后的哥本哈根国际法进程中发达国家与新兴发展中大国的激烈交锋,上述三类变化了的影响因素已使新兴大国具备了承担共同责任的能力和条件。因此,可以预见的是应对气候变化的国际法进程正在从区别责任优先向共同责任优先的方向回归。

(二) 共同责任原则与"联合行动"原则的殊途同归

世贸组织为了实现其扩大商品与服务的生产和贸易的目标,确立了"联合行动"的机制。GATT1947第25条即命名为"缔约方的联合行动":凡本协定提及联合行动的缔约方时,它们均被称为缔约方全体。

世贸组织的规则体系正是在"联合行动"原则指导下形成了具有约束力的多边贸易纪律,其核心其实就是以公平为前提进行自由贸易,以实现贸易正义。共同责任在应对气候变化国际法进程下的回归,实质上就是气候正义的目标追求。以正义为宗旨,两大机制将获得殊途同归的发展

---

① 2009年12月,中国政府宣布到2020年控制温室气体排放的行动目标:到2020年,中国单位GDP(国内生产总值)二氧化碳排放将比2005年下降40%~45%,并将其作为约束性指标纳入国民经济和社会发展中长期规划。与此同时,我国还将采取到2020年使非化石能源占一次能源消费的15%左右,增加森林碳汇,使森林面积比2005年增加4 000万公顷,森林蓄积量比2005年增加13亿立方米等减排举措。

② 戈华清,吴世彬.论国际环境保护的效率与均衡——以"智猪博弈"解析"共同但有区别的环境责任"[J].河海大学学报(哲学社会科学版),2008(03):83-86,116.

③ STONE C D. Common but Differentiated Responsibilities in International Law[J]. American Journal of International Law, 2004,98(2):299.

方向。对于排污权交易机制来讲,基于市场供求关系而运行的排放权交易,不仅把《公约》附件一和非附件一国家全部纳入了国际协同减排,实现了共同参与的目标,又照顾了对不同发展程度国家的客观意愿,实现了比较意义上的"正义"。然而,应对气候变化的国际法缺乏类似世贸组织的"联合行动"机制,国际谈判屡屡受挫。未来气候国际法进程需要关注的就是将"共同责任"发展成为具有争端解决机制和强制履约机制的"联合行动",才能真正通过国际法进程实现全球气候"正义"。

三、纳入世贸组织"贸易与环境"议程的可行性

全球气候变化影响着人类的生存和发展,成为 21 世纪人类社会必须共同面对的最为复杂的重大挑战之一。作为国际多边合作框架的一部分,世贸组织在应对气候变化的全球治理中无法置身事外,世贸组织原则和规则应对气候变化非常重要。在世贸组织多哈回合谈判中,贸易与环境议题是主要谈判内容之一,各成员正致力于削减或取消环境货物和服务的关税和非关税壁垒,将排污权交易纳入世贸组织"贸易与环境"议程,将为气候与贸易国际法的协调发展提供平台。

(一) 世贸组织多边进程对气候变化问题的开放性

通过多哈回合开放环境货物、服务和技术市场的多边谈判,世贸组织对应对气候变化作出了直接贡献。虽然气候议题并非世贸组织多边谈判的内容,世贸组织规则中也没有专门关于对气候变化的规定,但世贸组织规则也为气候议题留下了足够的政策空间。世贸组织宗旨明确的可持续发展原则,为贸易自由化与环境保护之间建立了相互协调的原则。贸易与环境议题的多边谈判对全球应对气候变化意义重大,世贸组织的多边机制也为从国际贸易的角度应对气候变化提供了平台。

各国以环保名义实施了诸多贸易措施,实质上大多起到了限制贸易的目的,其依据的理由则是世贸组织 GATT 1994 第 20 条的环境例外规则。各国应对气候变化的措施包括:以价格为基础的措施(税收和关税)、以市场为基础的措施(例如补贴),这些措施因与贸易相关而受到世贸组织规则的约束。在设计国际机制时,应当考虑上述措施对贸易的潜在影响,以及各成员在世贸组织规则下的权利与义务。与减缓气候变化的措施相关的世贸组

织规则包括:非歧视原则(包括最惠国待遇和国民待遇原则,GATT 第 1 条和第 3 条)、一般例外条款(GATT 第 20 条)①、《补贴与反补贴措施协议》(ASCM)②、普遍取消数量限制(GATT 第 11 条)③、《技术性贸易壁垒协议》(TBT)、《贸易有关的知识产权协议》(TRIPs)④、《与贸易有关的投资协议》(TRIMs)⑤等等。

(二) 气候友好产品和服务贸易的进一步自由化

当前,世贸组织成员希望通过推进多边贸易与环境谈判,加强贸易政策和环境政策的相互支持,实现环境、贸易和发展的"三赢"。多哈回合谈判为开拓环境货物和服务的市场准入提供了条件,世贸组织成员正努力消除环境货物和服务的贸易壁垒。将 OECD、APEC 和世界银行的环境货物清单结合在一起,共包括 211 个产品(HS6 位编码),有学者根据这一数据预测,消除环境货物关税将使世界环境货物进口额增加约 560 亿美元,相当于目前世界环境货物进口总额的 12% 左右。⑥ 欧盟与美国在 2007 年 12 月的一份提案中指出,WTO 多边谈判应给予有助于减排温室气体的环境友好型货物和服务以优先权,这些产品占 WTO 定义的环境货物种类的 1/3 左右。

---

① GATT 第 20 条"一般例外"的(b)项和(g)项,被称为环境保护例外条款。为防止对一般例外条款滥用,在序言中对"例外"的适用提出两个条件加以限制,一是根据第 20 条采取的措施不应"对情况相同的国家构成武断的或不正当的歧视",二是有关措施不能构成"对国际贸易的变相限制"。在应对气候变化的语境下,一般例外可能成为贸易限制的理由。

② 世贸组织秘书处的观点认为:针对碳密集产品,反补贴税可能被用来抵制"碳搭便车"行为。同时,一国不参与减排温室气体能否被视作一种公共补贴或环境倾销行为? 在出口国没有对碳排放实施控制的情况下,进口国能否对其征收反补贴或反倾销税? 在应对气候变化的单边措施中,一些国家对本国的高排放产业提供免费的碳排放权配额是否构成补贴? 都需要在 WTO 贸易与环境议题下进行协调。

③ GATT 第 11 条规定,除非满足第 11 条第 2 款的 3 个例外情况,成员方禁止实施配额、进出口许可证或其他的数量限制措施。世贸组织秘书处指出,上述例外不适用于单边碳减排措施,在应对气候变化的语境下,一国可能对没有实施减排的国家的进口产品实行进口禁止或限制。

④ TRIPs 与气候友好型技术的传播密切有关。关于《公约》框架下技术转让规则与世贸组织进程的议题交叉和体系协调问题,参见本书第四章。

⑤ TRIMs 只适用于影响货物贸易的有关投资措施,而不适用于排污权交易机制。然而,许多国家都有可能打着控制温室气体排放的旗号来实行一些与 WTO 规则不相符的投资措施来保护国内产业,因此,深入研究基于排污权交易而产生的低碳投资与世贸组织规则的关系也是必要的。

⑥ HUFBAUER G C, KIM J. Climate Policy Options and the World Trade Organization, Economics — The Open-Access, Open-Assessment E-Journal[J]. Kiel Institute for the World Economy, 2009,3(29):1-15.

第七章　排污权交易法律机制在国际法下的协调发展

在环境服务谈判中,WTO 成员试图寻求 GATS 对旨在与减缓气候变化政策可能直接相关的活动做出具体承诺。在应对气候变化挑战中,气候友好型货物和服务贸易自由化有助于在全球范围内增进结构效应和技术效应,促进国际贸易发展。近年来,包括世界银行在内的国际组织和机构都在进行努力,以期确定目前仍面临关税和非关税壁垒的气候友好型货物和服务,并优先通过 WTO 多边贸易谈判取消障碍,但各国尚难就"气候友好"这一概念达成一致。[①] 既要达到有利于实现气候政策目标,又要在成员间均衡分配贸易利益,这是一项具有挑战性的工作。世贸组织多哈回合谈判对减排可能作出的贡献体现在贸易与环境议题谈判的进展以及气候友好产品和服务贸易的进一步自由化问题。《多哈回合部长会议宣言》有关进一步降低环境货物和服务的关税和非关税壁垒的谈判早自 2002 年就已经开始,在成员方谈判的环境货物清单中,有大约 1/3 的货物被成员方确定为气候友好产品。气候友好的服务,即为测量、防止、限制或治理气候变化的环境损害以及为适应气候变化而提供服务的活动。许多发达国家认为,降低环境货物和服务的关税和非关税壁垒是国际贸易体制能够为应对气候变化做出的最便捷的贡献。在这一背景中,排污权交易机制将以新型环境服务的形式成为贸易国际法进程必须关注的问题。

(三) 从《公约》框架中剥离排污权交易机制的可行性

由于《议定书》的强制减排模式正面临巨大的冲击,以《哥本哈根协议》为起点的自愿减排机制正在形成,京都机制下的排污权交易面临存废威胁。各国在提出碳排放限制政策的同时,都体现了国家低碳经济转型并谋求国际机制话语权的意图。基于低碳转型和清洁能源的创新与开发,京都机制之外已经发展起来了规模庞大的排污权交易乃至碳金融体系,而世贸组织却尚未启动新的谈判进程予以管制。以 2010 年年末的 COP16 为例,国际谈判虽然仍围绕双轨制进行,但《坎昆协定》达成的诸项决定中只有"《公约》下长期合作行动特设工作组(AWG-LCA)"的决定有

---

① 马建平,曲如晓.我国气候友好商品的国际竞争力分析[J].国际经济合作,2009(03):87-91.

实际内容(共 29 页 147 条 4 个附件)①,而"《议定书》附件一缔约方进一步承诺特设工作组(AWG-KP)"(共 2 页)②却未达成任何实质内容。今后的应对气候变化国际法的发展,很可能否定双轨制。京都机制将在第二承诺期来临时,自行终止各缔约方的进一步承诺机制。包括已经广泛开展的清洁发展机制在内的排污权交易机制的留存也未取得法律确认。根据联合国的要求,各缔约方须在 2011 年 2 月 21 日前对可能纳入 2012 年后气候协议的一个或几个基于市场的机制发表意见,这些机制可能与《议定书》机制并行,也可能与其整合。不过,新的体系要想产出碳信用额差不多要等到 2020 年。

目前,世界上已经建成的区域性排放权交易市场,包括欧盟排放交易体系(EU ETS)和美国芝加哥气候交易所的减排交易体系。在坎昆会议召开前,全球多个国家表示要筹建碳交易市场,欧盟也表示要将现有交易系统扩展到整个欧洲,这使全球碳交易市场筹建呈现方兴未艾的景象。2010 年 10 月,中国政府发布《国务院关于加快培育和发展战略性新兴产业的决定》③,提出要建立和完善主要污染物和碳排放交易制度。2010 年以来,公开宣布要建立碳交易市场的国家包括印度尼西亚、肯尼亚及韩国,排污权交易机制的未来发展仍具有非常广阔的空间。

以最具代表性的清洁发展机制来看,2010 年坎昆会议上进一步承诺的谈判几乎停滞,有关清洁发展机制上诉机制的建立问题可能会推迟到 2011 年。一些发展中国家也表示,只有在加拿大、俄罗斯等国家改变对《议定书》的反对态度之后,他们才有可能接受清洁发展机制的改革设想。因此,清洁发展机制支持体系的法律地位现在仍不确定,欧盟还模糊地反对联合履行机制在 2012 后的延续。有研究指出:虽然清洁发展机制及联合履行机制在工业气体减排方面取得了成功,但无法实现全面的"经济

---

① UNFCCC,Outcome of the work of the Ad Hoc Working Group on long-term Cooperative Action under the Convention ,FCCC/AWGLCA/2010/L.7,10 December 2010.

② 进一步承诺问题特设工作组的最终目标是根据《议定书》第 3 条第 9 款,最后确定针对附件一所列缔约方 2011 年以后的进一步承诺开展的工作。UNFCCC, Outcome of the work of the Ad Hoc Working Group on Further Commitments for Annex I Parties under the Kyoto Protocol at its fifteenth session,FCCC/KP/AWG/2010/.

③ 国务院办公厅.国务院关于加快培育和发展战略性新兴产业的决定[EB/OL].(2010-10-18)[2010-11-01]. http://www.gov.cn/zwgk/2010-10/18/content_1724848.htm.

低碳转型"。双边绿色投资体系(GIS)则可能成为 2012 年之后碳市场的支柱,在绿色投资体系下,排放许可权有富余的国家可以将其出售给实现《议定书》目标有困难的国家,前提是出售所得由于其经济的"绿色化"。即使《议定书》后续协议无法达成,GIS 也将继续存在——这与清洁发展机制及联合履行机制市场截然不同,GIS 将取代京都机制成为 2012 年之后的主要减排机制。如果此类减排活动的可信度能够得以提升,他们也可能成为全球碳市场的基础。因此,未来排污权交易的规则可能进入双边谈判的新模式。

综上,国际社会似乎可以将眼光从《议定书》转向世贸组织,将排污权交易机制从气候国际法进程中剥离出来,在世贸组织的金融服务贸易谈判和"贸易与环境议题"谈判中积极展开多边进程,不但可以应对《议定书》未来存废的不确定性,也能选择时机,利用国际市场的资源配置机制和世贸组织的多边贸易规则引导排污权交易和碳金融的良性发展。更有意义的是,世贸组织的争端解决机制将能解决类似清洁发展机制评审缺乏上诉机构的程序性缺漏,也能借助世贸组织多边贸易纪律规范碳市场和排污权交易的良性发展。

第八章　我国排污权交易法治化的完善与健全

　　我国应持续推进排污权有偿使用与交易制度的实施，充分发挥市场这只看不见的手对环境污染治理的作用。具体来说，一方面要明晰界定排污权产权主体，根据排污权有偿使用与交易制度的实施效果和企业实际情况调整制度标准，建立规范的环境权益交易市场。另一方面要在适当控制该制度实施范围的同时实行排污权跨区交易，跨区域、大范围排污权的有偿使用与交易制度的实施有利于企业平衡成本和收益，从而实现自身利益最大化，进而提高排污权有偿使用与交易制度的有效性，达到控制污染排放总量的目标。同时，我国在遵守国际污染治理规则的基础上，要依据本国国情重视废水等污染物的治理。一方面，国家有关部门应根据废水等污染物的特征及集中程度制定相应的减排政策及措施，排污权有偿使用与交易制度对废水等污染物的减排效果有限，长期来看应建立减排的相关财政扶持政策，为企业减排废水等污染物提供资金保障。另一方面，企业应响应国家的污水治理政策，更新机器设备，积极进行技术创新，淘汰落后、过剩产能，推动产业结构调整，控制废水等污染物的排放总量。

　　现阶段中国的环境治理仍然应该重视政府持续宏观调控。事实也证明，政府主导的污染治理试点的环境有所改善。但是现阶段政府的强干预和市场运行的低效导致排污权有偿使用与交易无法完美运行，因此，政府一方面要适当转变其职能，从排污配额的发放者转变为排污权市场交易的推行者和监督者，另一方面要提倡排污权交易，调节不合理的价格交易机制，促进外部性内部化，并建立健全与排污权交易相配套的信息市场,为交易双方提供供求信息,降低排污权交易的信息搜集成本。排污权有偿使用与交易制度的顺利实施,需要政府、金融机构、科研部门和企业等的整体配合,以实现经济绿色发展,达到污染治理的最终目标。政府在大力推进排污权交易制度的同时,应增加财政支出和污染治理投资,为企业技术创新提供资金支持;金融部门应积极开发绿色基金、绿色债券等绿色产品,拓宽企业融资渠道,提供明确的绿色化政策信号;科研部门应积极推进污染控制研发任务,为企业绿色创新提供技术支持,促使企业在污染减排过程中不断进行技术创新,实现企业绿色转型,从而促进相关产业结构调整,最终实现环境持续改善和经济绿色发展。[①]

第一节 排污权专项立法的必要性

立法的动因应来自现实的需要。法律移植就是在借鉴国外相关法律经验的基础上结合中国的实际情况来制定适应中国国情的法律。完善排污权的相关立法适应了我国现实情况,具有其充分的必要性。

一、优化环境资源配置的重要手段

近年来,中国日益突出的环境问题,是经济高速增长的必然产物。现实中往往越能带动经济高速发展的企业,其带来的污染副产品也越严重;越能为国家带来丰富就业机会的企业,对环境资源的消耗就越大。在这种背景下,经济发展必然要付出环境代价。伴随着工业化的出现,环境问题是不可避免的。因此,合理配置有限的环境资源、努力缓解严峻的环境形势、严格规制排污权具有重要意义。

一方面,环境资源属于公共资源(或称公共物品),相对于私人物品而言,公共资源具有非竞争性和非排他性,而总量控制对污染物的排放总量(这里指全国总量或区域总量)规定了上限。从经济学角度来看,净化污

---

① 齐红倩,陈苗.中国排污权交易制度实现污染减排和绿色发展了吗?[J].西安交通大学学报(社会科学版),2020,40(03):89-90.

染物的环境容量资源是有限的,或是稀缺的,这为有效利用环境容量奠定了基础。此外,排污许可把总量控制下允许排放的污染物通过一定的方式分配给各排污主体,明确排污单位对环境容量资源的使用权,为利用市场手段配置环境容量资源提供了保障。目前我国正在试点的排污权交易制度也是通过预先设定减排的量化目标,然后向排污企业发放排污许可证,并允许企业买卖许可证的方式,使市场交易引导排污权从污染治理成本低的企业流向污染治理成本高的企业,由于排污许可证的总量是固定不变的,即排向环境的整个污染物总量不会增加,因此社会能够以最低成本实现污染物的削减和环境资源的优化配置。这样,无论是对清洁生产企业还是对污染问题较为严重的企业而言,排污权的设置都有利于建立有序的交易体系,促进排污指标流通化和合法化,并促使企业开源节流、推进清洁生产,也利于政府对排污指标及现状进行宏观监督管理。通过完善排污权相关立法,企业可以通过市场竞争获得排污权,这无疑会大大降低环境保护主管部门界定排污权的难度,降低为此所应支付的执法成本,从而实现环境资源的高效优化配置。

另一方面,环境问题实际上是由人类利用和改造自然的活动及其影响超过自然的负荷造成的,反映了人与自然的关系。未得到有效控制的污染物排放使得我国诸多城市遭受酸雨的侵害,目前困扰我国广大地区的雾霾在一定程度上也是由环境污染引起的。严峻的环境形势使我们不得不从环境污染的源头,即污染物的排放及治理来着手。考虑到污染物排放的不可避免性、环境自身有限的自净能力以及对经济效益最优化的追求,规制排污权、建立排污权交易制度无疑是平衡环境问题与经济利益的最优手段。

二、推广排污权交易法律制度的必要条件

排污权交易制度的构建以人与自然的关系为基础,因此在这种制度的设计和运作中就需确定一个"恒量"——环境容量,这便在环境保护这项显然只属于人类的活动中加入了自然属性,而这种自然属性使得环境保护工作更趋于科学。要实现节能减排、构建生态中国的目标,推广排污权交易制度显然是非常必要的。而设立排污权交易制度的前提是确认排

污权,为了保障排污权交易制度的有效运行,就必须以法律的形式对排污权进行确认,明确其法律属性,使之归属于不同的主体,并允许其客体在排污主体之间进行自由交易。

此外,明确与排污权紧密相关的总量控制、排污许可证等相关概念,对推广排污权交易制度来说也是非常重要的。首先,总量控制是排污权交易制度的先导和基础,即一切排污权的使用和交易都必须在国家或者区域的总量控制的前提下进行。一方面,总量控制的确定,面临着技术上的难题,另一方面,地方上片面追求经济发展而忽略环境保护的问题也使得经济增长与总量控制之间的矛盾并未得到解决,甚至在一定程度上有所激化。一旦突破总量控制,排污权交易制度将没有任何意义,甚至变成地方政府追求政绩或者企业追求利润的工具。因此,污染物排放总量控制是一项宏观性的工程,必须由一个完整、可操作的法规或条例保障实施。其次,我国目前实施的排污权许可证制度所确认的排污权,由于不具有可自由转让的私权性质,并不是真正意义上的排污权,只是一种行政性的权利。为了可以有效实施排污权交易制度,我国应进一步完善已有的排污权许可证制度,使其具有可转让的私权属性,进而为排污权的交易奠定法律基础。

三、解决排污权与不同权属之间冲突的基础和依据

由于排污权法律属性的特殊性,其在市场上进行交易的过程中,必然会在不同层面上与其他权利发生冲突。如当前企业取得的排污权,其形式是行政许可权,为了构建完善的排污权交易制度,就要突破并调整行政许可的界限;而排污权在交易过程中的定价、买卖等无疑与民法、经济法中相关的交易、合同、价格等有所不同;在排污权交易的规则构建好后,一旦有人不遵守,就要承担相应的责任、接受相应的处罚等问题。这都是要构建完善的排污权制度所需要面临和解决的问题。因此,将法律落实到实践之前,在排污权立法构建过程中解决这些权利冲突,才能在实践中化解与各部门、各权利之间的矛盾,才能真正地为排污权交易的全面推进提供法律基础。

第二节 排污权交易立法完善的基本原则与实践

我国进行排污权立法的必要性和意义已经无需多言。但是,在进行与排污权交易相关的立法中还有一些需要注意的基本原则,这将直接影响排污权交易制度的价值、功能与作用。具体有以下几个方面:

一、区域协调性

排污权的立法设计首先要注意的是区域性。在排污权制度设计中,由于排放地点、排放时间以及排放污染物的不同,对受控点具有不同的浓度要求,而受控点的环境质量标准是唯一的,再加上每个区域环境自身的特质是不同的,这就不得不充分考虑地域的因素。另外,对于总量控制来说,科学地确定各地的总量目标是最为关键的环节。我国目前总量控制的划分方式主要是依行政区域划分,在总量目标分解时没有充分考虑到各地区经济水平和环境脆弱程度,缺乏考虑与环境容量之间的联系。这种划分方式最主要的弊端是人为地将生态环境的整体性割裂开,没有尊重生态环境的特点。因此,应根据环境质量目标要求来确定污染物排放总量控制目标和相应的污染防治工程,把污染物排放总量控制切实可行地与改善环境质量紧密地结合起来。应在全国范围内实施目标总量控制,因地制宜地将全国总量控制计划指标逐级分解,实行分类指导,突出地域性。

二、法律部门间融合性

在设计排污权相关立法时,我们要注意使不同类型的权利之间界限明晰,避免权能交叉带来的权力行使怠慢或者越权等问题。但是由于不同环境资源要素之间的物理上和法律上的联系,排污权制度在设定过程中与各权属之间的冲突无法避免。这就要求,在构建排污权制度和立法过程中要注意协调排污权在民法、行政法、社会法等法律部门之间的冲突和矛盾,力求制定出权能清晰的立法来指导排污权制度的实施。例如,在明确规定排污权的同时并不免除环境保护的其他义务；现行排污许可制度的修改要充分考虑到与行政许可之间的交叉和不同；排污权进行交易的具体规范也要和民法的相关规定相契合、相呼应等。

三、原则性和灵活性

在制定排污权相关法律的过程中应从原则性、宏观性方向入手，同时还要注意与各地方自身的差异性相协调。即在立法时既要坚持原则，又允许在一定条件下对这些原则作灵活变通。制订排污权交易制度和法律要实现的目标是将污染控制在一定的环境容量之内，力求在最优污染模式下，在严格的总量控制下，根据各地区、各排污主体的实际情况实现排污治理成本的最低化和利润的最大化。这就要求，在完善排污权的使用和交易规则时重视底线原则的遵守和具体情况的灵活适用。

四、创新性法治实践

中国排污权实施的现状是实践先于理论，这使排污权在现实中的应用和发展受到一定的阻碍。因而在进行排污权立法时就必须对前瞻性、指导性和创新性有所体现、有所侧重。当前立法必须要很好地解决现存问题、指导排污权的使用和交易，并在相当长的时间内能够体现排污权的价值和意义。构建合理的排污权制度将显示出其对环境保护的特有作用，而在环境领域中成功地应用排污权并不是轻而易举的事。事实上，排污权立法是一项科学、细致、明确、审慎的工作。它需要一系列支撑条件，切实可行、指导实践便是其最基本特性之一，即一切立法的构建不能脱离中国现实的土壤，要充分体现规范的可操作性，要加强排污权运行时的法律规制，努力把清洁发展机制作为排污权发展新的增长点，进而构建具有中国特色的排污权法律制度。

我国排污许可制度的法治化进程就是在上述原则指导下的高效实践。2021年3月1日，《排污许可管理条例》正式实施，为以排污许可制为核心的固定污染源监管制度落实了法规基础，也标志着排污许可的制度体系建设进入了法治化建设的新阶段。排污权法治完善进程中的上位法已经明确排污许可制度的法律地位。随着国家文件对完善排污许可制度的政策逐渐明晰,排污许可制度的立法进程也在加快推进。2014年、2015年和2017年修订的《环境保护法》《大气污染防治法》《水污染防治法》均明确了"排污许可管理制度"。另外,规范性文件和部门规章也在不断满足即时性法治需求。考虑到行政法规出台的时间,排污许可制度的规范性文件、部门规章发挥了临时性和阶段性作用。2016年,原环境保护部印发的《排污许可证管理暂行规定》,在火电、造纸行业先行先试;2017年,原环境保护部通过了《排污许可管理办法(试行)》,在《排污许可证管理暂行规定》的基础上对排污许可管理制度进行了深化和完善。

2018年,污染防治攻坚战打响,建立以固定污染源监管为核心的排污许可制度的立法需求更为迫切,一定程度上加速了《排污许可管理条例》的出台。2018年,生态环境部就《排污许可管理条例(草案征求意见稿)》公开征求意见;2020年12月9日,国务院第117次常务会议通过《排污许可管理条例》。从《排污许可管理条例》的出台可以发现,中央和国家机关的文件确立了排污许可制度的地位,为排污许可制度的建立提供了政策依据;而《环境保护法》《大气污染防治法》《水污染防治法》等多部法律确立了排污许可管理制度的法律地位,为排污许可制度的建立提供了法律依据。在生态环境部的推动下,排污许可制度逐步完成了从规范性文件、部门规章到行政法规的法治化进程。①

第三节 排污权交易立法健全的思路

通过上文的一系列论述可知,排污权作为一项非常重要的权利,不仅对企业、个人有着重要意义,而且对国家、社会乃至整个世界都有着不可忽视的价值。尤其在我国,对排污权进行立法已经刻不容缓。在现有的法律法规基础上,对排污权进行立法完善,需从横向立法和纵向立法两个方面展开。

---

① 杨君,刘洪铭,张建宇.关于碳排放权交易制度法治化完善的思考[J].环境与可持续发展,2021,46(03):26-30.

一、横向的立法思路

(一) 在民法中明确排污权的法律属性

上文的一系列论述已经证明,排污权是一项复杂而又特殊的权利,因此在立法过程中要想使排污权有坚实的基础和支撑,明确其法律属性有着极其重要的意义。排污权的实质是对环境容量资源的使用,排污权不仅具有国家政府许可的公权的特性,而且在其行使过程中具有私权的性质。此外,排污权表现为环境利用人依法对环境容量资源占有、使用和收益的权利,是一种特别法上的物权。因此可以考虑将排污权纳入物权的权利体系,在物权法总则中予以原则性规定,在物权法定的条款中明确其权利类型,在物权法的条款中规定其权利取得须经登记,从而使污染者的排污行为和交易行为获得正当性和合法性。

(二) 在环境法中规定排污权的具体制度

首先,建立总量控制制度。建立总量控制法规保障体系是实现总量控制目标的重要保证,同时也是总量控制管理体系运行模式的组成部分,但是我国目前现行环境法律体系中没有专门的有关总量控制具体实施的统一法规,零星的条文也十分散见,在现行环境法律中对排污总量控制的目标、总量设计、调查和检测、总量分布、适用程序等作出更加明确的规定已是当务之急。本课题组认为,总量控制的法律完善可分为以下几个步骤进行:第一,在《环境保护法》中明确规定国家实行污染物排放总量控制制度,只有将"国家实行排污总量控制制度"的原则明确写进法律条款中,才能具有权威性和稳定性,并为相关单项法规的制定提供法律依据。第二,尽快制定《污染物排放总量控制管理办法》,具体可由五部分组成:①确定目标总量控制具体方案,包括总量控制指标分配和总量超标排污收费规定。②确定总量统计制度,包括排污申报登记核定制度、清洁生产及综合利用优惠政策。③确定具体污染行业总量控制目标,包括各地污染行业总量控制规定和工艺能耗限定规定。④确定总量分布机制,包括排污单位编码、污染物增减情况处理、城市环境综合整治定量考核、污染集中治理等具体规定。⑤建立总量控制追踪体系,包括总量控制统计、普查、调查、检测、计量标准等方面的污染物变动性法律评估。第三,应确立配套的监督管理机制,以保证总量控制指标的全面落实。

其次,明确初始分配方式。排污权的初始分配是排污主体取得的在排污交易市场的初始权益,不仅对排污主体的利益有很大影响,而且关系到排污权交易市场的建立。在当前的市场状况下,如果排污权初始分配不当,极有可能出现垄断或者导致排污权交易效率降低的情况,因此确立何种分配方式至关重要。本课题组认为,我国现阶段在排污权初始分配上可采取由无偿分配与有偿分配相结合逐步过渡到全部有偿分配的方式。具体操作可按以下原则进行——针对不同类型的排污者确定不同的分配方式:对社会公用事业单位、排污量小且不超过一定标准的排污主体,可以采用无偿分配的方式;而对经营性单位企业、排污量大且超过一定排放标准排污主体,可以采用有偿分配的方式。在此基础上,由政府通过宏观调控适时地调整无偿分配和有偿分配的比例,最后实现全部有偿分配,促使排污者进行技术革新,形成低污染、低消耗的新型工业布局。

此外,环境法还应明确排污权应该符合的条件,主要包括:排污权的主体必须明确,能否交易都要受严格的资格审查;必须要确定合适的污染物种类进行排污权交易等。

(三) 在行政法中规定具体实施细则

对排污权制度而言,除了准确的总量控制和合理的初始分配,还要考虑如何能让这些分配给排污主体的指标得到切实的落实,这样才能保证排污总量不会被突破。因此,在对排污权相关制度立法时需完善以下几个方面:

首先,必须明确可转让的排污许可证制度。当前获得排污资格的方式是政府颁发排污许可证。可转让排污许可证指能够作为商品进行市场交易和在排污主体之间能相互进行有偿转让的许可证。该制度实质是运用市场机制对污染物进行控制管理,把环境保护同市场经济有机地结合起来。所以政府今后颁发的排污许可证应规定排放污染物的主体、种类、数量、期限、地点和方式等;可以通过国家法律将排污许可证中规定的行政性排污权转化为私权性排污权,即将排污许可证中规定的排污量或部分排污量转化为可以转让或交易的排污权。

其次,完善对排污权交易的监督管理。在排污权交易的过程中,地方环境保护部门应依法对本辖区的污染物排放权交易实行统一的监督管理,严格把好审核关,必须划分好各级环保部门在管理排污权交易中的权限,尤其是最终审批权,对从交易的主体到交易的标的、范围、程序各个方面都要进行严格的监督管理。此外,地方环境保护部门必须对交易的可行性严格把关。审核时须注意避免因排污权指标过分集中而造成局部环境污染加重的现象。在排污权交易结束后,环境保护部门还应做好事后监督:一是定期公布排污权交易信息,使有排污权交易意向的企业掌握情况;二是必须定期对排污交易双方进行核查,监督交易合同的履行及排污许可证制度的执行情况。也就是说,从选定污染控制项目,到确定许可证的总量、许可证的初始分配,一直到许可证的交易和事后监督审核,这都需要环境保护部门与政府其他有关部门紧密结合,进行充分细致的论证,并采取周密的保障措施。

最后,明确相关法律责任。从立法角度来说,法律作为一种行为规范,其特征之一就是具有国家强制性,一部完整的法律必须要有相应的法律责任。建立排污权制度也必须确立相配套的法律责任,排污权法律责任是排污权交易主体因未履行法律义务而承担的否定性法律后果,排污权交易的责任承担主体是排污权的参与者,主要有政府环境保护部门、社会组织、企业、个人等。这种强制性集中表现在对违反法律法规的行为人追究其法律责任,包括行政、民事和刑事责任。这些都需要在相关立法中有所体现。

二、纵向的立法思路

根据我国目前法律的规定,任何单位和个人都有保护环境、防止环境污染和破坏的义务,但是并没有赋予排污者向环境排放污染物的权利。就目前我国与排污权相关的立法而言,在国家立法层面上,自1973年始,我国先后颁布了一系列治理空气污染、水污染的法律法规,如《中华人民共和国海洋环境保护法》《中华人民共和国水污染防治法》《中华人民共和国大气污染防治法》《征收排污费暂行办法》《中华人民共和国环境保护法》等,初步形成了一套关于环境保护的行政管制体系。然而,目前只有现行的《大气污染防治法》及《水污染防治法》提到了排污总量控制及排污许可证制度。虽然有的地方有着推行了近 20 年的排污交易试点的实践,但是都是在没有法律明确规定的条件下开展的摸索①。

在法律、行政法规尚未对排污权制度作出明确规定的情况下,排污权在各地的试点实践使得地方立法先行显得很有必要。从各地的地方立法来看,仅湖南省、浙江省、湖北省、江苏省、重庆市等少数一些省市进行了一些初步性的尝试,形成并通过了有关排污权交易的地方性法规,如浙江省 2004 年制定的《浙江省海洋环境保护条例》确立了海域排污权区域调剂制度,2008 年制定的《浙江省水污染防治条例》明确了排污权交易制度;湖北省制定的《湖北省主要污染物排污权交易规则(试行)》《湖北省主要污染物电子竞价交易规则(试行)》;以及湖南省发布的《湖南省主要污染物排污权有偿使用和交易管理暂行办法》《湖南省主要污染物排污权有偿使用和交易实施细则(试行)》等。而其余大部分试点地方的排污权交易实践仍是在缺乏法律监管的基础上摸索进行的,这使得许多政策在执行上出现偏差,甚至导致排污权交易制度很难得到有效的落实,特别是在排污权的有偿取得和交易方面。因此,即便是在排污权交易法规制定走在前面的地方,也亟待国家出台与排污权交易有关的各项政策,以保证排污权交易制度在该地区的顺利实施。也就是说,我国在排污权制度建设方面还必须从纵向立法的角度考虑,具体分为地方立法和高层立法。

(一) 地方立法

排污权立法是一个复杂的综合性问题,因为它涉及污染物总量控制目标和排污权的有偿使用,权利和义务的分配也需要调整多方利益关系。各地区处于不同发展阶段是导致减排效果差异的主要原因,经济发展水平直接影响当地污染防治投入力度以及对中央政策的理解力和执行力。对于排污权的立法规范问题,地方政府的一般性规范文件因其层级和效力太低而无法承载,至少应先由有立法权的地方政府制定政府规章,条件成熟的地方,则由有立法权的人大及其常委会制定地方性法规。国务院办公厅于 2014 年 8 月份出台了《关于进一步推进排污权有偿使用和交易试点工作的指导意见》(以下简称《指导意见》),对排污权的立法起着重要

---

① 段欢欢.排污权交易法律制度研究[D].重庆:西南政法大学,2010:25.

作用。因此,在对排污权进行地方立法的过程中必须充分考虑《指导意见》的相关要求,使地方立法更加科学、完善。

(二) 高位阶的立法

尽管环境污染问题具有区域性特点,在各地表现出差异性,但环境功能区划与行政区划并不一致,环境的整体性以及污染的扩散性也不会因行政边界而主观隔开和停止。随着排污权交易范围的扩大,更高层面的国家立法是不可缺少的。因此,随着排污权交易实践的进一步深入,在地方立法已有探索经验的基础上,要适时开展国家层面的排污权交易立法,既能解决上位立法缺失的问题、明确法律依据,又能提升立法层级、加强规范效力,从而形成完整的排污权法律规范体系。

总之,随着我国经济体制改革的进一步深入,市场机制在我国经济生活中的调节作用将持续加强,排污权制度在环境保护方面也将发挥特殊而又重要的作用。但是,排污权制度在环境领域中的成功应用并不是一蹴而就的。事实上,排污权制度的立法是一项科学、细致、严密并且审慎的工作。排污权制度的实施需要一系列支撑条件,如市场的完善程度、环境金融事业的发展、技术规范的制定等,这些都需要一系列法律法规的支持。另外,在排污权制度的立法中还要注意排污权制度与现行的排污收费、限期治理和集中控制等制度的协调和配合。只有这样,才能更好地实现保护环境的最终目标。

三、在法治实践中推动创新和改革

(一) 拓宽排污权发展的渠道

在我国现有的二氧化硫排污权交易过程中,由于二级市场交易活跃度不高,排污单位进入市场进行排污权交易的意愿不强,无法基于少量市场主体对排污权交易价格进行认定,这就需要尽快拓宽排污权发展渠道。建议借助绿色金融引入排污权抵押等多元化金融工具创新排污权交易市场,激发排污权二级交易市场的活力。要善于利用排污权的"环境资源"稀缺属性,拓宽排污权可发展空间,促进排污权交易与其他行业协同发展,开发排污权交易的众多可能性。排污权的拓宽渠道包括:将排污权的演变进程推向资产证券化,向低风险、收益平稳的可流通证券方向转型,为用户提供更多代替资金存储的投资选择;仿照欧洲在控制碳排放时借助的工具,将排污权结合现货、期权、期货等手段进行交易;挖掘排污权的市场价值,排污单位可以将其进行贷款抵押,以丰富排污单位融资模式;开发排污权的存储功能,排污单位可以将多余的排污权存储在交易中心作为信贷凭证。

(二) 推动污染物治理成本差异化

排污权市场的失灵,源于不合理的法律制度导致了过高的交易成本。具体而言,排污权交易成本过高的制度原因表现为三大方面:法定交易主体范围狭小等原因导致搜寻成本过高;部分妨碍自由议价的行政许可事项及政府干预排污权二级市场定价的行为导致议价成本过高;非正式排污权转让合同的法律定性不明导致合同监督成本攀升。解决办法在于放宽法定排污权交易主体的限制、放松排污权价格管制、简化并逐步取消排污权交易事前审核程序和明确非正式排污权转让合同的效力。在排污监管制度良好运行的情况下,排污权交易成本过高是导致排污权市场失灵的主要原因。目前,部分排污权交易法规的规定,导致了排污权交易的搜寻成本、信息成本、议价成本和监督成本大幅上升,进而抑制了排污权交易的正常开展。为了解决排污权交易成本过高的问题,要从根本上改良这些制度,主要思路应当是尽量减少政府管制,给予市场更多的自由。虽然类似的表述已经被经济学家在多种场合强调,但是此处的老调重弹依然不乏重要性。科层制企业因市场所需的交易成本而产生,这是因为价格机制的运行存在交易成本,而交易成本过高则必然产生科层制管理①,而其终极形式是消灭市场交易。相对于国内排污权市场的惨淡经营,国际上碳排放权的交易则兴盛发达,《京都议定书》等法律框架在其中发挥了基础性作用。因此,完善当前中国的相关立法,对于我国构造未来世界经济战略版图具有重要价值。② 事实证明,市场在治理污染方面的效率大大高于行政指令,不仅如此,过多的管制反而会导致交易成本过高,引发市场失灵。国际碳排放权交易等成功案例促使中国建立了排污权交

---

① COASE R H. The Nature of the Firm[J]. Economica,1937(4):386-405.
② 冷罗生.构建中国碳排放权交易机制的法律政策思考[J].中国地质大学学报(社会科学版),2010,10(02):20-25.

易制度,该制度既避免了过高环保标准的突击贯彻对实体经济带来的严重创伤,又能够有条不紊地推进环境保护事业发展。可能正是出于维护宏观经济稳定的考虑,国家按照惯例采取了使各地分别试点立法的模式,建立排污权交易试点。然而,在当今环境污染已经越来越严重的情形下,汇总各地试点经验,完善宏观层面排污权立法已然势在必行。①

当前排污权交易市场交易氛围低迷,主要原因是在交易过程中政府推行的排污政策造成排污单位发生额外成本。为了吸引更多排污单位加入排污权交易中,政府可借助分级的奖惩措施推动二氧化硫治理成本差异化,从而拉开经济效益差距,让排污单位从中有利可图。若想将排污权交易政策的效果最大化,需要排污单位的技术储备作为支撑。排污单位在进行生产活动时造成的二氧化硫污染物排放量,若大于初始分配时获得的排污权份额,需要在二级交易市场寻求购买机遇;若小于初始分配时获得的排污权份额,可以将富余的排污权作为一种资源进行配置获得收益。为保证排污权分配份额的合理使用,排污单位可以通过提升排污技术的方式来提升资源使用率。但技术的创新是一项周期较长的活动,排污单位往往要为之付出大量的精力与资金,增加额外的成本。因此,排污单位通常不会主动提升技术水平以减少污染物排放从而获得额外收益,这不利于排污权交易政策的落实。② 为提升二级市场交易的活跃度,政府在政策颁布的同时应当对排污单位的排污技术创新提供资金支持以免去排污单位在成本增加方面的困扰,在排污单位减排技术有所突破时应当跟进扶持政策,以此来提升排污单位对技术研发的热情,增加排污权二级市场交易机会。在实际操作中,政府可针对不同层级对排污单位提供不同标准的鼓励政策措施,促进排污单位间的良性竞争,更好地推动减排技术创新,配合中央及地方的排污权交易政策,完善构建排污权交易体系。③

(三) 借助区块链技术科学地推进法治建设

排污权交易机制的合理性和科学性是环境经济政策有效实行的关键

---

① 林群丰,梁岩妍.排污权市场的制度缺陷与完善——以交易成本为分析框架[J].华南理工大学学报(社会科学版),2015,17(06):76-82,122.
② 王睿.污染物排污权交易现状及相关问题的探讨[J].价值工程,2018,37(04):64-65.
③ 朱凡.中国二氧化硫排污权交易制度创新研究[D].长春:吉林大学,2021:110.

所在。就中国而言,排污权交易的试点实践中存在着因机制的不完备导致的信息不对称、监管效率低、政企行为异化等现象。区块链技术的引入将创新传统交易模式,形成去中心化、点对点交易、可信任的排污权交易市场。如果从目前的排污权交易机制和区块链技术特征出发进行核心技术与应用场景功能需求耦合,再在此基础上分别从排污权交易监管、二级交易市场构建和排污权交易激励与惩罚机制三个方面搭建基于联盟链Fabric的创新应用框架,综合应用区块链中的共识机制、智能合约、Merkle树、非对称加密等技术,将为排污权交易法治建设提供科学的指引,在排污权交易二级市场的区块链框架构建中就参与主体、交易流程和交易范围分析区块链在各个层面上带来的制度变革和创新。

同时,利用区块链技术,就排污权的申购、出让和交易,设计智能合约功能函数和算法,分析智能合约的运行业务逻辑,在宏观层面构建区块链技术在排污权交易领域的场景应用框架,在微观层面上就框架内的每一耦合点分析区块链相应技术的应用机理,进而在两个层面协同分析,说明区块链技术和排污权交易机制需求能够有效耦合,并且区块链技术的应用能够促进排污权交易中企业的排污行为得到有效的监管,实现二级市场中的排污权申购、出让申请和交易等管理流程智能化和自动化,为跨区域排污权交易提供技术支撑,从而降低交易成本和管理复杂程度。除此之外,在排污权交易市场中发行基于智能合约的排污信用币将是推动企业积极参与到交易中的一种全新的激励手段。总之,未来区块链技术的创新应用是推动排污权交易的市场化配置和环境资源合理分配的一把利剑,将在制度和交易模式上突破传统的交易体系,形成政府和排污企业间环境资源的价值传递网络。①

---

① 赵楠,盛昭瀚,严浩.基于区块链的排污权交易创新机制研究[J].中国人口·资源与环境,2021,31(05):131-140.